나는 잠자는 예언자

⟨MY LIFE AS A SEER⟩
by
Edgar Cayce

Edgar Cayce

에드거 케이시

자서전

나는 잠자는 예언자

옮긴이 | 신선해
연세대학교에서 국문학과 심리학을 전공했다. 졸업한 후 출판 기획자로 일했고 현재는 전문 번역가로 활동하고 있다.
번역서로는 〈개를 훔치는 완벽한 방법〉〈건지 감자껍질파이 북클럽〉 〈바람의 오케스트라〉〈십자가와 칼〉 등이 있다.

에드거 케이시 자서전
나는 잠자는 예언자

개정판 1쇄 발행   2011년 7월 20일
개정판 5쇄 발행   2024년 5월 20일

지은이   에드거 케이시
옮긴이   신선해
펴낸곳   도서출판 사과나무
펴낸이   권정자
등록번호 제11-123
주소   경기도 고양시 덕양구 충장로 123번길 26, 301-1208

전화   (031) 978-3436
팩스   (031) 978-2835
e-메일   bookpd@hanmail.net
블로그 http://blog.naver.com/giruhan

ISBN 978-89-87162-96-6   03840
*값은 뒤표지에 있습니다.

죽음과 환생이라는 영원한 법칙을 깨닫지 못하는 한,
그대는 어두운 지구 위를 헛되이 스쳐가는 나그네에 불과하리라.

― 괴테

옮긴이의 말

에드거 케이시, 그는 누구인가?

"병의 원인은 죄다."

에드거 케이시의 이 말은 불교의 업(業)과 흡사하다. 전통적인 기독교 사회인 미국에서 전생과 환생, 업을 말하는 그의 사상은 큰 파장을 몰고왔다. 교회와 국가의 권위에 대한 도전으로까지 비쳤다.

'미국에서 가장 불가사의한 사람' '20세기 최고의 예언자' '미국 최고의 영매(靈媒, 무당)'로 불리는 에드거 케이시는 1877년 3월 18일 켄터키 주 홉킨스빌 교외의 한 농가에서 태어났다.

어릴 적부터 천성적으로 고도로 예민한 감각을 갖고 있어서, 정원의 꽃과 대화를 나누고 환영(幻影)들을 보며 그것들과 얘기를 하기도 한다. 자신이 남과 다르다는 것을 느끼고는 있었지만, 그 힘을 이끌어내는 법을 모르는 채로 학교를 졸업한 뒤, 구둣방 점원, 서점원, 보험 영업사원 등 여러 가지 직업을 전전한다.

그러다 24세 때 갑자기 목소리가 나오지 않게 되는 실성증(失聲症)에 걸려 최면요법을 받게 되었고, 그로 인해 자신에게 특별한 능력이 있다는 것을 발견하게 되었다.

에드거 케이시 예언의 대부분은 최면상태에서 무의식으로 말하는 방식 즉 리딩(reading)에 의한 것이었다. 리딩이란 무의식의 상태에서 투시를 행하고 어떤 문제에 대한 해결책을 제시해주면 이것을 제3자가 받아 적는 것을 말한다.

아무런 의학교육도 받지 못했던 그는 피지컬 리딩(건강 판단)에서, 난해한 의학용어를 사용하며 치료법을 가르쳐줘 수천 명의 난치병 환자들을 낫게 했다.

1910년 10월 9일 〈뉴욕타임스〉가 '글도 못 읽는 사람이 최면 상태에서 의사가 되다'는 제목으로 그에 대한 기사를 싣자 미국 전역이 들끓었다. 의사와 과학자들은 비판을 쏟아냈지만 수천 명이 그에게 도움을 요청했다. 윌슨 대통령이 뇌졸중으로 쓰러졌을 때 그에게 리딩을 요청했고, 아인슈타인도 그에게 리딩을 받았다고 한다.

또한 케이시는 최면상태에서 아카식 레코드(우주의 모든 지식과 살아 있는 것들의 기억이 흐르다가 어느 한곳에 총 집약된 영역)를 읽어내 인류의 운명에 관한 예언을 했다. 사람의 마음이 우주의 마음과 완전히 합치되면 그 정보를 자신이 살고 있는 땅의 언어로써 번역하게 되는 것이다. 케이시의 뇌는 영혼과 접속하는 일종의 단말기인 셈이다.

이러한 메커니즘으로 에드거 케이시는 우주의 온갖 소리, 빛, 파동을 읽어내 '세계적인 대변동, 시신, 시구 사제의 대이변' 등에 대해 방대한 내용의 예언을 하였다.

대우주의 심령과 통하는 능력을 갖게 된 케이시는, 지상의 인간에게 신의 목적을 이해시키는 채널로써의 역할을 자기 인생의 대명제로 생각했던 것 같다.

에드거 케이시는 많은 예언을 했는데, 그 예언들 중에는 정확히 맞는 것도, 빗나간 것도 있다. 그는 "현재의 경향과 추세로 미래를 예언할 수 있지만 때로 그 경향이 바뀌기도 한다"고 말했다. 그의 추종자들은 맞는 예언에 열광했고, 비판자들은 틀린 예언만 입에 올렸다. 그의 예언들을 정리해보면 다음과 같다.

"유럽에서 가축을 죽음에 이르게 하는 질병이 만연되고 이는 다시 미국 서부지역으로 확산된다. 사람들은 질병이 더 크게 퍼지기 전 수백만의 가축을 도살하고 소각한다."

"펜실베이니아 알렌타운의 생물 물리학자들은 인간의 수명을 좌우하는 유전자의 비밀을 풀어낸다."

"UFO가 미국 캘리포니아 남부 모하비 사막에 불시착하고, 구조된 외계인은 용자리 성좌의 한 행성이 바로 악마가 지배하는 지옥의 실체라는 유언을 남긴다."

"고고학자들은 사해에서 예수의 형제라고 주장하는 제임스라는 남자가 저술한 두루마리 책을 발견한다. 2001년에 예수가 미국에서 재림하지만 믿지 않는 이들에 의해 다시 고난을 받고 숨을 거둘 것이라고 이 책은 서술하고 있다."

"대량살상용 미사일이 LA를 겨냥해 극동지역에서 발사된다. 그러나 태평양을 지나던 미국 여객기가 미 본토에서 270마일(약 467㎞) 떨어진 지점에서 이를 가로막고 자폭해 수많은 사람들의 목숨을 구한다."

"미국 주식시장의 붕괴로 수천명의 대형 투자가와 펀드가 몰락한다. 그러나 이는 중산층의 부흥을 예고하는 전조가 된다."

"거리에서 흔하게 발견되는 잡초가 알레르기 환자들에게 특효약으로 등장한다. 그러나 이 약은 모르핀보다 더 지독한 중독증세로 물의를 일으킨다."

"두 명의 미국 재벌이 거액의 재산을 사회로 환원해 구호활동에 나선다. 한 명은 미디어 재벌, 다른 한 명은 소프트웨어와 전자관련 재벌로 이들의 기부금은 모든 미국인들의 의료비를 충당하고도 남는다."

"소련에서 공산주의가 붕괴된 후에, 각 민족들이 독립할 것이다."

위에서 보는 것처럼 그는 광우병과 2차대전의 발발과 종전 날짜를 맞췄으며, 소련의 붕괴를 정확히 예견했다. 그리고 두 명의 재벌이 거액의 재산을 환원해 질병 구호 활동을 한다는 예언에서는 워렌 버핏과 빌 게이츠를 떠올리게 한다.

실제로 미국 최대의 투자자이자 거부인 워렌 버핏은 2006년 6월, 자신의 전재산의 80%인 370억 달러(36조원)를 사회에 환원했는데, 그가 기부한 곳이 바로 빌 게이츠 재단이다. 빌 게이츠 재단은 에이즈, 말라리아, 결핵 퇴치 등의 사업을 벌이고 있는데, 기부 금액은 미국인들의 의료비를 충당할 수 있을 만큼의 천문학적 금액이다. 에드거 케이시가 말한 두 사람이 워렌 버핏과 빌 게이츠 아니었을까….

에드거 케이시는 1934년, 일본, 유럽, 극지방의 지각변동 등에 대해서도 중요한 예언을 했는데, "일본의 대부분은 바다 속으로 침몰한다" "유럽의 북부는 눈 깜짝할 사이에 변화될 것이다" "북극과 남극지역에 지각변동이 일어나고, 열대지역에서는 화산폭발이 있을 것이다"라는 내용이다. 2011년 일본 동북부를 강타한 대지진과 쓰나미는 에드거 케이시의 예언을 알리는 전주곡이 아니었을까.

그는 아메리카 대륙이 갈라진다고도 예언했다. 로스앤젤레스, 샌프란시스코, 뉴욕의 대부분이 파괴될 것이라고 말하였으며, 로스앤젤레스와 샌프란시스코는 뉴욕보다 먼저 파괴될 것이라고 했다.

케이시의 예언들을 종합해 보면 대도시의 파괴는 전쟁이나 폭탄에 의한 것이 아니라, 불가피한 자연현상에 의해서 일어날 것이라는 것을 알 수 있다. 그는 수차례 "미국 동해안 지역이 서해안 지역이나 중앙부와 마찬가지로 혼란에 빠질 것"이라고 예언했고, 미국 서부의 대지가 갈라져 버릴 것이라고 예언했다. 이 예언을 상기해 볼 때, 1993년과 1994년에 걸쳐 몇차례 발생한 로스앤젤레스의 지진이나, 2005년 뉴올리언즈를 강타한 허리케인 카트리나로 수천 명이 목숨을 잃은 사례는 그의 예언을 암시하는 걸일 수도 있다.

그리고 에드거 케이시의 예언 중에는 잃어버린 대륙 아틀란티스에 대한 것도 있다. 이 고도로 발달해 있었던 전설의 대륙문명은 3차례에 걸쳐서 파멸의 운명을 맞이했는데, 이 전설의 낙원문명이 붕괴된 결정적인 원인에 대해 그는 거대한 '자연의 힘'과 '인간이 만든 파괴력'이라고 했다. 또한 당시의 대홍수(노아의 홍수) 때에 피난 나온 사람들이 세계의 곳곳으로 스며들어 아직까지 생존해 오고 있다는 것이다. 그리고 자기를 찾는 '고객'들 중 상당수가 환생한 아틀란티스 인들이라고 주장했다. 대부분의 아틀란티스 인들이 다가오는 재난을 예상했기 때문에 전멸을 면할 수 있었다고 말하고 있다. 그리고 언젠가 아틀란티스가 다시 도래한다고 예언했다.

케이시의 환상은 모호한 내용투성이지만, 그런 중에도 두 가지 중요한 요소를 가려낼 수 있다. 첫째, 그가 멕시코만과 지브롤터해협 중간에 위치해 있었다고 설명한 아틀란티스는 20세기 후반기의 미국과 뚜렷한 유사성을 지니고 있다. 그는 또한 아틀란티스 인들이 습득한 위험한 지식을 잘못 사용하여 스스로를 파괴하게 한 장본인은 바로 아틀란티스의 과학자와 기술자들이었다는 점을 강조하고 있다.

케이시의 환상은 실제로 어떤 예견일 가능성이 있다. 그가 본 것은 먼 과거의 일이 아니라 산업화된 미국이 맞이하게 될 가까운 미래의 일이 아니었을까? 그의 메시지는 현대사회에 대한 분명한 경고로 받아들여질 수 있을까?

케이시는 이미 진행중에 있는 지구 자전축의 운동변화를 특히 강조하며, "극이 이동합니다. 극의 이동이 생길 때 '새로운 싸이클'이 생깁니다. 이는 곧 '새조정의 시기'가 시작되는 것입니다"라고 말하며, 지구 회전축의 변화가 1936년에 지각 저 밑에서부터 시작되었다고 예언했다. 그리고 그 변동은 지구 내부 및 북극성의 중심과 관련된 지축이동에 의한 지구변화와 연관되어 있다고 했다.

즉 지상에서 커다란 재앙이 일어나는 근본원인은 "지구 자전축의 변동" 때문이라는 것이다.

케이시의 마지막 예언은 자기 자신의 죽음에 관한 것이었다. 예언대로 1945년 1월 3일, 그는 영원한 잠에 들었다. 60여 년 전 에드거 케이시는 죽었지만 그의 예언은 아직 끝나지 않았다.

에드거 케이시 자신이 쓴 유일한 자서전인 이 책에는 이러한 예언의 내용들은 구체적으로 나오지 않는다. 다만 태어나면서부터 죽을 때까지 그의 일생을 아주 소상히 기록하고 있다. 자신이 남들과 다르다는 것을 깨닫고 홉킨스빌의 다른 아이들처럼 평범한 소년의 삶을 자신이 얼마나 동경했는지, 자신의 정신 상태를 얼마나 두려워했는지 밝힌다. 심지어 그의 영능력 때문에 케이시 집안은 내분을 일으키기까지 했다. 그러나 에드거 케이시는 자신의 운명을 발견하고 받아들이기까지 자기 자신과 가족, 그리고 신과의 외로운 사투를 벌였던 과정을 숨김없이 이 책에 담았다.

생전의 케이시는 "사람이 아닌 메시지에 주목해야 한다"고 말했다. 그 자신이 메신저로서, 인류에게 보내는 메시지를 품고 있는 것이다. 그를 이해하면 할수록 우리는 그의 메시지를 더욱 명료하게 해석할 수 있을 것이다.

그는 병원을 짓고 대학설립을 돕는 데 몇 년이란 시간을 바쳤지만 자금의 부족으로 문을 닫아야 했다. 그는 집에서 쫓겨났고 실제로 돈 한 푼 없는 신세가 되고 말았다. 길거리에서 체포되고 공개적으로 모욕을 당하기도 했다. 에드거 케이시에게 그때는 "죽고 싶을 만큼" 힘들었던 시기였다.

케이시 연구소를 세울 자금을 마련하기 위해 그는 석유업자와 손을 잡고 석유가 있을 만한 곳을 리딩으로 알아내보려 했지만 번번이 실패하고 만다. 결국 석유사업은 실패로 돌아가고 케이시는 리딩이 틀린 것에 대해 "자신도 알 수 없는 일"이라고 했다. 그러나 이 대목을 읽으면서 그 이유를 알 수 있을 것 같았다. 남들을 위해 쓰라고 부여받은 능력을 그 자신을 위해 쓰려고 한 것을 신은 용납하지 않았으리라. 많은 사람들에게 은혜를 베푼 사람이 정작 그 자신에게는 한 푼의 행운을 가져다주지 못했으니, 그 인생이 얼마나 외롭고 고통스러웠겠는가.

만년의 그는 돈 때문에 고통받는 대목이 곳곳에 나온다. 이 책에는 나와 있지 않지만 두 번의 체포를 겪기도 했다. 한 번은 점을 쳤다는 이유로 뉴욕에서 체포를 당했고, 또 한 번은 무면허로 약을 제조했다는 이유로 디트로이트에서 체포되었다. 아마도 이 부분은 케이시 자신도 인생에서 빼버리고 싶은 아픈 기억이었던 듯하다. 그래서 유일한 그의 자서전인 이 책에서조차 언급하지 않았다.

또한 그는 트랜스 리딩을 통해 자기 영혼의 여행 중 일부라고 밝혔던 황홀한 전생에 관해서도 글로 남기지 않았다.

그러나 그는 자신의 신념을 따라 그를 찾는 사람들에게 도움을 주는 일을 계속했다. 그의 직관적인 상담을 통해 은혜를 입은 사람들이 끝도 없이 찾아왔다. 자신의 삶을 돌아보면서 그는 그것이 무엇을 의미하는지를 이해하려고 애썼고, 어쩌면 이선의 실패를 모두 만회할 만족감이 쌓일 거라 희망했는지도 모른다. 많은 이들이 그의 도움을 받았고, 분명 그의 과거에는 충족감을 끌어낼 만큼의 수많은 업적이 있었다. 어떤 일이 다가오든 그는 생산적인 삶을 추구했으며, 남은 시간 동안 가장 의미 있는 강론을 꾸준히 펼쳤다.

이 책의 군데군데에는 아버지 레슬리 B. 케이시(Leslie B. Cayce)가 회고한 내용이 들어 있다. 에드거 케이시 자신이 기억과는 또다른 각도에서 그의 아버지가 들려주는 대목은 이야기를 더욱 풍부하고 입체적으로 해준다. 그는 한때 에드거의 초능력을 이용해 돈을 벌고자 했고, 그래서 에드거와의 관계가 틀어지는 등 심각한 갈등을 겪었지만 그들은 서로 믿고 헌신했던 것은 분명하다. 에드거를 향한 그의 사랑은 아들에게 보낸 편지의 첫 문장이 '내 사랑하는 귀엽고 소중한 아들에게'인 것으로 보아도 알 수 있다.

한마디로 에드거 케이시의 목적(신으로부터 받은 재능과 타협하고, 그것을 받아들이고, 그 놀라운 소명을 존중하기까지의 고통스러운 투쟁)은 절절하기까지 하다.

그는 우주와 행성이 지구, 인류와 어떤 위치에 놓이는지에 따라 그 영향력이 달라진다고 말하면서도, 중요한 한마디 덧붙이기를 잊지 않았다. "그러나 인간에게는 '의지'가 더 중요한 요소입니다. 마음은 의지를 세우고 다지는 역할을 하지요. 그 의지 때문에 모든 행성의 영향력은 아무런 효력을 발휘하지 못하게 됩니다. 결과적으로, 단순히 별점을 치는 것보다는 의지를 적용시킨 성향과 충동을 읽는 편이 개인을 위해 훨씬 가치 있는 결과를 가져옵니다. 다만, 다가올 상황을 경고하여 특정 시간에 그것을 피할 수 있도록 하는 데는 별점이 훌륭한 역할을 합니다."

이 말은 우주만물의 삼라만상도 인간의 의지에 따라 그 결과를 변화시킬 수 있다는 의미로 다가온다. 이 얼마나 냉철한 말인가.

케이시의 마지막 예언은 자기 자신의 죽음에 관한 것이었다. 예언대로 1945년 1월 3일, 그는 영원한 잠에 들었다. 그가 평생에 걸쳐 행한, 1만 4,216건에 달하는 리딩 기록은 버지니아비치에 있는 ARE(연구계발협회) 본부에 보존되어, 60여 년이 지난 오늘까지 많은 사람들에게 영감을 주고 있다.

차례

옮긴이의 말
에드거 케이시, 그는 누구인가? •6

서문
사람들은 마음과 영혼의 미스터리에 대해 알고 싶어한다 •18

01. 나의 별명은 '애늙은이' •22

02. 천사가 내게로 왔다 •37

03. 그래서, 내가 미친 거라고? •53

04. 또 다른 천사의 방문 •63

05. 호퍼스 서점 시절 •69

06. 강가에 앉아서 •75

07. 나의 소울 메이트 •91

08. 촌뜨기, 대도시를 만나다 •99

09. 목소리를 잃어버리다 •109

10. 나는 이단아인가, 치유자인가? •119

11. 나를 옳은 길로 이끌어줄 이 •147

12. 어울릴 수 없는 동지, 켓첨 박사 ·160

13. 시험을 당하다 ·170

14. 삶과 죽음의 사이에서 ·183

15. 인류의 미래를 예언하다 ·192

16. 실패가 가져다준 교훈 ·214

17. 그것은 무슨 의미였을까? ·234

18. 전생에 관하여 ·241

19. 월가의 투자자, 블루멘털 ·258

20. 꿈의 메시지 ·269

21. 케이시 병원을 세우다 ·292

22. 받은 만큼 베풀라 ·312

23. 나의 일기 ·318

에필로그
찬사와 비난을 한몸에 받았던 사람 ·339

서문

사람들은 마음과 영혼의 미스터리에 대해 알고 싶어 한다

나는 이런 질문을 자주 받는다. "당신은 심령술사입니까?" 혹은 "당신, 영매인가요?" 또한 많은 사람들이 날 초능력자라고 부르기도 한다. 난 그저 신의 종이 되려고 애썼을 뿐인데 말이다.

다음 질문은 보통 어쩌다 심령현상에 관심을 갖게 되었는지로 이어진다. 심령현상은 아주 오랜 세월 금기시되었기 때문이다. 심지어 그런 이야기를 입 밖에 내기라도 하면 사람들은 그 즉시 유령이나 이상한 사건, 영혼을 부르는 모임 같은 초자연적인 것을 떠올린다. 나는 심령현상을 연구하는 모임을 만들어 그에 관한 여러 권의 책을 썼던 사람들과 만나는 기회를 가졌지만, 심령현상을 실제로 경험했다고 말하는 사람은 드물었다.

사전에는 심령의 힘이 개개인의 정신, 영성, 영혼의 힘과 연결돼 있다고 적혀 있다. 미국과 영국의 심령연구회처럼 영혼의 출현을 연구하여 심령현상을 이해하려는 사람들도 있다. 그들은 주로 한 가지 사건을 연구한다. 파이퍼 부인이나 마저리 사건* 같은 것들 말이다.

그러나 심령현상은 총체적인 관점에서 연구할 필요가 있는 다른 측면이 있다. 지난 30년의 불가사의한 기간 동안, 심령현상 연구자로서 나는 책이나 강의가 아닌 수많은 사람들에게서 이야기를 들었다. 그들은 여러 심령현상에 대해 자신의 의견을 말해주었다. 이전에도 여러 번 언급했듯이, 나는 심령현상이 어떻게 일어나게 되는지 모른다. 그저 오랜 세월 영혼의 매개자로서 내 경험만을 기억할 뿐이다.

처음 몇 년 동안은 최면상태에서 어떻게 내가 할 일을 듣거나 다른 존재가 나를 통해 말하는 게 가능한지 도무지 이해할 수 없었다. 그에 대해 몇 년을 생각해봤지만 아직도 영문을 모르겠다. 나는 의사도 아닌데, 심리학이나 위생학 심지어 인간의 병을 고친다고 알려진 어떤 것도 공부한 적이 없는데, 무엇이 그들에게 도움이 되는지 내가 일러준다고? 난 몰랐다. 그리고 지금도 모르겠다. 하지만 축음기 바늘이 어떻게 레코드판에서 음악을 끌어내는지, 라디오가 어떻게 공기 중에 떠도는 메시지를 잡아내는지, 누가 내게 설명해줄 수 있겠는가? 하지만 분명 그렇게 된다. 특정한 조건 하에서는 말이다. 그 조건이 흔들리면 그저 레코드판이 긁히고, 아무 소리도 못 듣게 될 뿐이다. 확실한 것도, 분명한 것도 없다.

자, 적절히 조율하고 적절히 맞춰둔 심령의 힘을 가진 당신은 확실한 행복을 얻는다. 조화와 정도(正道)에서 벗어나면, 그것은 자기 파괴에 이용될 것이다. '어떤 길은 사람이 보기에 바르나 반드시 사망의 길이니

---

*레오노어 파이퍼(Leonore Piper)는 유명한 심령술사로, 영국 심령연구회가 그녀를 소개했다. 마저리 크랜든(Margery Crandon)은 1920년대 중반에 활동한 영매로, 사기로 고발당하기도 했다.

라.' 그렇다면 무엇이 옳고 그른지 우리가 어떻게 판단할 수 있겠는가? 삶에는 많은 것들이 있고, 성서에도 많은 것들이 있기에, 많은 이들이 그것을 곡해하여 자기 파괴의 길로 빠져드는데 말이다.

 리딩을 하면서 알게 된 것은, 정보를 찾는 사람들의 의도가 각자 다르다는 사실이다. 물질적인 것을 찾는 사람이 있는가 하면 정신적인 것을 추구하는 사람도 있다. 그들은 각자가 원하는 것을 찾게 되지만, 그 결과는 그리 좋지 않다. 나의 경우는 나쁘기까지 했다. 돈을 벌거나 인기를 끌고자 하는 욕망 때문에 일이 실패로 돌아갔다. 그런 시도를 할 때 나는 건강을 잃었고, 나의 양심은 너덜너덜해졌으며, 더 이상 일을 할 수도 없었다.

 그러나 진정 도움이 필요한 사람들에게 부탁을 받을 때는 마음이 쓰여서 도저히 거절할 수가 없었다. 내 아내가 몸져누워 나에게 도움의 손길을 구했을 때, 나는 내 안의 또 다른 영혼과 함께 정보를 주려고 애썼다. 내가 신의 편에 있는지 아닌지를 알아야 했기 때문이다. 그 결과는 누구도 상상하지 못한 것이었고, 그녀는 완전히 회복되었다. 그날 이후 나는 색다른 태도로 모든 심령현상을 우러러보게 되었다. 사람들은 그러기는 어렵다고 말할 것이다. 그러나 그것이 사랑하는 사람에게 안정과 평안함을 주는 일이라면, 우리에게 가치 있는 일로 다가온다면, 다른 사람이 뭐라고 하건 상관없이 그것은 '현실'이 된다.

 리딩의 도움을 받은 사람들의 증언이 마치 특효약을 선전하는 것처럼 들리지도 모르지만, 그들의 말에 담긴 더욱 깊은 느낌이 있지 않은가? 그저 육신을 치유한 것보다 신과의 만남으로 더 큰 은혜를 얻은 개개인의 기록이 있지 않은가? 이렇게 생각해보자. 돕고자 하는 열망을 자각하지 못한다면, 우리의 의식보다 더 높은 차원의 도움이 없다면, 어떠한 형태로든 치유란 불가능할 것이다. 그러므로 더 높은 영성의 지식을 더하고자 한다면 온전한 선(善), 즉 '신'이 함께해야만 한다.

나는 어머니와 아버지, 그리고 책으로부터 신을 배웠다. 심령현상을 알기 훨씬 전에 말이다. 유년기에는 남과 다르다는 말을 듣곤 했지만, 그게 뭘 뜻하는 것인지는 이해하지 못했다. 자라면서 나에게 길을 알려주고 내가 할 일을 이끌어준 여러 경험을 했다. 많은 이들이 이 일 덕분에 은혜를 입었다고 말해주었고, 나를 신뢰하고 싶어 했다. 그러나 어머니는 내게 말씀하셨다. "신께 영광을."

지금부터 들려줄 얘기는 심령현상과 함께한 내 개인적인 경험에 관한 이야기이다.

에드거 케이시

01_나의 별명은 '애늙은이'

그 아이는 보기 드물게 잘생겼었다. 커다란 갈색 눈, 통통하게 장밋빛이 도는 빛나는 뺨을 갖고 있었다.

나는 1877년 3월 18일 일요일 오후, 미국 켄터키 주 남부 크리스천 카운티의 한 농장에서 태어났다. 아버지는 나를 이렇게 묘사했다.

그 아이는 보기 드물게 잘생겼었다. 커다란 갈색 눈, 통통하게 장밋빛이 도는 뺨을 갖고 있었다. 아주 어릴 적에는 기쁨이나 행복을 너무나 밝고 명랑하게 표현하곤 했다. 그 애는 아주 건강하고 강인하고 활동적이었다. 아기일 때부터 작은 일에도 행복해하고 기뻐하는 성격이라서, 내가 돌봐줄 대상이라기보다는 함께하는 것이 즐거운 아이였다.

그 애는 울며 보채는 아이가 아니었고, 상당히 조용한 편이었다. 내 기억으로는 딱 두 번 쉴 새 없이 울어댄 적이 있었는데, 나나 그 애 엄마나 무슨 수를 써도 그 애의 울음을 그치게 할 수가 없었다. 그러나 마침내 그 애 엄마가 아이가 자지러지게 우는 이유를 알아냈다. 그 전에는 그 애의 작은 손이 부어오른 것을 아무도 눈치 채지 못했었다. 그 애의 손이 원래 굉장히 토실토실했기 때문이었다. 그 애에게 옷을 입히다가 엄지와 검지 사이에 가느다란 실이 걸려서 팽팽하게 잡아당겨지는 바람에 손이 통통 부은 모양이었다. 손이 부어오를수록 고통이 심해졌을 것이고, 아이는 엄마 아빠가 눈물을 흘릴 때까지 계속 울어댔을 것이다. 하지만 엄마가 실을 발견하고는 바로 가위로 끊어주자, 아이는 금세 울음을 그치고 잠이 들었다. 그때 아이는 생후 6주나 2개월쯤이었다.

그로부터 몇 달 후 어느 날 밤, 모두가 잠자리에 들어 있는데 그 애가 얌전히 있지 못하고 버둥거리더니 기어코 울음을 터뜨렸다. 어딘가 몹시 아파 보였다. 아이 엄마가 그 애의 옷을 몇 번이고 벗겼다 입혔다를 반복하면서 어디가 잘못된 것인지를 찾으려고 했지만 모두 멀쩡했다. 엄마는 아이를 안정시킬 수 있을 만한 것은 무엇이든 해주며 달래보았지만, 아이의 울음은 멈출 기미를 보이지 않았다. 자정이 지나도록 아이는 계속 울어댔다. 그때 누군가가 방문을 두드렸다. 농장에서 일하는 흑인여자였다. 그녀는 "캐리 부인, 아이가 왜 그렇게 우는지 알 것 같아요"라고 말했다.

"그래요, 에밀리, 그게 뭔지 말 좀 해줘요. 지금 내가 미치기 일보직전이거든요. 생각해낼 수 있는 건 다 해봤는데 아무 소용이 없네요."

아이는 그때까지도 울고 있었다. 에밀리는 옥수수 속대를 입에 물고 연기를 피우고는 아이의 발치에 있던 우리 어머니 곁에 앉았다. 독한 옥수수 연기를 뻐끔뻐끔 피워 입 안이 연기로 가득 찼을 때, 그녀는 아이의 발을 감싸고 있던 천을 펼치고 조그만 발바닥에 연기를 내뿜었다. 에밀리가 옥수수 연기를 빨아들이고 내뿜기를 반복하면서 아이의 발에 서

너 번 연기를 쐬어주자, 아이의 울음이 서서히 잦아들었다. 이윽고 아이는 두 눈을 감고는 고요한 잠에 빠져들었다. 그녀가 간 후에도 아이는 아침까지 깨지 않고 평화롭게 잤다. 그후로 아이가 배앓이로 고생한 적은 단 한 번도 없었다.

아기 에드거가 아이가 되고, 소년이, 청년이 되어서도 그 애는 언제나 유머러스하고 명랑하며 유쾌한 사람이었다. 조용한 편이었지만, 자기가 하고 싶은 말을 항상 정확히 아는 것 같았다. 그 애는 좋고 싫음이 분명한, 어엿한 소년이었고, 아기들이나 입는 작은 옷들을 일찌감치 떼고 싶어 했다. 그래서 아이 엄마는 그 애가 생후 18개월이 되던 시기부터 바지를 입혔다. 이제 더욱 활동적으로 여기저기 돌아다니고 사람들을 만날 준비가 된 것이었다.

내가 집밖으로 나갈라치면 반드시 그 애가 따라왔다. 집 근처나 이웃집, 시내로 나갈 때마다 거의 그 애와 함께였다. 그 애는 성가시게 킬킬대거나 시끄럽게 굴지도 않았다. 그 애가 말을 배우기 전에는, 그 애가 있는 방에 누군가가 들어오면, 옹알거리거나, 기분 좋은 듯 끙끙거리거나, 작은 손발을 허우적대고 누가 봐도 기뻐하는 것처럼 폴짝 뛰어올라 자신의 존재감을 알리려 했다.

말을 배운 후에는, 만나는 사람마다 뭐든 즐거운 말을 했다. 아주 어릴 적부터 그 애는 마치 모든 사람을 다 아는 듯했다. 그에게 낯선 사람이란 없었다. 그 애는 말을 할 수 있게 되자마자, 즉 꽤 이른 시기에, 만나는 사람이 누구든 이야기를 나눌 준비가 되어 있었다.

그 애가 걸을 수 있기 전에 한 번은 이런 일도 있었다. 나는 점심식사를 하러 집으로 와서 그 애와 아내와 몇 분간 대화를 나눈 후에 내가 운영하는 가게로 돌아갔다. 비가 억수같이 쏟아지고 있었는데, 내가 나가고 얼마 지나지 않아 아이 엄마의 귀에 그 애의 울음소리가 들렸다. 아이는 나를 따라 나가려고 현관까지 기어 나오다가 떨어지고 말았던 것이다. 그런데 조막만한 얼굴이 하늘을 향하게 떨어졌다. 아이는 머리를 좌우로 흔들고 발을 마구 휘젓고 빗물 웅덩이에서 벗어나려고 자기가 할 수 있는 모든 노력을 했지만 별 소용이 없었다. 엄마가 자기를 집 안으로 데려가 마른 옷으로 갈아입혀주었을 때, 그 애는 정말 온 몸으로 안도와 감사를 표했다.

그 애는 아주 특별한 경우가 아니고서는 절대로 기분 나빠하지 않았고, 뭔가 정말 잘못되지 않고서는 울지도 않았다. 그리고 그런 경우에는 재빨리 누군가에게 알렸다. 심지어 그럴 때조차 한결같이 몇 가지 질문을 하거나, 그 전날이나 다음날의 행동에 대해 몇 가지 제안을 하는 정도였다. 마치 자기가 반드시 이해해야만 한다는 듯이 언제나 진짜 똑똑한 질문들이었다. 일단 조사를 시작하면, 절대 포기하지 않고 스스로 만족할 만한 답을 얻은 후에야 끝마치고는 했다.

그 애를 만족시킬 수 없는, 특히 그 애가 이해할 수 없는 대답을 해서 그 애를 속이거나 놀리는 건 그다지 현명하지 못한 처사였다. 보통은 간결하고도 솔직한 대답이 최고였다. 대답이 질문을 교묘히 피해가면, 그 애는 더욱 깊은 조사에 나섰다.

한 번은 그 애가 있던 방에 이모가 크림이 들어 있는 기다란 병을 들고 들어가 난롯가에 앉았다. 아이는 이모에게 그게 뭐냐고 물었고, 그녀는 묘한 미소를 지으며 이렇게 대답했다. "참견쟁이들을 잡는 병이야. 안 건드리는 게 좋을걸?" 아이는 미심쩍은 얼굴로 이모를 바라보았지만 더 이상 아무 말도 하지 않았다. 그러나 그로부터 25~30분 후에 이모가 방에 다시 들어왔을 때는 너무 늦어버린 후였다. 그 사이 에드거는 조사를 재개했고, 병 안에 무엇이 들었는지 알아보려고 병을 뒤집어 크림을 모두 쏟아놓았다. 그러고는 빗자루를 가져와서 크림을 쓸어내리다 카펫을 온통 크림범벅으로 만들고 말았다. 아이의 이모는 자신이 한 말 때문에 이 사태가 벌어진 것을 깨닫고 아이를 크게 꾸중하지 않았다. 하지만 아이 엄마에게 자초지종을 설명하면서 터져나오는 웃음까지 참을 수는 없었다. 그리하여 엄마도 아이를 야단칠 일이 아니라는 걸 이해했고, 아이에게는 "이모가 농담한 거야. 크림 병을 가지고 시간낭비만 했구나"라고만 말했다.

하지만 엄마의 말도 당시 그 애에게는 별로 위로가 되지 못했다. 조사하길 좋아하는 마음과 영혼의 소유자이긴 해도 그 애가 쓸데없는 참견을 하지는 않았다. 보통은 누군가가 그 애 앞에 어떤 물건을 놓고 가만히 내버려두라는 말 외에 아무 말도 하지 않으면, 그 애는 그게 무엇이건 건드리지 않았다. 그렇지만 방에 둔 물건으로 그 애를 유혹하려 하거나, 거기에 호기심을 끌 만하거나 이해할 수 없는 뭔가가 있는 척하는 것은 대단한 실수다. 그 애는 그게 무엇인지 밝혀내고야 만다. 아니면 왜 밝혀낼 수 없는지 알아내거나.

그 무렵 젊은 총각 의사 한 명이 우리와 함께 저녁식사를 했다. 그는 이제껏 아이와 한 식탁에서 함께 식사를 해본 적이 없었다. 그리고 에드거가 식탁에서 식사를 할 거라고 듣고는 조심스럽게 불편한 심정을 비쳤다. 우리는 아이가 방해되지는 않을 거라고, 아이 엄마가 고용한 열한 살짜리 소년 네드가 그 애를 돌봐줄 거라고 의사를 이해시켰다. 의사의 마음은 곧 풀렸고, 둘은 금세 친구 사이가 되어 서로를 즐겁게 했다. 아이를 좋아하지 않던 의사는 에드거의 우스꽝스러운 버릇 때문에 너무 웃어서 관자놀이가 다 아플 지경이었다. 그는 "지금껏 봤던 애들 중에서 최고예요. 제일 재밌는 아이로군요"라고 말했다. 처음으로 그 애를 '애늙은이'라고 부른 건 그 의사였다. 곧이어 그 애의 삼촌들이 이 별명을 부르기 시작했고, 그 애를 아는 사람들은 대부분 그 애를 '애늙은이'라고 즐겨 불렀다.

내가 아는 가장 오래된 기억은 어머니와 함께 교회에 간 것이었다. 몇 살 때였는지는 모르겠다. 할아버지 토머스 제퍼슨 케이시와 내가 아주 어린 시절에 나누었던 대화도 기억이 난다. 그분은 내게 있어 가장 멋진 사람이었다.

    에드거는 할아버지 할머니를 특히 좋아했다. 생후 18개월이 되기 전, 그 애는 며칠 동안 할아버지 댁에 가고 싶어 했다. 부모님이 우리 집에 오시면 그 애는 할아버지 할머니와 함께 집으로 돌아가곤 했다. 두 분 모두 그 애를 끔찍이 아끼셨고, 그 애와 함께하는 걸 좋아하셨다. 물론 그 애는 그분들의 큰 기쁨이었다.
    그 애가 아주 어릴 때, 할아버지는 그 애를 품에 안고 잠자리에 들었고 아이가 갑갑해하거나 덥다고 할 때까지 꼭 안고 주무셨다. 아이가 칭얼대면 할머니와 본인 사이에 아이를 내려놓으셨다. 에드거는 한밤중에 깨면 자기 쪽으로 누운 사람의 얼굴 위에 작은 손을 가만히 댔다. 얼굴이 부드러우면 그 애는 몸을 완전히 돌려 반대편에 누운 사람, 즉 할아버지의 얼굴에 손을 대고 가만히 쓸어내리면서 수염의 감촉을 느낀 후에야 곁에서 기분 좋게 눕거나 할아버지 품속으로 기어 들어가 금방 잠에 빠졌다. 그 애는 할머니를 특히 좋아했지만 할아버지의 품속에서 잠드는 습관은 바뀌지 않았다. 아마도 잠에서 깼을 때 자기가 있어야 할 자리가 그곳이라고 느꼈던 모양이다. 거기에 할아버지가 없으면 그 즉시 조사에 나섰을 것이다.

할아버지와 함께 여러 번 말을 탔던 기억이 난다. 내가 앞에 앉았는데, 뒤에 앉기에는 몸이 너무 작을 때였기 때문이다. 그분은 이상한 행동을 많이 하셨다. 많은 이들로부터 그것은 영혼이 하는 일 때문이라고 배운 뒤, 나도 그런 행동을 하게 되었다. 때때로 대화중에 사람들이 우리 할아버지에게 어떤 모임에 나와 달라고 부탁하는 걸 들은 적도 있다. 나는 할아버지가 손도 대지 않고 탁자나 다른 물건들을 움직이는 것도 보았다. 그럴 때마다 그분은 "이게 무슨 능력인지 모르겠지만, 할애비를 놀리면 안 돼요"라고 말씀하셨다.

할아버지와 관련하여 가장 인상적인 사건은 할아버지의 죽음이었다. 1881년 6월 8일. 오래된 고향집에 있던 연못에 할아버지가 빠지셨다. 그리고 아마도 내가 그분의 죽음을 목격한 유일한 사람일 것이다. 말을 타고 할아버지 뒤를 따라가고 있었는데, 갑자기 할아버지가 연못으로 들어가셨다. 할아버지는 못가로 되돌아와 나더러 물러서라고 하시고는 다시 연못 속으로 들어가셨다. 말이 할아버지를 내동댕이치는 게 보였는데, 안장 끈이 풀어지자 할아버지는 물속으로 사라지고 말았다.

할아버지가 물에 빠져 돌아가셨을 때 나는 겨우 네 살이었다. 그리고 나는 이러한 기억들이 합해져 이번 생에서의 내 정신 상태나 행동에 어떤 영향을 미쳤는지 가끔 궁금하다.

에드거는 여느 아이들과 달리 물에서 노는 걸 좋아하지 않았고, 사실 물을 피하려 했다. 특히 물이 찰 때는 더욱 그랬다. 손이나 얼굴을 씻지 않고 아침식사를 할 수 있었다면 기꺼이 그랬을 것이다. 그 애는 그것을 솔직히 인정했고 거짓말로 둘러대려 하지도 않았다. 세수를 안 하려고 버티다가도, 엄마가 씻으라고 하면 자리에 앉은 후라도 군말 없이 씻었다. 그 애는 그저 물이 싫었던 것이다. 특히 차가운 빗물에 얼굴을 담그는 건 정말 싫어했다. 아마도 현관에서 떨어져 차가운 물이 얼굴 위로 퍼붓는데 거기에서 벗어날 수도 없었던 경험 때문인지도 모른다.

내가 운영하던 가게는 집에서 그리 멀지 않은 곳에 있었다. 에드거는 제대로 걷지도 못하던 때부터 그곳에 자주 왔다. 네드가 그 애를 바래다줬다. 잠깐 산책이나 하다 들른 것이 아니라, 그 애가 가게에 가고 싶다고 졸라댔던 것이다. 진열대마다 물건들이 그득했고 그 중엔 먹을 수 있는 것도 있었다. 그 애는 어떤 상품이 어디에 있는지 금세 익혔다. 가게는 여러 구역으로 나뉘어 있었는데, 그 애가 가게에 들어왔는데 원하는 물건이 있는 구역이 잠겨 있으면 자기가 문을 두드리거나 네드에게 문을 두드리게 했다. 문이 열리고 안으로 들어가면, 다 큰 어른들 못지않게 원하는 것을 요구했다. 가게에 오는 사람들은 대부분 에드거를 알고 있었고, 언제나 그 애를 칭찬하시지 못해 안달이었다. 그 애 역시 가게에 오는 사람들을 대부분 알고 있었기에, 금방 대화가 시작되었다. 때로는 그 애가 사람들에게 말을 걸기도 했다. 허풍을 떠는 게 아니라, 상냥하고 부드럽고 유쾌하게 말이다. 이렇게 그 애는 특유의 진지하고 솔직한 태도로 잠깐이나마 사람들을 즐겁게 해주었다. 그 애는 내가 아는 한 가장 두루두루 인기가 높고 사랑받는 아이였다. 마음이 굉장히 넓고 다른 사람들을 생각해주며, 아이인데도 모두와 자유롭게 친해졌다. 그 애가 뭔가를 숨기는 일은 극히 드물었다.

때때로 점심 때 가게에 들른 손님들이 그곳에서 식사를 하는 경우도 많았다. 에드거는 하루에도 몇 번씩 가게에 들락거렸고 사람들이 많을 때도 자주 왔다. 사람들은 그 애에게 같이 점심을 먹자고 했다. 그렇지 않을 때는 그 애가 사람들에게 같이 식사하자고 요청하기도 했다. 어느 쪽이든 거절당하는 경우는 거의 없었다. 손님들이 그 애를 식사에 초청하는 경우가 더 많았는데, 무엇보다도 그 애가 말하는 걸 듣고 싶었기 때문이다.

어린 시절 그 애는 특히 여러 사람이 있을 때는 누가 무슨 의견을 내놓건 거의 아무런 대꾸도 하지 않았다. 하지만 특이한 의견이 등장할 때면 대개 확신에 차 기쁜 표정을 한 그 사람을 응시하면서 자신의 다른 의견을 직접 말했다. 그때 그 애는 얼굴색 하나 변하지 않았지만, 표정은 부드럽고 상냥했다.

조그만 아이였던 에드거는 가끔 아무에게도 방해되지 않게 네드에게 자길 카운터 위에 올려달라고 부탁하고는 거기에 앉아서 1시간 이상 사람들을 듣고 관찰하기만 했다. 누가 그 애에게 말을 걸기 전에는 아무에게도 말을 걸지 않았다. 한참 후에야 누군가에게 부탁해 자신을 바닥에 내려달라고 하고는 엄마가 있는 집으로 돌아갔다. 그 애는 꽤 자주 그렇게 무언가를 보거나 듣고는 집으로 돌아가 그 이야기를 했다.

어릴 적 나는 혼자 있는 걸 몹시 좋아했다. 눈앞에 보이는 장면이나 사람들이 나누는 대화를 툭하면 내 친구로 삼았다. 사람들은 그게 무슨 친구냐고 말했지만 말이다.

아홉 살 무렵의 어느 날이었다. 이모가 나에게 "이리 와, 에디. 저녁 식사에 쓸 채소를 캐러 가는데, 이모 좀 도와주련? 어제 짐 아저씨네에서 오는 길에 들판에 향긋한 야생겨자가 있는 걸 본 것 같은데"라고 말했다. 이전에도 내가 이상한 일을 많이 겪었던(혹은 그랬다고 생각했던) 장소인 헛간 옆을 지나면서 나는 이모에게 그 얘기를 하기 시작했다.

"이모, 나 헛간 안에서 노는 게 정말 좋아요. 재미있는 게 정말 많거든요!"

"재밌는 거?" 이모가 물었다. "뭐가 재밌는데? 너처럼 쬐끄만 게 재미가 뭔지나 아니? 저 오래된 헛간이 뭐가 그렇게 재밌니?"

내가 대답했다. "음, 할아버지가 엄청 돈을 쏟아 부었던 담배를 저기에 두셨거든요. 담배를 담은 오래된 나무통도 있어요. 저기에 가서 기둥도 위아래로 올라갔다 내려갔다 하고, 누군가가 '위! 아래! 위! 아래!'라고 고함치는 걸 듣는 게 얼마나 재밌는데요. 파란 어치랑 둥지도 있어요, 오늘 아침에 둥지 만드는 걸 봤거든요. 점박이 알도 벌써 낳은 거 있죠? 아, 굴뚝새도 봤어요. 할아버지가 일하러 나간 아들들을 부를 때 쓰시던 뿔을 쳐다보고 있더라고요."

"하지만 애야," 이모가 말을 막았다. "저기에 담배를 보관하지 않은 지 한참 되었는걸. 그리고 넌 담배를 나무통에 담는 걸 본 적도 없을 텐데?"

"있어요!" 내가 말했다. "매일매일 놀러갈 때마다 할아버지가 계셨는걸요. 나 말고도 거기로 놀러오는 애들이 얼마나 많았는데요. 걔네들이 헛간 위로 올라가서 기둥마다 꼭대기에는 뭐가 있는지 말해줬어요!"

"에디, 네가 상상한 걸 그런 식으로 너무 믿으면 안 돼! 그냥 다 상상일 뿐이잖아! 이야기를 꾸며내는 건 나쁜 일이야, 너도 알잖니?"

"나쁜 일이라니요, 이모? 나는 내 친구들하고 놀아요. 할아버지도 보고, 할아버지가 나한테 말도 하신단 말이에요. 담배를 통에 담을 때 농장 사람들한테 하시는 것처럼요. 뭐가 나빠요? 정말 있어요, 정말 재미있단 말이에요! 그게 왜 나빠요? 내가 친구들이랑 할아버지를 만난다고, 그걸 말한다고 나쁜 아이가 되는 건가요?"

이모가 대답했다. "정말 봤다면 나쁜 게 아니지. 하지만 저기엔 아무것도 없단다. 할아버진 벌써 6년 전에 돌아가셨어. 죽은 사람이 어떻게 담배통을 담니? 그러니까 네가 그걸 봤다는 건 거짓말이야. 거짓말은 나쁜 짓이고, 네 엄마한테 말해야겠다."

"하지만 엄마도 애들을 봤다고요!" 내가 항변했다. "할아버지가 담배를 통에 담을 때는 엄마가 없었을 뿐이에요."

"그걸 믿으라는 거니? 넌 상상에 푹 빠진 나쁜 아이일 뿐이야! 네 엄마에게 이를 거야. 네가 이렇게 어리석은 짓을 하는 걸 알면 엄마도 그냥 넘어가지 않으실 거야."

우리는 들판으로 나가 한 무더기의 야생겨자를 발견하고 바구니 가득 캤다. 돌아오는 길에 헛간 근처로 지나오면서 이모는 다시 나에게 물었다. "왜 오래된 헛간에서 노는 게 재미있다는 거니?"

"왜냐면 같이 놀 친구들도 많고, 할아버지도 재미있으니까요. 할아버지는 남북전쟁이 일어나기 전이랑, 전쟁 때랑, 전쟁이 끝난 후에 있었던 일을 재미있게 이야기해주시거든요."

"할아버지가 확실해?"

"당연하죠, 할아버지 맞아요! 할아버지 수염도 만져봤는걸요. 깜깜할 땐 그런 식으로 할아버지랑 얘기를 해요."

"넌 정말 이상한 아이야. 아무래도 엄마랑 이야기를 좀 해봐야겠다. 그냥 두면 안 되겠어. 안 그러면 사람들이 너더러 제정신이 아닌 줄 알 거야. 네가 자꾸 그러니까 이모가 눈물이 다 나려고 한다."

그날 저녁, 이모는 나의 어머니에게 그 이야기를 했다. "언니, 에디가 그러는데 그 애가 헛간에서 애들이랑 노는 걸 언니도 봤다며? 그게 무슨 소리야? 이 근처에는 어린애가 있는 집이 없잖아. 에디를 병원에 데려가 보는 게 어떨까? 걔 머리가 좀 이상한 것 같아! 어떨 땐 정상이 아니라고!"

"하지만 루, 난 에디가 애들하고 이야기하는 걸 봤어. 그 애들이 에디를 해치진 않을 거야. 확실해."

"그게 어느 집 애들이었는데?"

"몰라, 아주 착해 보였는데. 내 생각엔, 우리에겐 일어날 수 없는 일이라고 생각했던 일들을 그 애는 경험하는 것 같아. 난 에디가 제발 친구를 사귀었으면 좋겠어, 루. 그런다고 나쁜 일이 생기지는 않을 거야."

"하지만 걔가 할아버지를 만나서 대화를 나눈다고 말하는 건? 그건 절싸 불가능하다는 거, 언니도 알지? 그 애가 이렇게 말도 안 되는 소리를 해대는 걸 이웃 사람들이 보면 뭐라고 하겠어? 언니가 걔를 때려서라도 그 요정 이야기나, 언니가 뭐라고 부르건 아무튼 그걸 멈추게 해야 한다고!"

"루, 그렇다고 애를 때릴 순 없어! 걔가 확실히 봤다잖아. 나도 아이들을 내 눈으로 똑똑히 봤고. 그냥 상상이 아니야. 그게 뭔진 몰라도, 그런 식으로 에디를 야단 칠 수는 없어. 난 그저 에디가 교회에 가고, 성경 공부하고, 그 애가 보는 게 뭔지 배울 길을 찾았으면 좋겠어."

"무슨 헛소리야!" 루 이모는 흥분하여 외쳤다. "그 멍청한 얘기가 하나님에 관한 거라고 생각하는 거야? 미안하지만 내가 보기엔 악마 같은데? 그리고 그런 일로 좋은 일이 생길 리 없잖아! 에디를 병원에 데려가는 게 좋을 거야. 어떤 교회에 데려가도 그 애가 왜 그러는지 알 수 없을걸? 암, 그렇고말고!"

그해 여름 이모는 결혼을 해서 동부로 이사를 가버렸고, 그후로 몇 년간 그녀를 만나지 못했다. 하지만 나는 자라면서 같은 식으로 다른 친척들에게서 꾸중을 들어야 했다. 나는 점점 이러한 경험을 부끄럽게 여기게 되었다. 내게는 무척 생생한 경험이었는데 말이다. '이상한 애'라거나 '다르다'는 말을 들을 때마다 나는 혼자 있고 싶었고 내 나이 또래의 다른 아이들과 똑같은 생각을 하고 싶었다. 나는 남들과 다르고 싶지 않았다. 특히 툭하면 사람들 입방아에 올랐던 걸 생각하면.

꽤 일찍부터 에드거는 스포츠를 좋아했다. 조그만 아이일 적부터 낚시와 사냥을 좋아했을 정도다. 언젠가 연못물이 잔뜩 불어 낮은 지대는 넘치기까지 할 정도로 비가 엄청나게 퍼부은 적이 있었는데, 비가 그치자마자 에드거는 낚시를 하러 가고 싶어졌다.

그 애는 조그만 자기 낚싯대를 챙겨서 집에서 400미터쯤 떨어진 연못까지 혼자 걸어갔다. 아무에게도 자기가 어딜 간다고 말하지 않고 말이다. 비가 워낙 많이 왔기 때문에 그 애가 연못에 도착했을 때 연못 근처는 온통 물바다였다. 연못물이 넘치는 바람에 물고기들도 덩달아 뭍으로 밀려나왔다.

물이 빠지자, 물고기들이 진흙탕 속에서 마구 펄떡였다. 에드거는 금세 상황을 파악하고는 낚싯대를 내려놓고 펄떡이는 물고기들을 손으로 잡기 시작했다. 물고기 잡는 데 흠뻑 빠진 나머지, 그 애는 정신없이 걷다가 너비가 4미터 가까이 되는 커다란 웅덩이 근처까지 갔다. 그곳은 진흙 때문에 미끄러운데다, 가파른 경사가 3미터 아래까지 이어져 빗물을 잔뜩 머금은 지하수까지 닿아 있었다.

웅덩이 입구에 발이 닿자마자, 에드거는 그대로 쭉 미끄러져 물 아래 바닥까지 떨어지고 말았다. 그 애는 곧바로 입구 쪽으로 기어 올라가기 시작했지만, 손과 발이 자꾸만 진흙 속에 빠져 움직이기가 힘들었다. 에드거가 진흙과 사투를 벌이던 바로 그때, 마침 농장 일꾼들 중 한 명이 목재를 실은 트럭을 타고 근처를 지나가다가 에드거의 모자를 발견하고는 애가 물에 빠져 죽게 생겼음을 알고 차를 세웠다.

남자가 달려가 보니 아이는 물에서 거의 빠져나오고 있었다. 남자는 때마침 그 애에게 손을 뻗어 진흙 웅덩이에서 빠져나오도록 도와줄 수 있었다. 그는 에드거의 얼굴을 닦아주고는 목재와 함께 트럭에 실어 집에 데려다주었다.

엉망진창이 된 아들을 데려온 남자에게 그 애가 어디에서 어떻게 발견되었는지를 들은 아이 엄마는 경악을 금치 못했다. 아이는 그처럼 엄청난 곤경을 겪었는데, 정작 자신은 아이가 나가서 죽을 뻔했다가 집에 돌아올 때까지 까맣게 몰랐다는 사실이 너무나 충격이었던 것이다. 남자가 사실상 그 애가 거의 다 빠져나왔을 때 손을 뻗어 꺼내준 것 외에 아무런 도움도 없이 그 애가 진흙 웅덩이에서 벗어난 것은 거의 기적에 가까웠다. 웅덩이로 미끄러지면서 손에 움켜쥐고 있던 물고기를 놓치고 말았던 모양이다.

하지만 웅덩이에서 빠져나와 안전해졌을 때, 그 애는 물고기를 가져가지 못했어도 그저 그곳에서 벗어난 것이 너무도 기뻤다.

명상을 하면서 나는 오래전에 겪었던 많은 경험들을 종종 되짚어보곤 한다.

02_ 천사가 내게로 왔다 1890년

무엇이었을까. 글쎄, 잘 알 수는 없었지만, 그것은 부드럽게 천천히 말했다.
"너의 기도를 들었노라. 스스로에게 진실하라. 병자와 약자를 도와라."

내가 받았던 학교교육은 남부 크리스천 카운티에 있던 작고 빨간 학교와 교실이 2개뿐인 베벌리 아카데미가 전부였다. 여러 교사가 나를 거쳐 갔다. 몇 명은 매우 유쾌한 기억으로 남아 있고, 몇 명은 교실에 들어가 그들 앞에 있을 때마다 무서워했던 기억이 난다.

읽기를 할 수 있게 되기 전까지 나는 둔한 학생 축에 속했고, 학교의 다른 아이들만큼 학생으로서 적응을 잘하지도 못했다. 부모님의 관심이 부족해서라기보다는 내가 학교에서 배운 걸 제대로 기억해두지 못했기 때문이었다.

에드거는 학교에서의 경쟁과 논쟁을 피해 다녔다. 그 애는 그리 말 많은 아이가 아니었는데, 한 번은 규칙을 어긴 다른 학생을 일러바치지 않고 선생님에게 순순히 매를 맞았던 적도 있었다. 에드거를 무척 좋아하고 그 사건의 진상을 알고 있었던 나이 많은 학생 한 명이 에드거에 겐 아무런 잘못이 없고 선생님이 그 애를 때릴 이유도 없었다고 아주 단호하게 말해주었다. 에드거는 자기 양심에 솔직했고 선생님과 부모에게 순종했다. 물론 그 애도 실수를 할 때가 있었고, 하면 안 되는 일을 하기도 했지만, 그 애가 마음먹고 선생님이나 부모 말을 일부러 어긴 적은 내가 기억하는 한 단 한 번도 없었다.

읽는 법을 익히고 나서 얼마 지나지 않아, 나는 성경에 나오는 사람들에 대한 다소 이상한 견해에서 나온 논쟁을 듣게 되었다. 어떤 나무꾼이 처음으로 내게 성경 이야기를 해주었는데, 그게 가장 인상 깊게 남는다. 그는 자신이 "삼손만큼 힘이 세다"고 말했다. 나는 삼손이 누구인지 궁금했다. 그는 삼손이 성경에 나오는 사람이며, 그 전날 밤에 목사님이 삼손에 대해 설교를 하셨다고 말해주었다. 나는 엄마에게 달려가 그 이야기를 들려주고는 삼손에 관해 말해달라고 졸랐다. 삼손 이야기는 그 어떤 것보다도 내 마음을 사로잡았다. 나는 사람과 사람 사이의 관계, 하나님과 사람의 관계를 가르치는 이 책에 관한 것을 배우고 싶어 안달이 났다.

에드거가 아주 어렸을 때 아내와 내가 번갈아가며 성경을 서로 읽어주었다. 한 명이 읽어주고 나면 다른 한 명이 또 한동안 읽어주는 식이었다. 이렇게 우리는 구약과 신약을 통틀어 성경 전체를 읽었다. 에드거도 거의 다 들었다. 그 애는 언제나 조용히 앉아서 듣고만 있었다. 가끔 질문을 할 때만 빼고 말이다. 우리가 대답을 해주고 나면, 성경읽기가 계속되었고 에드거는 놀라운 인내심을 보이며 가만히 듣고 있었다. 그래서 우리는 그 애가 얼마나 조용한지, 성경을 얼마나 흥미롭게 여기는지 알아챌 수 있었다. 때때로 애가 잠이 들기도 했는데, 그때는 성경읽기가 따분했을 수도 있다. 하지만 우리가 성경을 읽는 동안 그 애가 자리를 뜨는 일은 거의 없었다.

나는 아주 일찍부터 성경을 공부하기 시작했고, 그게 무척 좋았다. 성경은 마치 영능력의 모든 면을 말해주는 것만 같았다. 누구라도 성경에 있는 말씀 대신 자신의 일이나 일의 어떤 면을 강조한다면, 잘못된 길로 들어서는 것이다. 그 일이 잘될 리가 없다. 그래, '그리스도 안에서' 우리는 모두 형제일지도 모른다. 그러나 우리 자신을 그리스도의 형제라고 여기고 그분의 업적과 동등하게 여긴다면, 이기심만 높아지고 그리스도가 고난을 택하신 이유를 이해하지 못하게 되고 말 것이다. 그런데 우리는 이런 식으로 말만 주고받으며 정작 가져야 할 사상은 잃어버리고 있다. 결국엔 원점으로 돌아가고 말 텐데, 혹은 이루어낸 일에는 아무런 미덕도 없을 텐데.

남부 크리스천 카운티에 있던 우리 조부모님의 집은 내가 그곳에 살던 때에 불에 탔다. 그래서 나는 세 여동생과 부모님으로부터 떨어져 얼마간 친척집을 전전하며 지냈다. 그 중 한 이모의 집에는 커다랗고 삽화가 가득한 성경책이 있어서 내 상상력을 한껏 자극했다.

나는 그 책에 관해 더 많은 걸 알아내기로 결심했다. 사람들에게 물어보니 그것은 하나님이 그분의 자녀들에게 보내는 메시지라고 했다. 내가 직접 읽어봤지만 이해할 수 있는 내용은 거의 없어서, 성경에 등장하는 이야기와 약속들, 사람들의 행동(내가 보기엔 어떤 사람들은 착한 것 같고, 또 몇몇은 아주 나쁜 것 같았다)을 어떻게 해석해야 하는지 점점 더 궁금해지기만 했다.

열 살쯤 되었을 때 어머니가 나에게 주일학교에 가지 않겠냐고 해서 나는 주일학교에 나가기 시작했다. 첫장인 창세기, 즉 창조에 관해 배웠는데, 정말이지 너무 흥미진진해서 흠뻑 빠져버렸다. 나는 아버지께 이야기 전체가 담긴 성경책을 사달라고 졸랐다. 몇 주 후, 아버지에게 내 이야기를 들은 한 서점 주인이 나에게 성경책을 선물해주었다. 나는 당장 그 책을 읽었는데, 읽으면 읽을수록 헛간에서 겪는 일들이 진짜 현실이며 바보 같은 게 아니라는 확신이 들었다. 하지만 사람들이 날 의심하면 할수록, 나는 점점 더 사람들에게서 멀어졌다.

나는 몇 년간 아동부와 청년부 주일학교 교사로 활동했다. 에드거는 아주 어렸을 때부터 일요일마다 주일학교에 나와 학생들이 그날 배운 것을 암송하는 시간에 동참했다. 그 애가 사람들 앞이나 교실에서 성경에 관한 질문에 대답하기 시작한 것은 그때부터였다. 그 애는 다른 소년들은 물론이고 교회 사람들까지 놀라게 했다. 선생님의 질문에 거의 정답만을 말했던 것이다. 그 애는 오래 지나지 않아 주일학교 학생으로 인정받게 되었다. 남자부 성경교실에서 어떤 질문에 대답이 막히면 어김없이 누군가가 "에드거한테 물어보죠"라고 말했고, 그 애는 대개 신속하고 정확한 답변을 내놓아서 성경교실에 나오는 사람들 대부분이 그 애에게 질문하는 걸 즐거워했다. 그 애는 성경을 공부하는 걸 좋아했고 꽤 많은 시간을 성경 읽는 데 보냈다. 그 애는 그걸 자랑스레 떠벌리지도 않았다. 그 어린 나이에 남녀노소 할 것 없이 많은 사람들의 주목을 받는 건 분명 보통을 뛰어넘는 일이었는데, 그것도 그 애에게는 아무런 의미가 없었다. 그 애의 공손한 태도도 여전했고, 거만이나 허풍을 떨지도 않았다. 어떠한 성공도 그 애를 자만하거나 지나치게 뻐기게 만들 수 없을 것 같았다. 그 애는 자신이 뭐든 기대 밖으로 많이 안다는 사실을 자각하지 못했고, 그 덕에 그 재능이 헛되거나 부풀려지지 않을 수 있었다. 겸손 그리고 꾸밈없음이 언제나 그 애와 함께였다.

내가 열 살이 되던 해에 우리 가족은 초목이 무성한 숲 언저리의 작은 집으로 이사를 했다. 숲에는 목재로 쓰이는 커다란 떡갈나무와 히코리, 흰 참나무, 포플러, 너도밤나무가 빽빽이 들어차 있었고, 헤이즐넛과 포포 같은 견과류와 과일나무도 많았다. 나는 숲속의 아름다운 골짜기와 빈터를 모두 알게 됐고, 집에서 400미터 가량 떨어진 아주 예쁜 곳에 나만의 비밀장소를 만들었다. 나는 그곳에 내 성경책을 두고 매일같이 부분부분 읽고, 읽고, 또 읽었다.

에드거는 열두 살이 되던 해인 1889년에 크리스천 교회(사도회)의 일원이 되어, 신실한 교인으로서 계속 교회에 나갔다. 그저 교회에 '붙어 있는' 시늉만 하는 게 아니라, 자신의 권리와 책임을 잘 알고 아주 유능하고 만족스럽게 충족시키는, 정말로 활동적인 교인이었다. 교회에 다니는 어른들이나 교회임원들이 여러 번 그 애를 불러 책임 있는 일을 맡겼다. 목사들은 특히나 그 애를 아꼈고, 그 애와 많은 대화를 나누었다. 그들은 쉴 새 없이 그 애에게 교회봉사 일을 시켰는데, 특히 몇 주간 계속되는 회의 내내 그 애를 불러댔다. 그들은 그 애가 맡은 일을 끝까지 해내려 하고, 요구를 거절하거나 핑계를 대지 않는다는 점에 감탄했다. 그리하여 그 애를 불러 합당한 일을 시킨다면 그게 어떤 일이든 아무도 미안해하거나 마음 쓸 일이 없었다. 교인으로서, 크리스천으로서의 그 애의 삶은 무척 아름다웠으며, 그 아름다움은 지금까지도 빛을 잃지 않고 있다.

나는 열네 살까지 여러 번에 걸쳐 성경을 읽었는데도 그 내용은 거의 이해하지 못했다. 하지만 내 마음속에는 내면의 자아가 갈구하는 무언가를 이 책이 담고 있다는 생각이 커져갔다. 성경의 약속, 그리고 하늘에 계신 하나님과 가까워지고자 하는 구도자들의 이야기를 읽으면서 이것이 모두 진실이라고 느꼈고, 나에겐 평화가, 그후엔 '약속'이 찾아왔다.

나는 나에게 길을 가르쳐줄 선생님이나 목사님들이라면 교의나 교파를 따지지 않고 모두와 친분을 쌓기 위해 더욱 더 애를 썼다. 어린 시절 매우 독실한 모르몬교도와 나눈 대화는 지금도 생생히 기억하고 있다. 그녀는 아무도 한 명 이상의 아내를 맞을 수 없다는 법안이 통과된 후 살던 곳에서 쫓겨났다. 그곳 지도자의 아내 중 하나였기 때문이다. 그녀는 교의는 물론이고 성경에 대해서도 많은 것을 알고 있었다. 뿐만 아니라 나는 나보다 나이가 많은 감리교도, 침례교도, 장로교도, 기독교도, 유일신교도, 조합교회주의자와 나눈 대화도 아주 잘 기억하고 있다. 한동안 가톨릭 성당의 신부와 지내며 내가 모르던 것을 알고자 했던 적도 있다. 그러니 학교친구들이 나에게 괴짜라고 부른 게 뭐 이상한 일이겠는가? 내가 알기론 그들은 대개 선생님이나 목사님과 친하게 지내는 걸 좋아하지 않았다. 오히려 삶의 물질적인 쾌락을 모두 포기하면서 특별한 사명을 추구하는, 보통을 넘는 그들의 삶을 우러러보았다. 그러나 나는 그들도 보통 사람들과 별반 다르지 않다는 걸 깨달았다. 즉 언제나 다른 이들을 생각하는 사람이 있는가 하면, 자기 자신을 포함하여 수많은 짐을 짊어지고 살아가는 사람도 있었다.

어느 날 저녁 처음으로 환영(幻影)을 본 것도 바로 그 무렵이었다. 이미 성경을 여러 번 읽은 후였다. 그때도 마노아(Manoah, 삼손의 아버지. 하나님의 사자가 나타나 아들을 낳을 것이라고 예언함)의 환영에 관한 부분을 읽고 있었다. 삼손 이야기에 완전히 매료돼 있었기 때문이다. 이것이 나에게 어떤 의미인지, 지금 내 삶에 얼마나 중요한지, 그저 이 경험, 환영, 약속이라는 단어만으로는 이해할 수 없을 것이다.

그날 오후 나는 정말 열성적으로 기도했다. 수많은 내 유치한 질문들에 답하며 말을 걸어주는 것만 같던, 사랑하는 숲 속에서. 그곳의 작은 동물들과 새들이 내 주위로 몰려들었다. 심지어 그때는 하나님이 아주 가까이서 직접 내 기도에 응답하시는 걸 들은 것도 같았다. 그분의 창조물을 통해 우리에게 말씀하신 것이다. 그때 내게 보인 세상은 이랬다. 하나님이 작은 새와 나무, 꽃, 아름다운 하늘을 만드시고, 별들에게 자리를 찾아주시고, 태양과 달에게 규칙을 정해주셨다면, 그것은 모두 그분이 창조하신 은혜의 영광을 흩뿌리고 있을지도 모른다. 그분은 이 작은 창조물 하나하나에 어떠한 방식이나 형태로든 존재하셔야만 한다. 그들에게 뭔가를 말하거나 해주고 나면 그들의 두려움이 서서히 잦아드는 걸 볼 수 있었다. 그러니 엄밀히 말하면 이 영향, 이 우정, 어떤 동질감이야말로 서로의 관계 안에 그분이 계신다는 사실을 보여주는 증거 아니겠는가?

그날 나는 정말 맹렬히 공부했지만, 아직도 갈 길은 멀고도 멀어 보였다. 숲에 사는 작은 새, 다람쥐, 토끼들에게서 들은 수많은 이야기가 머릿속에서 가득 맴돌았다. 그들의 행동은 마치 서로서로 이렇게 말하는 것만 같았다. "서둘러, 빨리 와, 그가 왔으니 먹을 걸 줄 거야, 그리고 우리랑 한바탕 하겠네. 겁낼 거 없다고."

집에서 나를 부르는 아버지의 무뚝뚝한 목소리가 들렸다. 당시 아버지는 저녁마다 나를 가르치셨다. 그런데 그날은 갑자기 모든 것이 시시하게 느껴졌다. 우린 별로 중요하지도 않은 걸 공부하고 있는 것 아닌가.

그날 밤 침대 곁에서 무릎을 꿇고 또 한 번 기도했다. 하나님이 나를 사랑하심을 보여 달라고, 내게 능력을 주셔서 주위 사람들에게 당신의 사랑을 보여줄 수 있게 해달라고. 하다못해 그분의 숲속 작은 창조물들도 그들을 사랑하시는 단 한 분에 대한 믿음을 내게 행동으로 보여주지 않느냐고.

처음으로 환영을 보았을 때, 나는 아직 잠이 들지도 않았는데 몸이 허공에 붕 뜨는 듯한 느낌이었다. 떠오르는 태양처럼 찬란한 빛이 온 방안을 가득 채우더니, 한 형체가 내 침대 발치에 나타났다. 난 그것이 당연히 어머니일 거라고 생각하고는 엄마를 불러보았지만, 엄마는 아무런 대답도 하지 않았다. 그 순간 갑자기 겁이 나서, 당장 침대 밖으로 기어 나와 어머니 방으로 달려갔다. 아니, 어머니가 날 부르신 게 아니었다. 내 방 침대로 돌아와 앉은 것과 거의 동시에, 그 형체가 다시 나타났다. 이번에는 모든 것이 영광스럽게 빛나 보였다. 천사였을까, 무엇이었을까. 글쎄, 잘 알 수는 없었지만, 그것은 부드럽게, 그리고 천천히 말했다. "너의 기도를 들었노라. 너의 소원이 이루어지리라. 언제나 신실하라. 스스로에게 진실하라. 병자와 약자를 도와라."

환영이 서서히 사라지고 난 후, 나는 좀처럼 잠을 이룰 수 없었다. 오직 달빛 속으로 뛰쳐나가는 수밖에 없었다. 5월의 밤, 나는 이제껏 그토록 영광스럽게 빛나는 달을 본 적이 없었다. 영원히 잊지 못할 밤이 되리라. 나는 나만의 비밀장소나, 나무 아래로 가서 무릎을 꿇고, 하나님이 나를 돌아보고 계심에 감사했다. 다음날 아침 일찍 여명이 밝아오기 시작할 무렵, 두 마리의 작은 다람쥐가 그 나무 아래로 내려와서는 내 주머니 속으로 들어가서 있지도 않은 호두를 찾으려 했다. 그 과정 하나하나를, 나는 결코 잊지 못할 것이다.

나는 전날 밤 있었던 일을 어머니에게 말씀드릴 수 없었다. 어머니는 "애야, 뭐가 그렇게 행복하니? 오늘 아침 뭔가 아주 달라 보이는데?"라고 물어보셨지만, 나는 그저 "다음에 말씀드릴게요, 엄마"라고밖에 말할 수 없었다.

그날 학교에서도 계속 멍하니 있다가, 내가 외워야 할 철자는 당연히 하나도 제대로 맞히지 못했다. 당시 우리는 오전 8시에 등교하여 오후 4시까지는 학교를 떠나지 않았다. 그날 나는 '오두막(cabin)'이라는 단어를 칠판에 500번이나 쓰느라 약 6킬로미터 거리인 집까지 걸어오고 나니 꽤 늦은 시각이 되었다. 아버지가 날 기다리고 계셨다. 내가 학교에서 열등생이라는 사실을 절대로 그냥 넘길 분이 아니었다.

아버지는 다짐했다. "오늘밤 잠자기 전까진 오늘 배운 걸 확실히 다 알아야 해."

나는 공부했다, 적어도 공부한다고 생각했다. 그리고 배운 걸 모두 기억했다고 확신했다. 그렇지만 아버지에게 철자책을 건네는 순간 머릿속이 하얗게 텅 비어버렸다. 그러니까, 난 공부한 걸 다 잊어버린 것이다. 족히 2~3시간은 아버지에게 매를 맞아가며 혹독하게 철자법 공부를 했다.

나는 간밤에 별로 잠을 자지 못했다. 그래서 한창 자라는 아이의 피로가 슬슬 밀려오기 시작하더니 11시쯤에 완전히 곯아떨어지고 말았다. 몇 번이나 아버지가 날 두드려 깨우고, 나는 계속해서 아래로 가라앉는 몸을 일으키려 애써야 했다. 그러나 결국은 아버지에게 제안했다. "5분만 자게 해주세요. 그럼 다 외울 수 있어요." 내 안의 무언가가 "약속을 믿으렴"이라고 속삭였기 때문이다.

아버지는 내게 잠을 허락하셨다. 5분의 시간이 지나고 아버지에게 다시 철자책을 건넸을 때, 나는 배운 것이 기억난다는 사실을 알았다. 그날 배운 단어뿐 아니라, 철자책 안에 있는 단어의 철자는 무엇이든 다 맞힐 수 있었다. 철자뿐 아니라, 그 단어가 몇 페이지 몇째 줄에 있는지, 어떻게 표시돼 있는지까지 다 기억이 났다. 훗날 몇몇 학생들이 이렇게 말했다. "케이시는 철자책 속에 있는 구두점까지 다 알아요. 누군가가 인쇄된 책 위에 점을 찍었으면 몰라도."

그날 이후로는 학교생활에 별 어려움이 없었다. 배운 내용을 읽고 그 위에서 몇 초만 자고 나면 단어 하나하나까지 다 기억할 수 있었기 때문이다.

사실 다음날 학교에서는 이전과 너무도 다른 내 모습에 선생님이나 학교 친구들 못지않게 나도 놀랐다. 무엇보다도 배우는 족족 다 머릿속에 저장되는 것이 무척 신기했다. 책에서 읽은 게 무엇이든 그걸 기억하기 위해서는 학교에서조차 깊은 잠에 빠져야 했다. 당시 나를 가르치던 분은 콕스 선생님이었는데, 나는 때때로 지금 무슨 일이 벌어지고 있는지 선생님이 잘 모르는 것 같다는 인상을 받았다. 그때부터 학교를 졸업할 때까지 나는 굉장히 빨리 앞서갔다. 배운 걸 모조리 흡수한다는 이유로 날 미워하는 사람들도 있었다. 하지만 난 그저 읽고, 그 위에서 잠들 뿐인데, 다시 암송할 때면 읽은 것들이 눈앞에 펼쳐졌다.

어떻게 된 일인지는 나도 몰랐다. 그건 우리 부모님이나 학교친구들, 선생님들도 마찬가지였다. 하지만 나는 '왜' 이런 일이 일어나는지 굳이 이유를 찾으려 애쓰지 않았고, 오늘에 이르기까지 그걸 '어떻게' 설명해야 할지 모른다. 현재의 내가 있는 건 수많은 경험이 합쳐진 결과이기 때문이다. 그 경험들은 매번 다양한 방식으로 나타나 내 마음을 조금씩 성장하게 했다.

어릴 적 에드거는 친구들 사이에서 우두머리였고, 언제나 많은 사람들 사이에서 대변인으로 통했다. 그 애는 어린 친구들을 앉혀놓고 기적적이거나 아주 기이한 체험을 이야기해주어 그들을 즐겁게 해주는 것을 무척 좋아했다. 대개는 자신이 어떤 식으로든 보거나 듣거나 경험한 일들에 관한 것이었다. 그 애는 이렇게 어린 친구들을 족히 한 시간 이상 즐겁게 해주곤 했다. 때로는 자기가 태어나기 전에 일어났던 사건을 이야기해주기도 했는데, 날짜는 알려주지 않았지만 그때 있었던 대화나 사건을 상세히 설명해주었다. 친구들 사이에서 그 애의 말은 절대적이었고, 아무도 그 애가 하는 이야기에 일말의 의심을 갖지 않았다. 가끔은 그 애의 엄마가 아이의 행동과 별난 말투와 이야기에 관해 말했는데, 때로는 아주 독특한 상황에서였고 나머지는 아주 단순하고도 일상적인 일이었다. 어쨌든 대부분은 도무지 이해할 수 없는 것들이었다. 지금 생각해보면 그런 대화와 말투, 행동이 어쩌면 정신적으로 받거나 들은 것일지도 모를, 굳이 이름 붙인다면 심령현상이었다는 걸 분명히 알고 있다. 별난 행동을 하고 나서 얼마 지나지 않아, 그 애는 그 비슷한 방식으로 학교수업을 준비할 수 있었는데, 그것 역시 부모나 교사가 이해하기에는 너무나 기묘했다. 나는 그 애 자신도 그게 무엇인지, 혹은 그 당시 어떻게 그런 재주에 통달했는지 이해하지 못했다고 확신한다.

몇 년 후 내가 배우고자 하는 과목에 관해 교장선생님과 이야기를 나누고 있을 때였다. 교장선생님은 내게 물으셨다. "에디 학생, 배운 걸 기억해두려면 여기 학교에서도 잠이 들어야 한다는데, 어떻게 된 일인가? 작년인가 이 얘길 들었네만, 자넨 어떻게 수업내용을 암기하나? 자네가 그걸 암기하는 건가, 아니면 수업내용을 암송할 때 갑자기 눈앞에 나타나는 건가? 우리 아버지가 메리맥 호 함장이셨거든? 모니터 호가 햄프턴로즈에서 교전을 벌일 때였지. 그런데 아버지가 메리맥 호에 철갑을 씌우는 꿈인가 환영인가를 보셨다는 거야. 양옆을 철갑용 강철판으로 뒤덮는 방식이었고, 아버지는 그대로 실행하셨지. 환영 속 장면 그대로 말이야. 자네가 수업시간에 보는 것도 그런 식인 건가?"

물론 나로선 난생 처음 듣는 이야기였고, 처음으로 내가 남들과 다르다는 생각이 들었다. 그건 자랑할 만한 일이었을까? 그것도 알 수 없었다. 나는 성경공부 덕택에 겸손함을 배웠고, 거짓말쟁이가 되는 걸 두려워하게 되었다. 그러나 내면의 자아가 간절히 원하는 무언가를 내 안에 담고 있는 것 같다는 느낌이 마음속에서 커져만 갔다.

에드거는 싫고 좋음이 분명한 소년이었다. 고집스럽거나 호전적이지 않고, 지는 것을 두려워하지 않았으며, 경박하거나 유치한 버릇도 없었다. 그 애는 게임을 무척 좋아했는데, 특히 좋아하던 고리던지기는 아주 어릴 때도 곧잘 했다. 가게 사람들이 고리던지기를 할 때 에드거가 눈에 띄면, 사람들 중 하나가 그 애를 불러 일대일 게임을 했다. 그렇게 조그만 아이가 고리던지기에서는 좀처럼 질 줄을 몰랐다.

나는 학교에서 다른 아이들과 야구나 풋볼, 구슬치기 같은 게임을 많이 즐기는 편이 아니었다. 도무지 다른 아이들처럼 구슬을 맞추거나, 팽이를 돌리거나, 공을 던지거나, 야구 배트를 휘두를 수 없었기 때문이다. 나는 선생님들과 앉아서 삶의 미스터리에 관한 논쟁을 벌이는 게 더 좋았다. 그들이 들어주기만 한다면 말이다. 톰 선생님이나 다른 선생님들은 나더러 나가서 놀아야 한다고 하셨지만, 나는 덩치 큰 아이들을 따라갈 수 없었고 어린 아이들과 함께 놀려 해도 인기가 없었다.

한 번은 선생님들의 충고를 따라 다른 아이들과 함께 평범하게 놀려고 노력해보았다. 우리는 '씨 뿌리는 노인'이라 불리는 공놀이를 했다. 나는 당연히 이 게임에서 다른 아이들을 쫓아가지 못했기 때문에, 그저 다른 아이들과 등을 나란히 하고 있다가 공에 맞는 역할을 할 수밖에 없었다. 누군가가 내 척추 중앙 혹은 뒤통수를 맞추었던 게 분명하다.

왜냐하면 공에 맞은 이후로는 그날에 대해 기억나는 게 아무것도 없기 때문이다. 그날 내가 학교활동에 마지못해 참여했다는 얘기는 들었지만, 내가 보기엔 내가 나머지 아이들에 비해 굳이 특별대우를 받을 이유가 없었지만, 그날 저녁엔 여동생이 나를 데리고 집에 와야 했다. 내 상태는 점점 더 나빠져서, 나중에는 식탁 위에서 물건을 집어던지기까지 했다. 주방에 들어가서 방금 볶은 커피를 발견하고는 "너네 좀 심어 줘야겠다"고 말한 뒤 밭에다 뿌리려고 했다. 나는 꾸중을 듣고는 침대로 보내졌다.

침대에 눕자마자 나는 '뒷목에 고약을 발라달라'고 했다. 나는 충격 때문에 아프고, 고약만 발라주면 아침에는 괜찮아질 거라고 생각했다. 잠에 든 후, 나는 밤새 몇 번이나 '클리블랜드 만세!'를 외치며 주먹으로 벽을 쾅쾅 치면서도 잠에서 깨진 않았다. 내가 다치지 않게 하기 위해 아버지는 침대를 벽으로부터 멀찍이 떨어뜨려 놓았다. 다음날 아침 내가 눈을 떴을 때, 뜬눈으로 밤을 새운 이웃과 친척들이 곁에 앉아 있었다. 나는 학교에서 조퇴한 시점부터 깨어나기까지의 일이 전혀 기억나지 않았다. 걱정스레 바라보는 이웃 사람들을 향해 내가 말했다. "기분이 좋아요."

다음날 저녁 카운티 선거구에서는 클리블랜드의 당선을 축하하는 자리가 마련돼 있었다. 그래서 나는 거기에 아버지를 따라가도 되는지 물어보았다.

미국 대선에 앞선 연례연설에서, 클리블랜드 대통령은 자유무역 관세 수정을 열성적으로 옹호했다. 나는 그로버 클리블랜드를 인간으로서나 공직자로서 모두 존경했고, '수입만을 위한 관세'를 강하게 지지했다. 자연히 그의 연설은 나의 관심과 마음으로부터의 지지를 이끌어냈다. 당시 에드거는 학교에 다니고 있었는데, 학기말에는 후원인들을 즐겁게 하고 학생들의 향상을 보여주기 위한 연설과 에세이, 학예회가 열릴 예정이었다. 에드거는 발표회를 대비해 뭔가를 준비해야 했다. 짐작할 수 있겠지만, 대통령의 연설은 아주 길었다. 그러나 나는 에드거가 같은 연설을 해야 한다고 확신했고, 그 애가 학기말과 가능하면 언제든 그걸 반복하기를 간절히 바랐다. 에드거에게는 멋진 경험이 될 것이었고, 연설 과정에서 자신의 능력을 펼쳐 보일 수 있을 것이었다.

나는 그 애에게 연설문 복사본을 보여주고는 학기말 발표회에서 그 메시지를 전하지 않겠냐고 권했다. 그 애는 연설문을 몇 줄 읽어보고 클리블랜드가 사용한 단어들에서 아이디어를 얻었는지, 내게 "아버지가 몇 번만 읽어주면, 할 수 있어요. 그래주실 거죠?"라고 말했다. 나는 당연히 그러마고 대답했다. 발표회에 맞게 서론을 약간 고친 후, 그것을 에드거에게 읽어주었다. 세 번쯤 읽었을까, 그 애가 말했다. "알았어요, 다 외웠어요." 그 애가 그렇게나 빨리 다 외웠다고 말하는 데 적잖이 놀랐지만, 정말이었다. 그리고 발표회 시간, 그 애는 완벽하게 연설을 해냈다. 나는 그 연설이 가히 예술이라고 생각했고, 모두가 그렇게 생각했다. 그리고 실제로 그 연설은 감탄할 만한 것이었다. 그 애는 아주 침착하고 차분했다. 조금도 흥분하지 않고 호소력 있게 메시지를 전달했다. 나이가 훨씬 많거나 경험이 풍부한 사람들도 충분히 이해할 수 있을 정도였다. 당시의 나는 그런 생각을 하지 않았지만, 지금은 어떤 의미에서건 영능력으로 준비된 것이라고 믿는다. 그렇게 낯선 단어와 주제로 된

기나긴 연설을 외우는 건 누구에게라도 불가능한 일이었다. 그런데 그 애는 그렇게 짧은 기간 동안 누가 봐도 쉽고 간단한 구식 연습으로 그 일을 해냈다. 어쨌든 내가 연설문을 읽어주는 동안 그 애는 잠들어 있지 않았다. 하지만 그 애의 또 다른 어릴 적 사건들을 통해 나는 그 애가 천부적인 권능이나 재능을 부여받았다고 느꼈고, 이러한 경험들이 그 증거가 되어주었다.

03_ 그래서, 내가 미친 거라고?

우리에겐 가슴속 깊은 곳의 더욱 강한 욕망이 만들어내는
어떤 운명이 있는 건 아닐까?

베스는 학교에 다니는 어린 숙녀 중 하나였다. 어느 여름날 저녁, 그 애가 파티를 열어 나는 처음으로 옛 시골의 달빛파티에 참석했다. 이 어린 숙녀와의 교제는 우정으로 자라났고 풋사랑으로까지 무르익었다. 이전에는 몰랐던 열정에 눈을 뜨게 된, 새로운 경험이었다. 우리는 풋사랑을 나누는 아이들답게 약간의 시선과 야릇한 몸짓을 주고받았다. 하지만, 당연하게도 다른 소년들도 베스와 친구가 되고 싶어 했고, 나는 또 한 번 새로운 경험을 해야 했다. 바로 질투라는 낯선 감정이 내 가슴속을 가득 채워 그동안 공부했던 성서의 내용을 싹 무시하게 되었던 것이다.

나는 자주 슬프고 외로워졌다. 평소와는 다르게 반항적이고 고집스럽게 변했지만, 누구에게 도움을 청해야 할지도 몰랐다. 한 번은 어머니가 나에게 물어보셨다. 그러고나서 나는 꿈을 꾸었다. 지난 몇 년간 반

복되던 꿈이었는데, 그때만 해도 무슨 꿈인지 전혀 이해하지 못했다.

꿈속에서 나는 아름답고 나무가 드문드문 서 있는 공간을 하염없이 걷는다. 작은 나무들은 원뿔 모양을 하고 있고, 포도나무 덩굴이 바닥을 온통 뒤덮고 있는데, 거기엔 작고 하얀 별꽃이 가득 피어 있다. 내 팔에 안긴 여인은 베일을 뒤집어쓴 채 아무 말도 하지 않는다. 하지만 나는 만족감과 행복, 완벽한 사랑의 감정으로 충만하다. 바닥은 아래쪽으로 기울어 보인다.

우리는 걸어서 수정처럼 맑은 물이 흐르는 작고 사랑스러운 개울가에 이른다. 아름답게 반짝이는 흰 모래와 자갈, 물속을 헤엄치는 조그만 물고기가 보인다. 우리는 개울을 건너 반대편 경사로 올라가기 시작한다. 그러고는 아름다운 청동색 형체인 '메신저'와 만난다. 그는 천으로 가린 중요부위를 제외하고는 모두 벗은 채이고, 발과 양 어깨에 날개를 달고 있다. 손에는 눈부신 황금빛 천을 쥐고 있다.

그는 우리에게 아무 말도 하지 말라고 하고는 "오른손을 서로 맞잡으라"고 말한다. 시키는 대로 하면, 그는 우리의 맞잡은 손 위에 황금빛 천을 씌우고는 다시 말한다. "함께하면 무엇이든 이룰 수 있으나, 혼자서는 아무것도 이룰 수 없으리라. 이 천을 잃어버리지 않도록 하라." 그러고나서는 사라진다. 우리는 계속 걸어가고 곧 온통 진흙으로 덮인 길에 도착한다. 어떻게 건너야 할지 몰라 갈팡질팡하며 그저 서 있는데, 메신저가 다시 나타나 말한다. "천을 사용하라." 그 천을 길 위에 깔자 진흙이 사라진다. 우리는 너무도 아름다운 그 길을 건너고, 곧이어 우리가 올라야 할 높은 절벽에 다다른다. 그곳에는 절벽 면에 홈집을 낼 커다란 칼이 놓여 있다. 나는 벽을 깎아 홈을 만들고 위로 오르기 시작한다. 한 단계 한 단계 올라갈 때마다 여인을 위로 끌어 올리면서.

이 꿈은 정확히 57번 반복되었다. 그리고 절벽 꼭대기에 이르지 않고서는, 절대로 여인의 베일을 젖히거나 절벽의 높이를 측정할 수 없었다.*

나는 어머니께 꿈에 대한 것과 베스에 대한 감정, 그리고 그녀가 미소를 지어주는 다른 소년들을 향한 적대심까지도 털어놓았다. 어머니는 성경을 다시 읽어보고 그런 상황에서는 어떻게 행동해야 하는지 알아보라고 조언해주셨다. 나는 성경에서 그 비슷한 이야기를 찾아 어떻게 기록돼 있는지를 읽어보았다. 그리고 언젠가 베스와 내가 서로의 감정에 대해 이야기할 날이 올 것을 알게 되었다.

어느 날 베스와 나, 그리고 몇몇 친구들이 우리 조부모님 농장이 있는 숲으로 소풍을 갔다. 베스와 나는 다른 아이들과 떨어져 돌아다니다가 내 비밀 장소인 헛간에 가서 한때 내게 너무도 소중했던 풍경을 바라보며 앉았다. 가슴속에서 이 소녀의 몸과 마음 모두를 다른 아이들로부터 떨어뜨려 나만의 것으로 만들고 싶다는 생각이 강렬하게 솟구쳐 올랐지만, 이 감정을 말로 어떻게 옮겨야 할지 알 수가 없었다. 그러나 십대 소년과 소녀 사이에 동질감이 싹틀 때는, 대개 그런 느낌을 표현할 방법을 찾아내기 마련이다. 우리는 아주 조심스럽게 망설였지만, 서로에 대한 감정을 전하는 데 성공했다.

그 장소와 소녀가 너무도 성스러웠기 때문에 나는 그곳에서 있었던 몇몇 일들을 털어놓을 수밖에 없었다. 그곳을 어떻게 만들었는지, 어치

---

*몇 년 후 에드거 케이시는 리딩을 통해 이 꿈을 해석해보았는데, 꿈이 전하는 메시지는 "함께하면 모든 일이 이루어질 것이며, 혼자서는 아무것도 이룰 수 없으리라"였다.

와 굴뚝새 같은 작은 친구들이 어떻게 그곳에 활력을 불어넣어 몇 년 동안이나 깨끗하고 아름다운 장소로 유지해주었는지를 말이다. 그곳에 심었던 꽃들은 이제 활짝 피어나 있었고 여전히 누군가의 정성어린 손길이 그 꽃들을 돌보고 있는 듯했다. 나는 베스가 학교에서 내게 써준 첫 메모를 그곳에 앉아 읽었고, 또한 그곳에서 그녀에게 보내는 답장을 썼다는 고백도 했다.

하지만 나의 고백은 간단히 무시당하고 말았다. 베스가 내 작은 친구들에 관한 불가사의한 이야기를 비웃었기 때문이다. 그녀는 나를 좋아하지만 내가 말한 이야기들은 믿을 수 없다고 말했다. 베스는 놀고 장난치고 파티에 가는 게 좋다고 말했다. 마차를 타고, 앉아서 수다를 떨고, 춤을 추고, 신나는 곳에 가는 게 좋다고 했다. 나는 그녀를 사랑한다고, 그녀와 결혼하고 싶다고, 우리는 이 세상에 우리만의 공간을 만들 거라고 말하려 했다.

"우린 그냥 어린애일 뿐이야, 그건 나도 알아." 내가 말했다. "하지만 난 공부를 열심히 해서 뭔가가 될 수 있어. 어쩌면 우리나라에서 가장 훌륭한 목사님이 될지도 모르지. 그럼 우리는 올드리버티 같은 교회를 가지게 될 거고, 예쁜 식물이 가득한 아름다운 정원과 들판을 갖게 될 거야."

하지만 베스는 나를 더욱 비웃으며 자기는 절대로 목사의 아내가 되지 않을 거라고 말했다.

"게다가 이상한 게 보인다는, 말도 안 되는 이야기는 옳지 않아. 미친 사람들이나 그런 말을 하는 거야. 그리고 우리 아빠가 그러는데 넌 머리가 이상해서 결코 끝이 좋을 리가 없대. 네가 자라서 어른이 된다고 해도 말이야. 난 진짜 남자를 원해. 밖에 나가서 뭔가를 하는 세상의 남자 말이야. 아름다운 사랑 이야기보다 성경에 푹 파묻혀 있는 남자가 아니라고. 나는 남자다운 힘으로 날 사랑에 빠지게 하고, 팔로 날 감싸 안고 사랑해줄 남자, 나에게 키스를 해서 사랑에 빠지게 할 남자를 원해. 넌 그런 게 다 바보 같다고 생각하겠지만, 여자애들은 다 그런 걸 꿈꾸는걸."

그때 친구들이 숲속에서 우릴 발견하고는 사랑에 빠졌다며 놀려댔다. 우리는 곧 각자의 집으로 돌아갔다. 하지만 그날은 내게 너무도 슬픈, 슬픈 날이었다.

며칠 후 나는 베스의 아버지(그는 의사였다)를 만나러 갔다. 그가 나에 대해 베스에게 했다는 말이 계속 머릿속에 맴돌았기 때문에, 그것을 직접 물어보았다. 그리고 베스에 대한 내 감정도 털어놓았다. 그의 대답은 눈이 번쩍 뜨일 정도로 놀라운 것이었다.

"에디, 넌 착한 아이야. 하지만 넌 아직 열여섯도 안 된 어린애잖아, 그렇지?"

"지난 3월에 열여섯이 됐어요"라고 나는 말했다.

"글쎄, 어쨌든 결혼을 생각하기엔 너무 어린 나이지. 딸애가 훌륭한 청년과 결혼하는 건 모든 아버지의 소망이긴 해. 하지만 그 상대는 어느 모로 보나 훌륭한 생각을 가진 사람이어야 한단다. 진짜 남자 말이야, 에디. 그런데 너는 절대로 진정한 남자가 될 수 없어. 몇 년 전 공에 맞은 사고 때문에 넌 그럴 가능성을 잃어버렸지. 한 여자에게 남자로 보이고 싶은 열망은 있겠지만, 넌 절대로 아이를 갖지 못할 거야. 그러면 결국 서로 불행해져. 네가 본다고 하는 이상한 환영은 모두 사고 때문이란다. 그 환영은 점점 자라나서 네 몸을 모조리 갉아먹고 말 거야. 얼마 후엔 그것 때문에 네가 미쳐버리지나 않을까 걱정이 되는구나. 넌 다른 아이들과 같아야 하고, 그 애들과 함께해야 하는데, 넌 구슬치기나 팽이 돌리기, 공 던지기처럼 다른 아이들이 하는 걸 안하잖니? 다른 아이들과 놀 때 네가 다르다는 느낌이 들지 않던? 그 애들하고 같이 놀지도 않고 말이야. 친구들처럼 같이 놀면서 4~5년이 지나거든, 그때 다시 이야기해보자꾸나."

베스 아버지와의 대화 탓에 나는 더욱 결연해졌지만, 새롭게 생각할 의문거리가 또 생겼다. 아니, 어쩌면 새로울 것도 없는 의문이었는지도 모른다. 나는 적어도 따뜻한 피가 흐르는 아이였는데, 그게 그토록 다른 것이었을까? 내가 미쳐가고 있다는 의사의 말이 옳았을까? 나는 왜 그런 사고를 당했을까? 하지만 생각해보니 나는 다치기 전에도 환영을 보았으니, 그 둘 사이에는 아무런 연관이 없다.

나는 정말 다른 것 같다. 그건 사실이다. 나는 구슬치기도, 팽이 돌리기도, 공 던지기도 절대로 하지 않는다. 하지만 그런 장난감을 가져본 적도 없었고, 가지고 싶어 하지도 않았다. 하지만 다른 아이들처럼 되기 위해서는, 그 애들처럼 보여야 하고 그 애들이 하는 걸 해야만 한다. 나는 그러고 싶지 않지만, 그래야만 그 의사와 다시 이야기할 기회가 생길 것이었다. 내가 확신할 수 있었던 것 한 가지는, 내가 베스를 정말로 사랑한다는 것이었다. 그렇게 내 생각이 계속 흘러갔다. 나는 누구와 어떻게 친구를 만들어야 할지 생각하기 시작했다.

그 무렵 톰이라는 한 젊은이가 우리 집에 방 한 칸을 빌려달라고 어머니에게 부탁했다. 이웃에 사는 그의 삼촌과 동업을 할 예정이었기 때문이다. 어머니는 그의 부탁을 들어주었다. 톰은 이전에 서부의 목장이나 부두에서 일하던 카우보이였는데, 가축에 낙인을 찍고 시장에 내다 파는 과정에서 이 목장 저 목장으로 가축떼를 모는 일을 했다. 그가 매일 해준 이야기들은 나에게 새로운 세계와도 같았다. '톰은 다른 사람들과 같아지고 싶은 내 기도에 대한 응답이야.' 나는 생각했다. '그는 세상을 알아. 남자다움에 대한 것도 알고.' 그러자 나는 더욱 더 톰과 친구가 되고 싶어 그를 졸졸 따라다니게 되었다.

당연히 우리가 언제나 좋은 곳만 간 건 아니었고, 가장 친한 친구가 되지도 못했다. 나는 술 취한 여러 남자들을 만났고 주정뱅이들에게 둘러싸였지만, 정작 독한 술을 거의 맛보지 못했다. 톰을 만나기 전부터 나는 술이란 소년들의 해방구라고 생각했었다. 그러나 톰은 내가 술을 마시지 못하게 했다. 그는 절대 술을 마시지 않았고 술 마시는 사람들 틈에 오래 있지도 않았다. 덕분에 나는 몇 달간 주일학교에 빠지지 않을 수 있었고 교회에서 가르치는 일에도 흥미를 보일 수 있었다.

톰은 여자들과 잘 어울려 다니는 사람이 아니었다. 그 대신 남자들과 야구, 권투, 다친 말 타기 등 온갖 종류의 게임을 즐기고, 서로 그윽한 눈빛을 주고받는 어린 연인들을 괴롭혔다. 그는 그런 일에 나를 끌어들여 결국 가장 잘하는 애들과 동급으로까지 만들었다. 우리와 같이 어울려 다니던 무리는 시골에서 할 수 있는 못된 장난이란 장난을 모두 치고 다녔다. 단 너무 비열한 짓은 하지 않았고, 꽤 수상한 일을 벌이고 다녔다.

어느 날 밤, 톰과 나는 흑인들이 춤을 추는 구역을 지나 막 슈팅을 시작하는 크랩 게임을 구경하려고 멈춰 섰다.(100년 전의 켄터키 주에서는 사교행사가 인종별로 분리되어 있었다.) 그때 총알 하나가 잘못 튀어 내 쇄골에 박혔다. 튕겨져나온 총알이어서 아팠지만 심하진 않았다. 우리 부모님에게 이 사실을 알리고 싶지 않았던 톰은 몇 킬로미터나 떨어진 병원에 나를 데려갔다. 우리는 두 명을 태우고 달려본 적이 없는 말을 타고 간신히 병원에 도착했다. 의사가 총알을 제거한 후 톰은 나를 집에 데려와 침대에 눕혔다. 우리 가족이 그 일에 대해 안 것은 몇 달이나 지난 후였다.

어느 날 저녁 톰은 내 사촌인 L. W.에게 이웃 상점에서 뭐든 갖고 싶은 게 있으면 말해보라고 했다. 당시 L. W.는 캘리포니아에서 온 위니라는 젊은 여자를 무척 좋아했던 터라, "위니 양에게 8시에 만나러 가겠다고 전해줘"라고 말했다.

톰이 말했다. "내가 그 여자한테 말을 붙였다 하면, 넌 다신 그 여잘 못 만나게 될걸?"

L. W.는 톰이 거친 사람인데다 여자를 싫어한다고 생각했기 때문에 다시 말했다. "어떤 사람이 말하느냐에 달렸지. 자기 자신을 얼마나 잘 아느냐에 달렸고."

그후 톰은 위니를 만나 말을 걸었고, L. W.는 다시는 그녀를 보지 못했다. 그날 밤 그녀가 톰과 함께 캘리포니아로 돌아가버렸기 때문이다. 그들은 곧 결혼을 했다.

톰이 떠나버린 뒤 나는 잠시 상실감에 젖었지만, 톰과 어울렸던 소년들, 그와 권투를 하던 무리와 계속 우정을 이어갔다. 그러나 나는 다른 흥밋거리를 찾고 싶었고 저녁이면 집 밖으로 빠져나와 여기저기 쏘다니며 누구든 친구로 만들려고 했다. 다른 소년들과 어울리고 싶었던 나의 열망이 이상하게 뒤틀린 형태로 드러나는 것 같았다. 인근 농장의 소년들과 친교를 쌓았는데, 순전히 그들과 밤새 쏘다니고 싶었기 때문이다.

그러던 어느 날 오후 존 로빈슨 서커스단이 시내에 온다는 소식이 들렸다. 아주 어릴 적 이후로는 (그때도 나는 종종 길을 잃었었다) 서커스 구경을 해본 적이 없었기 때문에 가서 보기로 했다. 함께 갈 수 있는 친구가 아무도 없었지만 나는 혼자라도 가기로 결정했다.

나는 어머니께 허락도 받지 않고 내 조랑말에 안장을 씌우고는 서커스장으로 향했다. 아버지는 일 때문에 멀리 가 계셨다. 말을 타고 시내로 향하던 길에 조그만 시골가게를 지나치는데, 나이 든 신사 한 명이 가게 문 앞에 앉아 있었다. 그 신사, 카터 씨는 마을에서 정곡을 찌르는 말을 잘하기로 유명한 사람이었다.

나는 툭하면 그에게 "왜 그렇고 그런 교회에 다니느냐"고 묻곤 했다. 그런 그가 나에게 말을 걸었고, 당장이라도 논쟁에 돌입할 준비가 되어 있는 것 같았다. 하지만 그는 내게 어디 가는 길이냐고 물었다. 내가 서커스 구경을 하러 가는 중이라고 대답하자, 그는 누군가가 서커스에서 악마를 만난 이야기를 해주고는 그런 오락거리에 매료된 사람들에게는 위험이 따른다며 나를 말렸다. 나처럼 착한 소년은 밤에 혼자 나다니는 걸 감당할 수 없다는 것이었다.

"거기 가면 네 조랑말에게 뭔가 먹이려고 25센트를 지불해야 할 거고, 서커스에 들어가기 위해 50센트를 내야 할 거야. 지금 당장 집으로 돌아가면 내가 1달러를 주마. 에디, 난 바로 전까지도 널 생각하고 있었다. 요 근래 네가 교회에 나오지 않아서 말이야. 네가 지금 가려는 길은 최선의 길이 아니야. 다시 한 번 생각해보지 않겠니? 교회로 돌아오렴. 지난 몇 년간 우리가 알던 에디로 돌아와줘. 이제 못된 친구 톰에게서도 벗어났잖니. 그러니 서커스에 가지 말아라. 서커스는 악마의 무기야. 난 우리 아들도 절대 서커스에 보내지 않아."

그래도 나는 가기로 결정했다. 좁은 길로 들어서자, 조랑말이 갑자기 심하게 절뚝거리더니 더 이상 가려고 하지 않았다. 내 안의 무언가가 "돌아가는 게 좋을 거야"라고 말하는 듯했다. 나는 말에서 내려 조랑말 발굽에 낀 돌을 찾아냈다. 하지만 나는 가게로 돌아갔다. 그때까지도 문 앞에 앉아 있던 카터 씨가 나를 불렀다. 그는 내게 1달러를 건네주었다. 그가 내 머리에 손을 얹고 했던 작은 기도를 나는 아직도 기억하고 있다. 나는 곧바로 최근 어울리던 무리에서 빠져나와, 혼자 있길 좋아했던 어린 시절의 나로 돌아왔다. 내 인생은 또 한 번 바뀌었다. 혹자는 환경 때문이라고 할지도 모른다. 정말 그런가? 환경을 형성하는 허구는 무엇인가? 왜 하필 그날 그곳에 카터 씨가 앉아 있었을까? 우연이라고? 왜 조랑말이 말썽을 부렸을까? 그 조랑말은 그 전이나 이후에도 그런 적이 없었다. 그 이후에도 나는 조랑말을 타고 1년 이상이나 수많은 곳을 쏘다녔는데, 톰과 함께 했던 일은 다시는 하지 않았다. 우리는 각각의 결정을 반드시 따라야 할 과정에 따라 실행에 옮기지 않는가? 우리에겐 가슴속 깊은 곳의 더욱 강한 욕망이 만들어내는 운명이 있는 건 아닐까? 얼마 후, 불운이 나와 우리 가족을 덮쳤다. 그저 몸이 아픈 것뿐만 아니라, 살 곳조차 사라질 판이었다. 가족에게 보탬이 되기 위해 나는 학교를 그만두어야 했다.

04_ 또 다른 천사의 방문 1893~1894

새로운 환경에 정착하는 것은 가족들 각각이 낯선 환경에서의
인간관계를 좋아하느냐 싫어하느냐의 문제이다.

나는 할머니 집이 있던 익숙한 곳에서 살면서 삼촌을 도와 농장일을 하기 시작했다. 일이 있을 때는 헛간에 들어가 또 다시 할아버지와 많은 대화를 나누었다. 정말로 즐거웠지만, 다른 사람에게는 이 일에 관해 한 마디도 하지 않았다. 나는 저녁마다 모든 것을 읽어댔다. 나는 할머니를 불러 굉장히 많은 이야기를 할 수 있었다.

봄이 되자 할머니가 병을 얻어 어머니가 간병하기 위해 오셨다. 할아버지 기일에 할머니는 할아버지를 만나 이야기를 하고 싶다고 말씀하셨다. "에디, 밖에 나가서 할아버지가 마지막으로 심으셨던 복숭아나무를 찾을 수 있는지 알아봐주겠니? 그 나무에 열린 복숭아를 먹고 싶구나. 하나만 따서 가져와나오."

할머니께 복숭아를 가져다 드리자, 내게 이렇게 말씀하셨다. "넌 참 착한 아이야, 에디. 네 할아비를 닮았지. 네가 할아버지를 무척 좋아했

다는 것을 알고 있단다. 몇 년 전에 헛간에서 할아버지를 만나 이야기를 했다고 네 엄마에게 말했다지? 다시 돌아온 이후로 할아버지를 만난 적이 있니?"

"네, 할머니." 내가 대답했다. "하지만 그렇다고 말할 수 없었어요. 사람들이 날 바보로 여기는 것 같아서요."

"아니야, 바보 같은 게 아니란다. 네 할아비는 놀라운 일을 많이 하셨지. 탁자나 의자를 옮기기도 하고, 유령소리를 듣기도 했어. 빗자루를 춤추게 하기도 했단다. 자랑한 적은 없지만, 네 할아비는 그런 것이 뭔가 훌륭한 능력이라고 믿었었지. 두려워하지 마라, 에디. 너무 지나치지도 말고. 이 할미는 다시 건강해질 것 같지 않구나. 그래서 말인데 너에게 부탁하고 싶은 게 있다. 어머니에게 잘해야 한다. 네 엄마는 내 평생 만난 사람 중에서 가장 멋진 여자야. 그리고 그 누구보다도 가장 좋은 친구지. 아버지에게는 인내심을 가지렴. 너희 아버지가 여리긴 해도 마음은 따뜻한 사람이야. 넌 누구보다도 아버지를 잘 다룰 수 있을 거야. 아버지가 너를 무척 아끼니까 말이다. 내가 죽으면 너에게 약간의 돈을 남겨줄 수 있겠지. 어머니를 돌보고 동생들 학교에 보내는 데 도움이 될 거야. 날 위해 그렇게 해주겠니, 에디? 넌 할아버지를 아니까, 네가 정말로 무슨 일을 겪었는지 말해준다면 내가 다 들어주마."

나는 베스 아버지, 그러니까 의사의 말을 할머니께 말씀드리고 어떻게 생각하시느냐고 물어보았다. "'아니야, 에디." 할머니가 말씀하셨다. "그때 다친 것 때문에 너에게 나쁜 일이 생기지는 않을 거야. 기억해보렴, 그날 밤 널 도와준 건 의사가 아니라 이 할미였지. 머지않아 모든 진실이 밝혀질 거야. 하지만 성경은 계속 읽어야 해. 예수님이 네가 무엇을 어떻게 해야 할지 말씀해주실 거야. 그분을 믿어야 한다, 에디. 그리고 다른 사람들이 뭐라고 말하건 휘둘리지 마라. 예수님이 말씀하시는 것 말고는, 죽은 사람이 돌아와 말을 한다고 해도 신경 쓰지 마. 예수님 안에서 쉬라고 말하는 이도 있겠지만, 이 할미가 장담하는데 너나 네 할아비의 생각을 어리석은 것으로 만들려는 이도 있을 게야. 분명히 할아버지도 알고 있을 거야, 에디. 하지만 네 엄마는 사랑해야 해. 엄마야말로 네 가장 좋은 친구이자 고민을 상담할 상대이기도 하지. 엄마는 너의 어떤 것도 잘못되었다고 말하지 않을 거야. 네 할아버지가 물에 빠졌을 때 너도 거기에 있었지? 음, 나도 곧 네 할아버지 곁으로 갈 것 같구나. 마지막 순간에 나와 함께 해다오, 에디. 다른 사람들도 이해해 줄 거야, 그렇고말고."

한 달 뒤 할머니가 돌아가셨다. 나 혼자 할머니 곁에서 손을 잡아드리며 임종을 지켰다. 할머니는 몇 달 동안 병을 앓고 마지막 순간에도 무척 고통스러워하셨지만, 나에게 이렇게 말씀하셨다. "다 괜찮다, 에디. 네 할아비가 이 할미에게로 오는 게 보이는구나."

할머니가 돌아가신 후 슬픔과 혼란으로 점철된 나날이 이어졌다. 나는 삶의 방향을 잃고 헤맸다. 헛간으로 자주 가보았지만, 아무런 대답도 돌아오지 않았다. 조부모가 묻힌 무덤가에 앉아서 기다려보아도 아무런 말이나 생각이 떠오르지 않았다. 그후 할머니의 말씀을 떠올려보았다. "엄마야말로 네 가장 좋은 친구이자 고민을 상담할 상대이기도 하지." 나는 어머니와 수없이 많은 내화를 나누었다. 나는 여동생이 교육을 받아야 한다고 생각했고, 여학생을 받는 학교를 걸어서 다닐 수 있는 시내로 이사해야 한다고 부모님께 강하게 주장했다. 우리는 함께 논의를 한 끝에 마침내 시골 중심가인 홉킨스빌로 이사하는 게 최선이라는 결론에 도달했다. 그곳에서는 여동생들이 학교에 다닐 수 있었다. 나는 일을 하러 가야 했<u>으므로</u> 여동생들이 혼자서 갈 수 있을 만큼 가까운 곳에 학교가 있어야 했고, 우리가 살던 시골마을에서 그런 조건을 만족시키는 곳은 홉킨스빌뿐이었다.

그리하여 쌀쌀한 1월의 어느 날, 단출한 우리 식구는 왜건에 몸을 싣고 작은 도시를 향해 출발했다. 나는 외숙모에게 선물로 받은 소 한 마리를 몰았다. 우리는 웨스트 17번가에 있는 집으로 이사를 했다. 바로 옆집에는 총포상인 존 S. 영이 살고 있었다. 이사한 집에는 작고 근사한 정원과 마구간, 소를 키울 헛간도 있었다. 훗날 나는 정처 없이 떠돌아다니던 드와이트 L. 무디 박사를 그곳에서 만나게 된다. 내 여동생들은 공립학교에 입학했다.

새로운 환경에 정착하는 것은 가족들 각각이 낯선 환경에서의 인간관계를 좋아하느냐 싫어하느냐의 문제가 되었다. 나는 어디에서도 마음의 안식을 찾지 못했다. 나의 낯선 영혼이 감당하기에는 너무나 북적거렸기에, 나는 시골로 돌아가 다시 삼촌인 C. H. 케이시와 함께 오래된 앤더슨 농장에서 일했다.

나는 매주 토요일 밤에 가족들을 만나러 갔고, 일요일 아침에는 주일학교에 참석했다. 토요일마다 가족들 각자에게 새로운 문제, 새로 사귄 친구, 새로운 환경에 대한 이야기를 들었다. 나는 우리 각자의 삶에 조금씩 변화가 생기고 있음을 깨달았다. 나는 어머니가 무척 걱정되어 내 새로운 환경에 대한 이야기는 꺼내지 않았다. 농장에는 상당수의 흑인이 일을 돕고 있었는데, 내가 그들의 감독관이나 상관이 되기에는 나이

면에서나 경험 면에서나 역부족이었다. 그래서 이러한 상황에 맞춰 일하는 건 결코 쉬운 일이 아니었다.

내게 주어졌던 초기 직무 중 하나는 옥수수밭을 가는 일이었다. 쟁기를 끄는 노새 한 마리를 데리고 혼자 100에이커나 되는 밭을 갈아야 했다. 어느 날 땅거미가 질 무렵, 나는 쟁기를 풀고는 노새를 타고 집 뒤편으로 갔다. 그곳에는 농장주인과 남자어른 몇 명이 있었다. 그들이 날 아주 이상하게 쳐다보는가 싶더니, 주인이 튀어나와 소리를 질렀다. "내려, 당장 내리라고! 죽고 싶어서 그래? 한 번도 사람을 태워본 적 없는 노새란 말이야!"

하지만 내가 등을 타고 오를 때 노새는 조금도 싫어하는 기색을 보이지 않았었다. 며칠 후 그 광경을 보았던 한 남자가 노새를 타려 하자, 노새는 그 즉시 남자를 내동댕이쳐버렸다. 그후로도 노새는 절대 사람을 자기 등에 태우지 않았다. 내가 아는 한, 그 노새가 사람을 태운 건 나를 태웠던 때 딱 한 번뿐이었다. 내가 그 노새를 데리고 밭을 갈 기회도 더 이상 없었다. 그날 저녁 어떻게 그리고 왜 그 노새가 날 순순히 등에 태웠는지는 아직도 모두가 궁금해하고 있다.

나는 1년 내내 농장에서 일했다. 그해 8월 8일 금요일, 할아버지 기일이었지만 나는 다음 시즌 작물을 심기 위해 휴경지로 나가야 했다. 그리고 그곳에서 또 한 번 천사의 방문을 경험했다. 식사를 마치고 노새 네 마리와 함께 밭으로 돌아와 수선을 하려고 노새에서 쟁기를 풀고 있을 때였다. 뒤에서 어떤 목소리가 들려왔다. 농장에서 누군가가 부르는 소리라고 생각한 나는 뒤돌아보기 전에 대답부터 먼저 했다. 하지만 이상하게도 뭔가 이 세상 것이 아닌 듯한 기쁘고도 밝은 느낌이 들었다.

뒤를 돌아보자, 숲속 은신처에서 본 것과 똑같은 환영이 내 앞에 펼쳐졌다. 이번에는 이런 소리가 들렸다. "밭을 떠나 어머니에게 가라. 지금 어머니 곁에 네가 있어야 한다. 방법을 알려주리라. 지금 떠나라."

나는 노새들을 이끌고 집에서 가장 가까운 헛간에 넣어둔 다음, 집 안으로 들어가 삼촌에게 일을 그만두겠다고 말했다. 농장을 벗어나겠다는 것 외에 어디로 갈지, 무엇을 해야 할지도 몰랐다.

삼촌은 몹시 불쾌해하며 나를 21킬로미터나 떨어진 시내로 데려다주기는커녕 차나 말을 빌려주지도 않았다. 나는 얼마 안 되는 짐을 꾸려 막대기에 매달고는 대담하게도 오후 2~3시경에 길을 떠났다. 그날 저녁 늦게 부모님과 여동생들이 있는 집에 도착했다. 내가 들어섰을 때 삼촌이 저녁식탁에 앉아 있었다. 내가 농장을 질러가는 동안 삼촌은 고속도로를 타고 왔던 것이다. 삼촌은 화가 가라앉자 내가 갑자기 그만두겠다고 한 이유를 알고 싶어져 나를 만나러 왔다고 했다. 그날은 밤늦도록 어머니와 함께 오후에 밭에서 있었던 일에 관해 이야기를 나누었다.

05_ 호퍼스 서점 시절 1895년, 홉킨스빌

사람이란 자신에게 관심을 보여주는 사람에게
관심을 갖게 마련이다.

농장에서 시내로 돌아온 다음날, 나는 일할 곳을 찾으러 여러 상점을 기웃거렸다. 처음으로 들렀던 곳은 남부 중심가에 있는 호퍼스 서점이었다. 나는 윌 호퍼스 씨를 만나자마자 그의 외모와 서점의 모습이 마음에 들었다. 그는 180센티미터 정도로 키가 컸고, 호리호리했으며, 짙은 색 눈동자와 머리칼을 갖고 있었다. 그리고 무엇보다도 목소리가 경쾌했다. 그러나 곧 그가 조용한 성격이라는 것을 알 수 있었다.

일자리를 결정하기 전, 나는 길 건너의 찰스 M. 라담 씨와 일 이야기를 했다. 그는 아주 아름다운 직물가게를 운영하고 있었다. 몇 년 전 아버지를 따라 시내에 왔을 때 라담 씨가 내게 엄청난 관심을 보였었다. 엄청 추운 날이었는데, 흰 멕시코 조랑말을 타고 온 나는 온몸이 꽁꽁 얼어 있었다. 내 옷이 얇은 걸 발견한 라담 씨는 친절하게도 벙어리장갑을 주고, 옷 속에 신문을 껴입으면 따뜻하다고 알려주었다. 지금 다시

라담 씨를 만나 일자리 얘기를 하자, 그는 내게 어디서 일할지 결정을 내리면 돌아와서 자길 만나라고 말했다.

그 다음에는 하드웍스 잡화점에 가보았다. 그 다음에는 버네트 구두점, 다음에는 메인 가와 17번가가 맞닿은 곳에 있는 윌스 옷가게에 들렀다. 그러고는 길 건너편에 있는 홉킨스빌 은행에 가서 맥퍼슨 씨를 만났다. 그 다음에는 아래쪽 옆 건물에 있는 후지어스 양장점에 갔는데, 거기는 호퍼스 서점 바로 옆이었다. 그 다음으로 톰슨스 총포상으로 들어가 매니저인 J. A. 미도우스 씨를 만났다.

내가 가본 모든 곳을 비교해본 끝에, 서점이야말로 내가 일할 최적의 장소라고 결정했다. 그곳에는 내 마음을 끄는 무언가가 있었다. 그래서 나는 호퍼스 서점으로 되돌아갔다. 이번에는 해리 호퍼 씨를 만났는데, 그는 호퍼 형제 중 형이자 서점의 소유주였다. 그는 아버지가 어렸을 적 내게 주신 성경이 이 서점 것이었다고 했다. 그는 175센티미터 정도의 키에 금발이었고, 코 밑에 팔자 모양의 금빛 수염을 너무 길지 않게 기르고 있었다. 윌 호퍼 씨가 그에게 내가 직업을 구하고 있다고 말했다. 그들은 특별히 직원이 더 필요하지 않다고 했지만, 나는 그곳에서 일하고 싶다고 끈덕지게 졸랐다. 결국 그들은 다음 주 월요일부터 출근해도 좋다고 말했고, 나는 그렇게 했다.

월요일 아침 서점에 도착하자마자, 나는 바닥을 쓸고 있는 다른 직원을 만났다. 그는 윌 호퍼 씨의 침실이 가게 위층에 있다고 말해주었다. 곧이어 윌 씨가 내려왔다. 그는 나에게 재고를 파악하고 상품에 관한 모든 것을 알아두라고 말했다. 그리고 내게 계산대를 보여주고는 아침 식사를 하러 집으로 갔다. 그는 언제나처럼 자전거를 타고 돌아왔다. 호퍼 형제는 시내에서 약간 떨어진 커다란 저택에서 살았고, 집에는 여러 명의 여자 형제들이 있었다. 해리 씨는 대개 집과 자산을 돌보았고, 서점에는 바쁜 시즌 외에는 하루에 몇 시간밖에 있지 않았다.

나는 서점 안을 둘러보며 먼지를 털어내기 시작했다. 서점 앞쪽은 꽤 멋진 공간이었는데, 한쪽 면에는 액자에 담긴 그림들이 전시돼 있었고 맞은편 책장에는 최신 문학작품들이 꽂혀 있었다. 서점 안 책장에는 시내에 있는 공립학교와 두 개의 대학, 그리고 남학교 교재들이 모두 있었다. 그 다음에는 잉크와 사무용품 코너였다. 맞은편 그림액자 옆에는 모든 종류의 문방구가 있었다. 그 다음에는 액자틀 견본, 그리고 액자에 넣지 않은 그림을 보관하는 선반이 있었고, 양쪽 뒷부분에는 벽지를 보관하고 전시하는 선반이 놓여 있었다. 서점 맨 안쪽에는 월 호퍼 씨의 책상과 아주 커다란 금고가 있었다. 위층으로 이어지는 계단도 여기에 있었다.

위층은 액자를 만드는 작업실이자 가공 전의 액자를 보관하는 창고였고, 월 호퍼 씨의 침실이기도 했다. 농장 일꾼에서 최신식 서점 점원으로 옮긴 것은 일대 변신이었고, 새로운 환경에 적응하는 일은 쉽지 않았다. 언제나 현명한 결정을 내려야 하는 것도 마찬가지였다. 하지만 나는 노력했다. 첫 번째로는 서점이 취급하는 모든 재고는 물론, 손님의 용도에 맞는 것들도 모두 파악했다. 나 같은 시골뜨기에게는 대부분의 품목이 완전히 생소했다. 온갖 종류와 크기의 책, 모든 종류의 문방구, 그림, 예술문헌, 그림액자, 갖가지 종류의 액자를 만들기 위한 틀, 나양한 무늬와 색깔의 벽지, 창문에 다는 차양, 그리고 꽃병, 항아리, 조각상 등의 수많은 예술품들…. 농장에서 일하며 알던 것과 이 모든 것은 너무나도 달랐다. 농장에서 평생을 보내며 내가 배운 것은 닭을 치고, 노새와 말을 부리며 일을 하며, 거름을 주고, 밭을 갈고, 씨를 뿌리고, 작물을 수확하는 것이 아침과 점심과 저녁에 할 일들이었다. 하나는 사람을 육체적으로 지탱하게 해주는 물질적인 일이었고, 다른 하나는 정신적으로 지탱하게 해주는 일이었다. 하지만 둘 다 미덕이 있지 않은가? 두 가지 모두 사람을 위한 일인데, 어떤 건 도시 사람이 하는 일이고 어떤 건 촌뜨기가 하는 일이라고 정해져 있으란 법이 있는가? 아니다, 기본적인 진실은 똑같다. 이 둘은 인간 경험의 다른 측면일 뿐이고, 하나로 취급되어야만 한다. 적어도 나는 그렇게 생각했다.

　재고 목록에 완전히 정통하게 된 후 가장 먼저 한 일은 적절한 진열을 위해 상품을 준비하는 방법을 배우는 것이었다. 물건을 깨끗하게 새 것처럼 보관해야 한다는 것은 헛간이나 마구간이나 울타리 모서리를 깨끗하게 유지해야 하는 것과 같았다.

　며칠 후 호퍼 형제가 내 일에 대해 서로 다른 말을 했다. 나는 서점 일이라면 뭐든지 속속들이 알려고 애썼고, 우리 서점을 시내에서 가장 깨끗하고 멋진 곳으로 만들고 싶었다. 조각상이 보관된 책장 꼭대기의 먼지를 털어내고 있는데, 해리 씨가 다가와서 말했다. "조심해, 그 위에 있는 건 아무것도 깨면 안 돼." 윌 씨가 왔을 때는 이렇게 말했다. "꼭대기 선반은 오랫동안 방치돼 있었지. 조심하라고, 떨어지면 다치니까." 아주 작은 차이였지만, 또한 얼마나 큰 차이란 말인가! 내가 형제 중 누구에게 더 빠져들었는지는 누구든 짐작할 수 있으리라. 나는 윌 씨를 내 친형제처럼 사랑했다. 그의 친구와 인간관계, 그의 조언까지도 사랑했다. 나는 그가 돈으로 성공한 사람이라고는 생각지 않았다. 그러나 영적으로, 도덕적으로라면, 그는 멋지게 성공한 사람이었다. 사람이란 자신에게 관심을 보여주는 사람에게 관심을 갖게 마련이다.

나는 곧 사람들이란 자연과는 달리 똑같은 응답을 하지 않는다는 사실을 알게 되었다. 사람에게는 자유의지가 있다. 아무리 잘 쓰여진 책이 나온다 해도, 그걸 아무리 깨끗하게 보관하고 멋지게 진열한다 해도, 선택의 순간에는 언제든 '아니'라고 말할 수 있는 것이다. 점원은 판매상품에 따라 자신의 인간성을 내보이고 때로는 자신을 팔아야 할 때도 있다. 점원은 많은 사람들을 만나는 데 익숙해져야 하는데, 그건 내가 전혀 해보지 않은 일이었다.

얼마 후 나에게 외상대금을 받아오라는 일이 주어졌다. 사람들에게 계산을 요구하는 일 역시 내게는 새로운 경험이었다. 여기서 또 한 번 이 일을 친숙한 경험과 비교해야겠다. 만약 정직한 노동, 즉 땅을 일구어 작물을 경작하고 수확을 한다면, 그리고 정직한 상품을 판다면, 구매자는 자기 손에 쥔 것에 대해 이윤을 붙여 돈을 지불하는 게 당연하다. 하지만 청구서 하나 달랑 내밀고 내가 어떻게 돈을 달라고 할 수 있단 말인가? 여기서 다시, 인간성을 활용해야 할 시점인 것 같아 보이지만, 나는 곧 다른 것이 필요하다고 느꼈다. 바로 개성이었다. 손님들을 찾아가 외상대금을 회수해오는 일은 굼뜨거나 빈둥거리는 시간을 날려 보내는 기회가 되기도 했다. 그래서 자기분석이 필요한 것이다.

어느 날 오후 내가 서점에 혼자 있을 때, 아주 잘생기고 위엄 있어 보이는 남자가 들어왔다. 그는 내게 베스트셀러가 뭐냐고 물어보았다. 나는 몇 가지 제목을 댔지만, 그 중 하나를 특히 재미있게 읽었으며 요즘 아주 잘나간다고 덧붙였다. 그 책의 제목은 《저클린스*Juckins*》였다. 나는 그 책을 한 권 뽑아서 그에게 내밀었다. 그는 내게 뭐가 그리 흥미로웠는지 그 줄거리를 좀 이야기해달라고 했다. 나는 그 책의 내용이며 인상깊은 구절까지 열심히 들려주었다. 그는 내 이야기를 주의 깊게 듣고는 활짝 웃으며 말했다. "정말 재미있군요. 마치 내가 책의 저자가 된 것 같아요." 지금은 그의 이름이 기억나지 않는다. 그는 그날 저녁 임시 거처에서 강연을 할 예정이라고 하며 나에게 출입증을 주었다. 그는 이 작은 도시에 대한 감탄으로 강연을 시작했는데, 자기 책의 상세한 줄거리까지 설명해줄 수 있는 훌륭한 서점 점원이 이곳에 있다고 강조를 했다. 그날 밤은 왠지 내가 유명인사라도 된 기분이었다.

그 무렵 나는 성직자가 되겠다는 꿈을 품게 되었고, 성경을 향한 내 사랑에 대해 윌 씨와 자주 이야기를 나누었다. 그곳에서 일하던 몇 년간은 내 인생의 디딤돌, 그래 어쩌면 인생의 문턱에 있을 때였다. 호퍼스 서점에서 일하기 시작한 건 겨우 열여섯 살 때였으니 말이다. 나는 시내로 오는 복음전도사들과 자주 대화를 나누고 친분을 쌓으려고 애썼다. 샘 존스 목사, 조지 펜타코스트, 조지 스튜어트, 그리고 가장 중요한 사람 드와이트 무디 목사와 함께 보내던 여러 시간들은 내게 무엇보다도 중대한 시간이었다.

06_ 강가에 앉아서 1895년, 무디 목사님

정말 희한하게도, 아주 사소한 것이 삶을 바꿀 정도로
의미있는 것으로 자라나는 경우가 너무나 많다.

그날 아침의 일을 영원히 잊지 못할 것 같다. 나는 잃어버린 소를 찾으러 강둑을 따라 돌아다니고 있었다. 그러던 중 쓰러진 나무 옆에 혼자서 무릎을 꿇고 기도를 하던 유명한 복음전도사, 드와이트 무디 목사님을 만난 것이다.

나는 매일 아침식사를 하기 전에 소의 젖을 짜고 풀을 먹였다. 농장에서 시내로 처음 이사 올 때 데려왔던 바로 그 소였다. 하지만 그날 아침에는 어느 순간 소를 놓치고 말았다. 헛간 뒤쪽에는 수백 미터의 냇물이 흘렀는데, 소의 발자국이 그쪽으로 나 있었다. 나는 발자국을 따라 냇물을 건너고 반대편 둑 위로 올라갔다. 바로 그때, 나는 쓰러진 나무 위에 앉아 성경을 읽고 있던 한 남자와 마주쳤다. 내가 다가가자 그가 말했다. "좋은 아침일세, 젊은이. 아무래도 자넨 방금 전에 저쪽 덤불 뒤에 있었던 소를 찾는 모양이군. 그 놈도 자네가 건너온 길을 따라 여기로 왔는데."

"어떻게 아셨습니까?" 내가 물었다. "제가 그렇게 농부처럼 보이나요?"

"아니, 별로." 남자가 대답했다. "하지만 자네 얼굴에 수심이 가득한 게, 뭔가를 찾고 있다고 말하는 것 같아. 그리고 방금 전에 소 한 마리가 여길 지나갔으니, 그거라고 확신한 것이지."

"실례지만, 무엇을 읽고 계셨는지 여쭤도 될까요?"

"실례는 무슨. 신의 말씀, 성경을 읽고 있었다네."

"거기에 이런 이야기가 있죠. 자기 아버지의 당나귀를 찾아 헤매는 사람에 관한 이야기 말이에요. 그는 하나님의 사람이 된 자, 사무엘이죠." 내가 말했다.

"자네, 성경에 대해 좀 아는구먼. 주일학교에 나가나? 성경은 읽어봤겠지?"

"예, 주일학교에도 나가고 성경도 읽었어요. 아직 만족스러울 정도로 읽은 건 아니에요. 이해가 안 되는 게 많거든요. 지금까지는 열다섯 번 정도밖에 안 읽었어요."

"젊은이 이름이 뭔가?"

나는 이름을 알려주고는 서점에서 일한 지 몇 달 되었다고 말했다. "짐작하셨겠지만, 지금까지는 계속 농장에서만 살았어요. 그런데 선생님 성함은 어떻게 되시죠?"

"나는 무디 목사일세. 집회 참석차 좀 전에 여기 도착했다네. 시내를 좀 돌아보다가, 기도도 하고 성경도 좀 읽고, 여기에 있는 동안 하나님의 가호를 구하려던 중이었어."

"질문 하나만 해도 될까요, 무디 목사님? 사람들은 이런 질문을 하면 나더러 미쳤다고 하는데, 목사님은 그러지 않으시겠죠? 방금 하나님의 가호를 구한다고 하셨는데, 하나님께서 목사님께 말을 걸어오신 적이 있나요?"

"그런 질문을 하면 사람들이 자네보고 미쳤다고 말한단 말이지, 에디?"

"예, 목사님."

"글쎄, 그렇지 않은데. 자넨 서둘러서 소를 찾는 데 신경 써야 하니까, 내일 아침에 여기서 다시 만나 해가 뜨는 걸 같이 보도록 하지. 그러면 자네 질문에 대답해주겠네. 시간을 좀 갖고 자네와 이야기하고 싶어, 할 수만 있다면 말이지."

나는 앞으로 일어날 일에 대한 기대와 설렘으로 가득 차 소를 집으로 데려왔다. 그날 밤, 나는 무디 목사의 설교를 들으러 갔다. 집회에는 거의 5천 명 이상의 사람들이 모여들었다. 그가 설교한 내용은 누가복음 10:25~37에 관한 것이었다. 이웃을 사랑하라는 예수님의 계명을 지킨 착한 사마리아인의 우화를 들려주신 대목이었다. 그곳에 앉아 설교를 들으며, 나는 다음날 아침에 있을 그와의 만남을 생각하지 않을 수 없었다. 나는 생각했다. 그는 나의 이웃일까?

다음날 아침이 되자 나는 일찍 서둘렀다. 어머니께서 아침식사 시간까지 돌아오지 않으면 날 기다리지 말라고 말씀드렸다. 나는 무디 씨를 만났던 강가로 향했다. 무디 씨보다 몇 분 먼저 도착하여, 그가 오면 무슨 말을 할지, 그가 정말로 나타날지 궁금해 하며 기다렸다. 하지만 그리 오래 기다릴 필요가 없었다. 곧 무디 씨가 강둑을 따라 오는 것이 보였기 때문이다. 아직 해가 솟아오르기 전이었다. "굿모닝, 에디. 자네가 여기서 기다리는 게 보이더군. 어젯밤 집회가 즐거웠길 바라네. 오늘 하루를 위한 새로운 활력소가 되었으면 좋겠어."

"예, 감사합니다. 간밤의 아주 멋진 설교도 감사하고 싶어요. 그 내용에 관해서는 전에도 여러 번 들었지만, 목사님처럼 해석한 건 들어본 적이 없었거든요."

"아주 좋아, 친구. 하지만 자네가 어제 한 말이 계속 머릿속을 맴돌더군. 물론 자네 질문에 대답하고 싶지만, 먼저 자네에 대해 좀 더 얘기해 주겠나? 정말 성경을 열다섯 번이나 읽었다고?"

"예, 목사님."

"어떻게 그럴 수 있었지? 부모님이 신앙심이 아주 두터운 모양이야."

"성경을 읽기 시작한 건 부모님이 시켜서가 아니었어요." 나는 무디 씨에게 설명하기 시작했다. "제가 글씨를 읽기 시작할 때부터 부모님이 많은 도움을 주시긴 했지만, 이런 식이었어요. 말씀드렸다시피, 전 시골에서 살았어요. 5~6년 전인가, 흑인 한 명이랑 같이 나무를 잘랐는데, 그 아저씨 머리가 아주 이상하다고들 했어요. 미치광이 빌, 사람들이 그 아저씨를 그렇게 불렀죠. 빌 아저씨는 누구에게도 아무런 해를 입히지 않았고, 아주 건장한 남자였죠. 그가 통나무를 굴리면서 내게 말하길, '난 삼손만큼 힘이 세'라더군요. 그래서 제가 물었죠. '삼손이 누구에요?' 아저씨는 '삼손은 성경에 나오는 사람이야. 이 세상에서 가장 힘이 센 사람이지. 집 한 채를 통째로 뽑기도 하고, 당나귀 턱뼈 하나로 1천 명이나 되는 사람을 죽일 수도 있대. 어젯밤에 목사님이 삼손에 대해 설교를 하셨거든.'

자연히 저는 어머니께 빌 아저씨가 한 말에 대해 여쭤보았어요. 어머니는 좀 더 자세한 이야기를 해주셨고, 아버지도 그러셨죠. 그때는 집에 성경책이 없었어요. 1년 전쯤에 집이 불타버렸었거든요. 그후로 새 성경책을 사두지 않은 거예요. 며칠 후 할머니를 뵈러 가서는, 또 삼손에 대해 여쭤보았어요. 할머니는 커다란 가정용 성경책을 가져와서는 신전 기둥을 뿌리째 뽑고 있는 삼손 그림을 보여주셨어요. 전 그게 너무 좋아서, 아버지께 성경책 한 권만 갖게 해달라고 졸랐죠. 그렇게 성경책이 제 손에 들어오게 됐는데, 재밌는 건 그때 우리 아버지에게 성경책을 건네준 사람이 지금 제가 일하는 서점 주인의 아버지라는 거예요. 그분이 우리 아버지에게서 제 얘기를 듣고는 성경책을 선물로 주셨대요. 음, 물론 그분 성함은 잘 몰라요. 하지만 전 성경을 읽기 시작했고, 너무너무 재미있어서 전체를 다 읽을 때까지 계속 보고 또 보고 했어요. 성경을 읽기 시작할 무렵, 저는 부모님께 매일 저녁 제가 성경 읽는 걸 들어달라고 부탁했어요. 우린 아주 오랫동안 그렇게 했지요. 아침저녁으로 함께 기도를 하기도 했어요. 아, 정말 좋았는데. 제가 성경을 읽고 싶어 한 이후로는 매년 항상 그랬어요. 우린 마을에 있던 리버티 교회에 다녔는데, 거기 목사님 중 한 분이 말씀하시길, 주중엔 매일 석 장, 일요일엔 다섯 장씩 읽으면 1년에 성경책을 전부 읽을 수 있다는 거예요. 그래서 전 그렇게 했어요."

"정말 대단하구나." 무디 씨가 말했다. "그런데 어째서 '하나님께서 날을 걸어오신 적이 있느냐'고 물었지?"

"음, 아주 어릴 적부터, 그러니까 제가 기억할 수 있는 한 가장 어린 시절부터 제게는 남들에게 보이지 않는 친구들이 있었어요. 사람들은 그들이 존재하지 않는다고 말했죠. 하지만 우리 어머니는 그들을 만나서 대화도 하셨어요. 그러니까 제가 나쁜 게 아니었다고요.

하지만 목사님, 전 성경이 진짜라고 믿어요. 그리고 하나님은 분명 나이 많은 사람들에게 나타나 말을 거신다고 믿어요. 그분은 조금도 변함이 없으시니까, 우리가 기도를 하면 지금이라도 우리 앞에 모습을 보이실 거예요. 한때 성경을 읽거나 몽상에 빠지거나 공부를 하러 가던 제 비밀장소가 있었거든요? 거기엔 작은 친구들이 항상 놀러오곤 했는데, 한 번은 아름다운 천사가 나타났어요. 아니면 천사라면 그렇게 생겨야 한다고 제가 늘 상상하던 모습을 한 형체였죠. 그 천사는 코르넬리우스(Cornelius, 하나님이 보낸 천사의 말씀을 듣고 사도 베드로를 집으로 모셔 세례를 받고 베드로의 제자가 되었다는 성경 속 인물)나 마노아에게 했던 것처럼 저에게 말을 했어요. 제가 소망하면 이루어질 거라고요."

"무엇을 빌었지, 에디? 무서웠나?"

"아뇨, 목사님. 전 하나님이 제게 말을 걸어오시길 빌었거든요. 성경에서 '네가 부르면 내가 들으리라'는 말씀을 읽고는 그대로 믿었어요. 지금도 그렇고요. 하지만 사람들은 나더러 정신이 나갔다고 말하더군요. 절 믿지 않는 사람들과 잘 지내기란 쉽지가 않아요. 그래서 전 그런 일에 대해서는 입을 다물게 되었어요. 당시엔 그게 상처가 되더라고요. 하지만 그 형체가 나타난 후에도 처음엔 학교생활에 별 도움이 되지 않았어요. 그런데 제 안에서 '낮고 작은 목소리'가 말을 걸어왔어요. 저더러 잠에 빠지라고 하더니, 절 도와주었어요. 그후로는 학교수업을 잘 따라갈 수 있었죠. 수업내용을 읽고 몇 분간 잠을 자기만 하면, 그걸 다 알게 되었거든요. 성경에 있는 사실을 꽤 잘 알게 되자 목사님이 저더러 성경에 관한 질문을 담은 칼럼을 교회신문에 싣지 않겠느냐고 권하셔서 얼마간 그렇게 했죠."

"어떤 질문을 했는데?"

"제 기억으로는 이런 것들이었어요. 모세를 낳은 어머니의 이름은? 모세가 여호수아라 부르기 전까지 그의 이름은 무엇이었는가? 그런 것이었죠."

"좋군." 무디 씨가 말했다. "성경에 관한 지식을 쌓고자 하는 마음에서 우러나는 자연스러운 질문이야. 하지만 하나님이 말을 걸어온 적이 있냐고 묻는다고 사람들이 자네를 이상하다고 말하는 건 도대체 무슨 일인가?"

"아시잖아요, 목사님. 제가 보기엔 저도 다른 사람들과 비슷해요. 젊은 남자라면 누구나 어떤 특별한 여자와 사랑에 빠지는 걸 상상해보잖아요. 제가 말씀드린 경험을 그녀에게 말했더니, 그녀가 절 비웃었어요. 그래서 그녀의 아버지를 만나러 갔죠. 그는 의사였어요. 그는 제 모든 게 바보 같다고 생각했어요. 전 성경 공부한 것을 말씀드리며 나 자신을 변호하려고 애썼죠. 예전에도 어른들로부터 비슷한 일을 당한 적이 있었어요. 그때와 똑같은 기분이더군요. 그 다음에는 제가 다니던 교회의 어른들에게 물어보았어요. 그들은 내게 그런 일을 말하면 안 된다고 말했지만, 몇몇은 나를 목사님에게 보냈어요. 그렇게 저는 이런저런 집회에 참석하게 되고, 만나는 목사님마다 같은 질문을 해댔죠. 무디 목사님 빼고는 모두가 내 질문에 어이없어 했어요. 저더러 심령론에 빠져들거나 사울이 엔돌의 신접한 여인을 찾아간 것 같은 일에서 벗어나야만 한다고 말했고요. 하지만 무디 목사님, 전 그런 게 아니었다고요. 절대로 그런 걸 추구한 게 아니었어요. 진실로 저는 할아버지를 만나 대화를 나누었어요. 하지만 하나님에게 그래달라고 부탁한 적도, 제가 그걸 바란 적도 없어요. 하지만 환영을 기대하고 있었고, 그때 그 환영이 숲 속에서 내게 나타난 거죠."

"그때는 왜 무언가가 일어나길 기대했던 거지, 에디?"

"전 성경을 믿어요. 성경 어딘가에 우리가 부르면 그분이 대답하신다는 말씀이 있고요. 그러니까 제 말은 우리가 그분의 목소리를 들어야 한다는 거예요."

"으음, 에디, 나는 여기저기서 사람들이 자기 경험에 대해 말하는 걸 들었어. 몇몇은 별의별 방법으로 메시지를 받았다고 말하지. 상당수가 자기가 생각하고 믿는 것에 아주 솔직할 거야. 난 그렇다고 생각한다. 하지만 성경은 이렇게 말하지. '어떤 길은 사람이 보기에 바르나 필경은 사망의 길이니라.' 그리고 만일 맹인이 맹인을 인도하면 둘 다 구덩이에 빠지리라는 말씀도 있고.

하지만 자네가 어제 내게 물었던 질문에 답하기 전에, 우선 자네가 자초지종을 전부 듣고 싶은지 확실히 해야겠네. 자네도 알겠지만, 에디, 하나님이 모세에게 전하신 아주 명확한 계율이 있지. 잘 알려진 영혼들과 마법사에 관한 것들 말일세. 레위기 20장 27절을 보면, '남자나 여자가 접신하거나 박수무당이 되거든 반드시 죽일지니 곧 돌로 그를 치라. 그들의 피가 자기들에게로 돌아가리라'라는 말씀이 있네. 나는 그렇게까지 생각하지는 않네만, 사람들이 이렇게 생각할 수는 있지. 어떤 사람은 죽은 이와 소통하는 능력, 즉 어둠의 능력을 부여받았다고 말이야. 그 과정에서 어떠한 계시를 받았건 간에, 계명을 제외하고는 모두 하나님을 진노케 할 게 분명하다는 것이지.

그렇지만 민수기 12장 6절에는 이런 말씀도 있네. 하나님이 아론과 미리암에게 모세에 관해 하신 말씀이지. '내 말을 들으라 너희 중에 선지자가 있으면 나 여호와가 환상으로 나를 그에게 알리기도 하고 꿈으로 그와 말하기도 하거니와.' 나는 이 말씀이 꽤 색다르게 들려. 아주 다른 차원의, 아주 다른 차원에서 나오는 차이라네. 그리고 둘 다 받아들일 가치가 있지. 질문은 이거야. 그런 환영을 경험했다고 주장하는 사람들의 삶이 과연 하나님의 증거가 될 수 있을까?"

그러고 나서 무디 씨는 내게 자신의 경험을 들려주었다. "몇 년 전 나는 집회 때문에 클리블랜드에 갔었어. 집회는 몇 주간 계속될 예정이었지. 사람들도 많이 왔고 반응도 썩 괜찮았지만, 불과 며칠도 지나지 않은 어느 날 밤에 나는 꿈속에서 이런 말을 들었다네. '당장 집회를 그만두고 영국 런던으로 가라.' 전에는 한 번도 가본 적 없는 곳이고, 그곳에 있는 누구도 내 일에 관심을 보이지 않았어. 이상한 꿈이었지만 난 환영을 믿었네. 내 일에 대한 하나님의 의도를 나타내는 것이라고 생각했거든. 다음날 저녁, 나는 집회를 끝내겠다고 선언했네. 많은 관계자들이 날 어리석게 여겼지. 그때는 지금보다 훨씬 젊었고, 나라 안 어디에서도 인지도를 높이지 못한 상태였거든. 내가 왜 집회를 그만두어야만 하는지, 아무에게도 설명할 수 없었네. 그들은 내게 말했지. '자네 지금 큰 실수하는 거야. 여기를 출발점으로 삼아 자네를 전혀 모르는 곳까지 진출해야 하는데.' 하지만 나는 환영에 대한 확실한 응답으로 런던에 갔네. 그곳에서 나는 이방인이었다네. 여러 거리를 배회하며 스스로에게 물었지. '무엇을 위해 여기에 왔는지 확실히 알고 있는가? 진짜 환영이

나 진짜 계시가 아니라 그저 널 기만하는 작자가 나오는 꿈일 뿐인 건 아닌가?'

그러니까 말이야, 에디. 자넨 자네가 무엇과 싸워야 하는지 알아야 해. 자넨 아직 어리니까 말일세. 하지만 믿음을 놓치지 말게. 하나님이 자넬 이끌어주신다는 믿음 말이야. 예수님이 보여주신 것처럼, 그분의 말씀에 어긋나는 것이라면 어떠한 목소리나 메시지도 믿어서는 안 돼."

나는 무디 씨가 런던에서 무엇을 했는지 궁금해졌다. 그가 말을 이었다. "하루는 대도시 안에서도 좀 초라한 지역을 걸었네. 그러다 문득 머리 위에 화분이 놓인 선반이 보이지 않겠나. 화분 안에는 제라늄이 꽃을 활짝 피우고 있었지. 난 그 묘한 색깔에 이끌렸다네. 그래서 다가갔더니, 어디선가 달콤하고도 사랑스러운 노랫소리가 들렸네. '내 기도하는 그 시간'이었어. 나는 멈추어 서서 노래를 들었고, 그후엔 계단을 올라가 노래하는 사람을 만나야겠다는 이상한 강박감이 생겼어. 계단 꼭대기에는 열린 문이 있었고, 거기에서 노랫소리가 흘러나오고 있었지. 나는 그 안을 살짝 들여다보며 들어가도 되겠냐고 물었어. 그 안에 누가 있든 내게는 아무 상관없었다네. 그러고 나서는 보았지. 불쌍한 절름발이 작은 소녀를 말이야. 그 애는 나를 보고 이렇게 말했다네. '오, 무디 목사님, 당신이군요! 하나님께서 내 기도를 들어주셔서 목사님을 이리로 부르실 줄 알았다니까요. 신문에서 목사님을 보고는 몇 주째 목사님을 런던으로 오게 해달라고 기도하고 있었답니다.'

런던에서의 내 집회는 바로 그곳, 작은 소녀의 방에서 시작되었다네. 나에게 말을 하신 게 하나님이었다는 걸, 나는 알 수 있어. 그분이 어떤 채널을 사용하셨는지는 모르지만, 나는 그분의 메시지를 들었네. 어린 아이가 빛을 달라고, 나에게서 메시지를 듣고 싶다고 기도하는 그곳으로 가라는 말씀이었지. 자, 에디, 이제 내가 자네를 바보 같다고 생각하지 않는다는 걸 알았겠지. 그건 그렇고, 자네의 인생을 걸 만한 일에 대한 계획은 뭔가?"

나는 밭에서 환영을 보았던 일과 시내로 이사 오게 된 경위에 대해 그에게 이야기했다. 무디 씨는 다음날 아침에도 다시 만나자고 했다. 그러고는 성경을 읽고 함께 기도한 후 나는 집으로 돌아와 아침식사를 하고 일을 하러 갔다.

그날 저녁 나는 그의 집회에 참석하여 멋진 설교를 들었다. 설교 내용은 '그러므로 형제들아 내가 하나님의 모든 자비하심으로 너희를 권하노니 너희 몸을 하나님이 기뻐하시는 거룩한 산 제물로 드리라 이는 너희가 드릴 영적 예배니라'였다. 그날 아침 우리가 이야기했던 내용도 많이 나왔는데, 물론 이름이나 장소는 언급되지 않았다. 설교를 듣는 동안 여러 번 내 등줄기를 타고 전율이 흘렀고, 무디 씨가 말하는 내용을 소리 내어 크게 외치고 싶은 충동을 몇 번이나 참아야 했다. 다음날 아침에도 나는 기대감에 부풀어 일찍 일어났고, 어머니께 어디 가는지 말씀드렸다.

내가 도착했을 때 무디 씨는 바로 그곳 통나무 위에 앉아 있었다. 아직 어스름해서 잘 보이지는 않았지만, 그는 땅 위에 뭔가를 쓰고 있었다. 나는 그에게 다가가 인사를 했다. 그는 곧바로 나에게 성경을 읽기 시작했던 어린 시절에 대해 좀 더 이야기를 해달라고 했다. 나는 주일학교에 다닌 이야기, 교회의 지기가 된 이야기를 들려주었다. 내가 교회를 돌봐도 되겠냐고 물었고, 허락이 떨어져 토요일마다 교회를 청소했었다. 시작할 때는 교회 문의 손잡이까지도 손이 닿지 않았지만, 나중에는 문 맨 위에까지 닿았다고도 말했다. 교회에서 만난 사람들에 대한 이야기도 했다. 어른과 노인들, 교회임원들, 목사님들…. 그리고 어떻게 여러 주일학교와 주중모임에 참여했는지도 무디 씨에게 들려주었다. 나는 내가 꼭 필요하다고 생각하는 것과 일치하는 교회가 없었기에 어느 교회에 들어가야 할지 마음을 정하지 못했다고 말했다. 내가 암기법을 얼마나 많이 배웠는지, 다양한 번역물을 읽고 희랍어로 들으며 그 기억이 모두 어떻게 변하게 되었는지도 이야기했다. 특히 정식 목사가 없을 때는 쿡이라는 이름의 남자가 희랍어로 설교를 했던 것이다.

쿡 씨는 몇 달 동안 마을에 살았는데, 이전에는 아프리카에서 선교활동을 했다고 한다. 그는 주기도문을 원어로 읊는 법을 내게 가르쳐주었다. 이렇게 말이다. "바바와티음베리오룸; 오우오리오루코레이요바레데; 이페테레니키아세, 비티오룸베니리아이예. 푼와리오녜와로니. 다리그베세와이이와, 비아와티은다리이아원오니그베세와. 키오마시파와시누이데우, 수그본그바와니누툴라신. 니토린이요바니티레, 아그바라, 아티오고, 라일라이. 아민."

"아주 근사한데. 그런데 자넨 무얼 하고 싶은가?"

"글쎄요, 목사나 선교사가 되고 싶어요. 그래서 농장으로 돌아왔고요. 하지만 지난 번 경험 이후로는, 뭔가 다른 쪽으로도 봉사할 길이 있는 것 같아요. 그리고 전 어머니 곁에 있어야 해요."

"자네 말이 맞아." 그가 말했다. "꿈에 충실해야지. 하지만 주일학교에서 특별한 일을 할 수는 없나? 선교에 관한 공부를 할 수도 있을 테고."

"하지만 저는 교육을 받지 않았는걸요." 내가 말했다.

"자네 입으로 말하지 않았나? 그분이 완벽한 길을 알려주신다고. 책 중에 으뜸인 책을 한 줄 한 줄 지어내신 한 분보다 더 나은 방향을 알려 줄 이가 어디 있겠는가? 자네는 숲속에서 성경공부에 흠뻑 빠지지 않았 는가? 그후론 학교공부도 쉬워졌고, 오히려 다른 학생들이 자넬 따라오 느라 힘들었겠지. 그런 게 지금은 자네에게 도움이 되지 않을 것 같은 가? 실패를 어떤 특별한 일로 끌어올릴 자네의 의무를 회피하는 건 아 닌가?"

"하지만 여기 사람들은 모두 대학을 나왔어요. 제가 주일학교에서 만 난 사람들도 거의 적어도 고등학교는 졸업했고요. 전 초등학교도 마치 지 못했어요."

"에디, 설마 학력을 기준으로 하나님을 대하는 건 아니겠지? 그분이 자넬 필요로 하셨기 때문에 자네가 이곳으로 오게 된 거야. 실패는 두 려움을 낳지. 자네가 믿겠다고 공언한 약속에 대한 두려움 말일세. 사도 들이 어부를 만나 메시지를 전할 때 뭐라고 말했는지 기억나나? 그들이 자네보다 메시지를 전하기에 더 나은 도구를 갖추었다고 생각하나? 그 리고 자네에겐 경험이라는 장점, 확실한 증거를 직접 받았다는 장점이 있지 않은가? 굳이 부풀려 내세울 만한 일은 아니지만, 그건 틀림없이 자네가 매일매일 사용해야 할 무엇이라네. 암, 그렇고말고. 모든 사람들 이 자네에 대해 이러쿵저러쿵 말할지도 모르지, 하지만 자네가 진정으 로 신뢰를 보낼 대상은 무엇인가?"

무디 씨는 내게 생각할 거리를 무진장 많이 던져주었다.

"자넬 알게 된 건 대단한 영광이었네, 에디. 믿음을 잃지 말게나. 언젠가 자네에 관해 좋은 소식을 듣게 되길 기대하겠네. 자네가 가는 길에 언제나 신의 축복이 함께하길 빌겠네."

무디 씨와 나는 그곳에서 여러 번 아침 만남을 가졌다. 우리는 통나무 위에 앉아 성경에 관해 많은 이야기를 했다. 수없이 많은 날을 함께 떠오르는 태양을 바라보며 기도를 했다. 그가 도시를 떠나기 전까지 강가에서 더 많은 이야기를 하기로 했으나, 비가 내리는 바람에 더 이상의 만남은 없었다. 우리가 다시 만나기까지는 몇 년이라는 세월이 더 흘러야 했다.

선한 의도를 지니는 것과 그것을 만족시키는 것은 별개의 문제다. 나는 이 사실을 누구보다도 잘 깨닫게 되었다. 나는 아주 극적인 방식으로 나 자신을 알리고 인식시키고자 하는 열망에 가득 차, 일을 시작했다. 그러나 누가 나에게 관심을 가져주겠는가? 가련한 분위기와 풍모를 가진 촌뜨기 소년에게 말이다. 학교나 대학에 다니는 다른 젊은이들 중에는 아무도 없으리라. 그들은 성경을 공부하고 오지 사람들을 계몽하는 일 따위에는 관심이 없었다. 그때는 나도 사람들을 끌어모으고 그들 앞에서 말하는 능력이 부족했다. 나는 그런 능력도 연습을 통해 얻을 수 있음을 깨달았지만, 해보려고 해도 서투르기 짝이 없었다. 심지어 주일학교에서 발표하는 것조차 두렵기만 했다. 그래도 나는 어떤 식으로든 계속해야 한다는 불타는 열망을 느꼈다. 무디 씨에게도 그렇게 이야기하지 않았던가.

정말 희한하게도, 아주 사소한 것이 삶을 바꿀 정도로 의미 있는 것으로 자라나는 경우가 너무나 많다. 샘 존스의 집회가 열리던 중이었다. 어느 날 저녁 시골에 살 때부터 알았던 오래된 학교친구 한 명과 함께 집으로 돌아왔다. 친구는 우리 집에서 나와 함께 밤을 보낼 예정이었다. 그런데 집안은 손님으로 꽉 차 친구가 머물 자리가 없는 게 아닌가. 나는 어머니 방 소파에서 잠을 자야 했다. 친구에게 8~10킬로미터나 떨어진 집으로 돌아가거나 아니면 호텔로 보내야 한다는 사실이 너무나 화가 났다.

나는 너무나 화가 나 옷도 갈아입지 않았다. 밖에는 눈이 내리고 있었지만 일단 집밖으로 나가 다른 곳(어디든 무슨 상관이랴)에서 밤을 보내기로 했다. 하지만 아버지의 호통과 어머니의 호소로 소파에 몸을 던질 수밖에 없었다. 신발과 코트만 벗고, 외출복은 그대로 입은 채였다. 어찌 된 일인지 그날 밤 집에 불이 났고(혹은 내가 그랬던가), 소파는 물론 내 옷 대부분까지 완전히 못쓰게 돼버렸다.

나는 간신히 소파를 집밖으로 옮기는 데 성공했다. 불이 붙은 침구류와 옷가지들도 함께 말이다. 물론 바닥에 쌓인 눈 덕택에 불은 금방 꺼졌다. 물질적 피해는 아주 적었다. 비록 사람들로 가득찬 커다란 집에 잠시나마 엄청난 소란과 흥분이 피어올랐지만.

이러한 종교적 만남에서의 경험이 나를 변화시켰다. 나는 이제 교회 사람들과 친분을 쌓기 위해 더욱 노력했다. 주일학교 교사 자리도 얻었다. 처음으로 시내의 청년 공려회(the Christian Endeavor, 개신교 청년들이 지도와 봉사를 위해 1881년에 교파를 초월하여 설립한 단체로, 현재의 기독면려회의 전신)에 가입하라는 권유도 받았다. 무디 씨나 다른 목사님들로부터 들었던 일에 짐짐 다가가는 시기였다. 더디지만, 분명하게. 선교활동을 위한 특별 모임도 있었다.

몇몇 감리교 순회목사를 돕고자 애쓰기도 했다. 그들의 여행에 동참

하기도 했고, 그들이 갈 수 없을 때는 대신 약속을 지켜준 적도 여러 번이었다. 38명의 학생들을 맡아 가르친 적도 있었다. 그때 내 나이는 겨우 열아홉 살이었다.

07_ 나의 소울 메이트 1897년, 약혼

그것은 무엇일까? 두 젊은 남녀를 하나로 묶어주는 것. 운명? 숙명?
우리는 달빛 아래 함께 서 있었고 그녀는 머리에 사랑스런 장미를 꽂고 있었다.

호퍼스 서점은 남녀공학이건 여학교건 남학교건 대학교건 학생들 모두에게 만남의 장소였다. 나는 상당수의 학생들과 친하게 되었다. 학생들 사이의 우정이 사랑으로 무르익는 경우도 많았는데, 나는 여학생과 남학생 사이에서 사랑의 메모를 전달하는 '우체부'가 되었다. 그들의 모임에 초대를 받기도 했다. 2~3년간 착한 아이, 나쁜 아이, 중간인 아이, 아무튼 온갖 부류의 소년들을 만나며 내 인생에는 수많은 변화가 일어났다. 나 같은 시골뜨기와 내 선의(善意)에 실로 수많은 유혹이 밀려왔다!

불과 몇 달 사이에 나는 여러 명의 사람들과 새로운 관계를 맺으려 했는데, 그 중에는 꽤 미심쩍은 사람들도 있었다. 그것이 어린 학생들과 자주 만났기 때문이라고 말할 수 있을까? 아니면 내가 원래 그렇게 타고난 것인가? 나는 친구를 고르는 데는 언제나 현명하지 못했다.

어느 날 저녁 남학생 한 명과 함께 술집 앞을 지나가고 있었다. 해리는 내게 안에 들어가 한 잔 하자고 말했다. 나는 술을 마시지 않지만 그와 함께 들어가겠다고 대답했다. 우리는 술집 안으로 들어가 구석에 있는 탁자에 앉았다. 바텐더(이곳에는 한 번도 와본 적이 없었기 때문에 개인적으로도 모르는 사람이었다)가 다가왔다. 그가 건넨 말을 지금도 잊을 수가 없다. "안녕, 해리. 케이시, 여긴 웬일이야? 자네가 여길 오다니, 곧 예수 그리스도께서도 여기로 걸어 들어오시겠군. 해리, 넌 돈만 내면 여기서 뭐든 마실 수 있지만, 케이시는 보나마나 아무것도 마실 수 없을 거다. 적어도 내가 여기 있는 한은."

그는 내게로 돌아서서는 이렇게 말했다. "케이시, 자네는 날 모르겠지만, 난 자네를 알아. 자네 가족들도 다 알지. 다들 여기서 한 잔씩 하거든. 엄청나게 퍼마시는 젊은이들도 꽤 있지. 하지만 자네는 그런 짓을 시작하기엔 너무 착한 청년이잖아? 술집에서 처음으로 자네에게 술을 내준 사람이 나이고 싶지는 않다고. 이런 녀석들하고 어울리지 말고 어머니가 있는 집으로 가지 그래?"

나는 술집을 떠나며 아주 많은 생각에 잠겼다. 생각할수록 혼란스럽고 나 자신에게 화가 치밀어 올랐다. 다음날 호퍼 씨에게 이 이야기를 하고, 저녁에는 어머니와 오랫동안 이야기를 나누었다. 그때 이후로, 나는 친구를 선택하는 데 큰 변화를 주었다. 남자애들보다는 젊은 숙녀와 사귀는 쪽으로 바꾼 것이다.

서점에서 일하는 동안 나는 굉장한 경험을 했다. 시골에서 살 때 만났던 선생님 한 분이 아주 세련된 마차를 타고 시내로 왔다. 그녀는 다른 지역의 선생님이었지만, 내가 메달을 땄던 토론대회의 심사위원이었다. 내가 호퍼스 서점의 출입문 쪽에 서 있을 때 그녀가 마차를 끌고 다가왔는데, 곁에는 젊은 숙녀 한 명이 함께 있었다. 선생님은 마차를 멈추고 나를 부르더니, "네가 내 사촌 거트루드를 만났으면 좋겠구나. 오늘 저녁 우리 집에서 사교모임이 있거든? 네가 와주었으면 해"라고 말했다.

나는 그들에게 감사를 표하고, 가겠다고 대답했다. 그날 저녁 일을 마치고 돌아가려는데, 윌 씨가 내게 말을 걸었다. "아까 오후에 봤던 예쁜 여자를 만나러 가나?" 나는 "그랬으면 해요"라고 대답하고는, 집으로 돌아와 어머니께 사교모임에 초대받았다는 이야기를 전했다. 어머니는 가도 좋다고 하셨지만, 아버지는 "안 돼"라고 단언하셨다. 그래서 그날은 모임에 갈 수 없었다.

며칠 후 나는 아버지의 태도에 대해 아버지와 대화를 나누었다. 내가 할 수 있는 일과 내가 만날 수 있는 사람을 아버지가 일일이 간섭하는 것에 대해서도 말했다. 우린 서로 의견이 달랐지만, 대화를 나눈 이후 우리 둘 모두에게 약간의 변화가 생겼다.

다음 달에는 거트루드의 할아버지 집에서 열리는 달빛파티에 초대를 받았다. 그곳은 평범한 가정집이라기보다는 파티에 어울리는 아주 아름다운 곳이었다. 이번에는 파티에 참석하여 이 아름다운 숙녀와 이야기를 나눌 기회를 잡을 수 있었다. 그것은 무엇일까? 두 젊은 남녀를 하나로 묶어주는 것. 운명? 숙명? 우리는 달빛 아래 함께 서 있었고, 그녀는 머리에 사랑스러운 장미를 꽂고 있었다. 나는 그녀야말로 지금껏 내가 본 모든 창조물 중에서 가장 아름다운 존재라고 생각했다. 새까만 머리칼과 눈동자, 열정과 결의로 빛나는 두 눈, 그리고 무엇보다 당장이라도 키스하고 싶은 입술. 그날 밤 나는 오직 나를 위한 유일무이한 여인을 만났다는 느낌을 가슴에 한가득 안고 집으로 돌아왔다.

그해 여름에도 나는 거트루드와 가끔씩 만났고, 그녀를 만날 때마다 진실로 사랑에 빠졌다는 느낌이 더욱 확실해졌다. 나는 어머니에게 그녀 이야기를 하며 다른 여자는 필요치 않다고 말했다. 하지만 나는 정작 거트루드가 나에게 관심 이상의 감정이 있다고 확신할 행동이나 말을 보여주지 않았다는 사실을 깨달았다.

가을에는 호퍼스 서점 옆 가게에서 일하는 청년이 우리 집에서 나와 같이 방을 썼다. 그의 이름은 에드였다. 그는 거트루드의 사촌을 만나 사귀기 시작했고, 곧 우리 넷이 함께 다니기 시작했다. 일요일 오후에 드라이브를 하거나 서로의 집에 찾아가기도 하고, 수요일 저녁 기도모임에 함께 가기도 하고, 뭐든 함께 즐겼다. 서로의 집에 방문하는 일은 점점 정기적인 행사가 되어갔다.

다음해 봄이 되자, 우리는 일요일에 하루 종일 파일럿 록으로 나들이를 갈 계획을 세웠다. 날씨는 화창했지만, 여동생이 아픈데다 아버지가 시골에서 사고를 당하셨다. 내가 무얼 해야 했겠는가? 아버지가 집에 계신다면 허락하지 않으실 게 뻔했다. 하지만 나는 아버지에게 갈 수 없었다. 아니, 갈 수 있었을까? 어머니와 이야기를 한 후, 나는 나들이를 가기로 결정했다. 그것이 내 인생의 전환점이 될 거라는 예감을 강하게 느끼면서.

다섯 커플이 함께한 멋진 모임이었다. 나를 제외하고는 서로 아주 잘 알고 있었는데, 우리는 함께 암벽을 오르고, 봄을 만끽하고, 사진을 찍으며 유쾌한 시간을 보냈다. 암벽을 타고 돌아오면서 나는 대화는 무척 새로웠다. 그렇게 오랫동안 여러 사람들과 그토록 친밀하게 사귄 적이 평생 단 한 번도 없었기 때문이다. 거트루드의 아름다움, 그녀의 태도, 친밀함으로 나는 확신을 가질 수 있었다. 그날 이후, 그녀는 분명 나를 위한 단 한 명의 여인, 내가 사랑할 수 있는 단 한 사람이었다. 단지 내 삶과 내 생각, 내 행동을 그녀의 것과 조화롭게 맞출 수 있는지가 문제였다.

혹자는 친밀하면 무심해진다고 말한다. 하지만 우리에겐 딴세상 얘기였다. 거트루드가 가는 곳이면 어디든 나도 함께였다. 어떤 모임이든 따로 가는 일은 거의 없었다. 다른 남자들은 여러 여자와 만나고 헤어지길 반복할지 몰라도, 나는 언제나 거트루드의 손을 잡고 있었다.

1년 이상이 지난 후에야, 마침내 그녀에게 사랑을 고백할 용기를 낼 수 있었다. 하지만 그녀는 내 사랑에 화답해줄 정도로 자신의 전부를 걸고 나에게 빠져 있지는 않은 게 분명했다.

어느 추운 저녁 무렵 그녀의 집에 단 둘이 있을 때, 나는 그녀에게 청혼했다. 그녀의 대답은 "생각할 시간을 줘요, 지금껏 알았던 그 누구보다도 당신을 더 좋아하지만, 당신을 알게 된 후로 다른 남자는 거의 만나지 못했어요. 제발 생각할 시간을 주세요"였다.

일주일 후 그녀에게 대답을 듣고 싶다고 말했다. 결국, 다음번에 대답하겠다는 약속을 받아냈다.

그녀를 만나러 가던 날 밤은 춥고 비가 왔다. 외출하기엔 좋지 않은 밤이었다. 하지만 난 그녀의 대답을 들어야 했기에, 그녀에게로 갔다. 이번에는 그녀의 대답을 들을 수 있었다. "네, 결혼하겠어요."

나는 곧 서로의 약속에 대한 징표로 그녀에게 반지를 선물했다. 그

다이아몬드 반지는 내 평생 첫 투자였고, 지금도 최선의 투자였다고 생각한다. 그렇게 우리는 약혼을 했다. 언제 결혼할 것인가에 관해서는, 굳이 날짜를 정하지 않았다. 그녀에게는 나와 결혼할 만큼 진심으로 날 사랑하게 되는 날이 결혼식 날이 될 것이고, 나에게는 내 소망을 이루고 아내를 부양할 방법과 수단을 고민하고 계획을 세우는 시간을 벌어줄 것이었다.

이 무렵 예상치 못했던 변화가 있었다. 서점 주인 해리 씨가 결혼을 해 테네시로 이사할 예정이라고 내게 알려왔다. 그들 사업에도 변화가 필요했고, 가게의 절반을 키친 씨에게 팔려 한다는 것이었다. 나는 해고되었다. 너무도 갑작스러운 상황이라 어떡해야 할지 알 수 없었다. 그래서 옆 가게인 톰슨 씨네 총포상으로 가서 벽지와 그림액자를 정리, 관리하는 일자리를 구했다. 서점에서 일할 때에도 가장 재미있었던 일이었다. 물론 책을 많이 읽기도 했지만 말이다. 그곳에서는 2~3개월 정도밖에 일할 수 없었다. 장사가 잘 안되어 또 쫓겨나고 만 것이다. 그후로는 전투가 시작됐다. 처음에는 내가 무엇을 할 수 있을지 몰랐다.

그러던 어느 날 거리를 걷다가 사람들 무리에 휩쓸려 리처즈 잡화점에 들어갔다. 구두가 진열된 곳으로 들어가자 누군가가 나에게 직원이냐고 물었다. 나는 "네"라고 대답하고는 구두를 팔기 시작했다. 구두 파트 매니저인 쿠퍼 씨가 내게 "케이시, 그게 자네 이름인가?"라고 물었다. 나는 그렇다고 대답했다. "은행으로 뛰어가서 동전 좀 바꿔다주게." 나는 그가 시키는 대로 했다. 나는 그날 하루 계속 거기에서 일을 했다. 밤이 되자, 그가 내게 왜 여기서 일을 하냐고 물었다. 내가 대답했다. "누군가가 저에게 뭘 부탁하기에 그걸 가져다주었을 뿐이에요." 나는 그 가게에서 8개월 이상 일했다.

그동안 내가 무척 따르던 거트루드의 아버지가 돌아가셨고, 얼마 지나지 않아 그녀의 할머니도 돌아가셨다. 그런 와중에 나는 그녀의 가족 전체와 더욱 가까워질 수 있었다. 그들은 나를 가족의 일원으로 받아들인 듯했다. 하지만 아직 결혼은 아니었다. 내 머릿속은 오직 하나, 결혼에 대한 생각뿐이었다. 자나깨나 어떻게 하면 그녀와 결혼할 수 있을까를 궁리하느라 머리를 쥐어짰다. 그러다 거트루드가 병에 걸렸고, 우리의 결혼 날짜 혹은 결혼 가능성은 점점 멀어지는 것만 같았다.

하지만 우리 집안 사정은 훨씬 나았다. 첫째 여동생 애니가 일자리를 구해 나갔고, 둘째 여동생은 고등학교를 졸업하고 좋은 직장에 경리로 취직했다. 그리고 아버지의 건강도 좋아졌다. 나도 밖으로 나아가 뭔가 다른 걸 시도해보고 세상을 돌아봐야 한다는 생각이 들었다. 하지만 지금 무얼 시도해야 할까? 내 경험을 고려하여, 나는 서적 및 문구류 도매 사업을 해보기로 결정했다.

나는 켄터키 주 루이빌에 있는 존 P. 모턴 사에 편지를 썼다. 나에게 루이빌은 대도시였고, 내가 소중히 여기는 모든 것과는 수천 킬로미터나 떨어진 곳이었다. 하지만 나는 그들에게 물건을 주문하고 싶으니 카탈로그를 보내달라고 요청했다. 나는 그들이 보내온 카탈로그를 학교 시절 한 것과 똑같은 방법으로 외웠다. 즉 잠깐 훑어보고, 그 위에서 잠들고 난 후 외게 되는 것이다. 1898년 당시의 카탈로그에 있던 일부 목록은 지금도 생생하게 기억해낼 수 있다.

나는 회사에 편지를 써 일자리를 부탁했다. 역시 아무도 필요치 않지만 내 지원서를 보관해두었다가 사람이 필요해지면 나를 고려해보겠다는, 의례적인 답장이 돌아왔다. 다음으로 나는 존 P. 모턴 사 제품을 구입하는 우리 마을 사람들에게 내 추천서를 써달라고 부탁했다. 그리고 회사가 뜯어보는 편지마다 적어도 2개의 추천서를 받게끔 정리해서 보냈다. 며칠 후 나는 회사로부터 전보를 받았다. "추천서 좀 그만 보내세요. 8월 1일 토요일 오전에 면접입니다."

토요일까지는 이틀밖에 남지 않았기에 좀 당황스러웠다. 나는 일자리를 구하러 가는 기차표를 사기 위해 돈을 빌려야 했다. 하지만 무엇보다도 힘들었던 일은 거트루드에게 작별인사를 하는 것이었다.

08_ 촌뜨기, 대도시를 만나다 1898~1900년, 루이빌

최면술의 거장 허먼이 어느날 가게로 들어와 내 이름을 묻더니
이렇게 말했다. "자네는 최면에 잘 걸릴 것 같구먼."

전에는 기차를 거의 타본 적도 없는 이 불쌍한 시골 청년에게 루이빌 행은 그야말로 놀라운 변화였다. 그런 대도시는 처음이었다. 길거리에 늘어선 자동차와 버스도 놀라웠고, 어딜 가나 사람, 사람, 사람들이었다. 모두가 눈앞에서 팽팽 돌아가는 듯했다.

다행히도 한 친구가 편지로 내게 하숙집을 운영하는 한 여성을 소개해주었다. 내가 머물 만한, 식사를 제공하는 방을 찾을 수 있을 거라고 했다. 나는 그녀를 찾아갔다. 그녀는 엄선된 하숙생들이 숙식하고 있는, 멋진 집을 소유한 아주 매력적인 여성이었다. 식대와 방세를 치르는 것 역시 내게는 새로운 경험이었다. 하루에 단 두 끼의 식사만 제공되었고 (나로선 듣도 보도 못한 일이었다), 일주일에 5달러씩 선불로 지불해야 했다. 내가 과연 돈을 제대로 낼 수 있을지 의문이었지만, 3층에 있는 방을 둘러보고는 마지못해 5달러를 지불하고 내 작은 트렁크와 가방을 내

려놓았다. 그리고 밖으로 나가 내가 일하게 될 곳을 찾아나섰다. 여름에는 토요일이 되면 대부분의 가게가 정오에 문을 닫았는데, 그날은 토요일이었다. 나는 마침내 회사를 발견하고는 전보용지를 내밀었지만, 월요일 오전 7시 30분에 다시 오라는 답변이 돌아왔다.

그날 오후와 밤, 일요일까지 뭘 해야 할지 난감하기만 했다. 나는 내 작은 방으로 돌아와 얼마 안 되는 짐을 풀었다. 전날 제대로 잠을 자지 못해 너무도 피곤했던 터라, 저녁식사 시간이 될 때까지 내리 잠만 잤다.

시골뜨기에겐 이곳에서의 저녁식사도 낯설었다. 하지만 주인이 식탁에 둘러앉은 사람들에게 나를 소개해주었다. 식사가 끝난 후, 이 집의 남자 주인이 나에게 아는 체를 했다. 그도 홉킨스빌에서 살면서 몇 년간 사업을 했다는 얘기를 듣고는 너무나 반가웠다. 그는 그곳 사람들을 잘 알고 있었고, 물론 우리 가족도 알았다. 그는 한 명 한 명의 안부를 물었고, 나는 적어도 한 명의 친구가 있다는 느낌에 안도감이 들었다. 그는 이 외롭고 쓸쓸한 청년이 가능한 한 편안하게 지낼 수 있도록 회사로 가는 길과 돌아오는 길을 알려주고, 여기서 어떻게 처신해야 하는지도 일러주었다.

일요일 아침에는 퍼스트크리스천 교회의 주일학교에 나갔다. 모든 것이 달랐다. 사람들 얼굴을 일일이 다 알던 고향의 작은 교회와는 달리, 이곳에는 수백 명의 사람이 있었다. 나는 목사님을 만나 그의 연구에 관해 대화를 나누었다. 그는 정말로 좋은 사람이었다. 내가 어디 출신인지를 말하자, 그는 그곳에서 목사직을 수행한 적이 있다고 말했다. 그는 내가 아주 잘 아는 사람들에 관해 물어보았고, 자신의 주일학교

모임에 나를 초대했다. 청년 두 명과 젊은 여성 열 명으로 구성된 모임이었고, 실로 멋진 자리였다. 나는 이 도시교회에서도 공려회를 재조직하여 '기쁨으로 봉사하는 모임'의 회장이 되었다. 우리는 일주일에 한 번씩 시립교도소와 시립병원을 방문했다.

내가 머물던 하숙집에는 그간 알았던 사람들과는 완전히 다른 부류가 모여 있었다. 의과대학생, 정부기관에서 일하는 사람 한두 명, 화가, 음악가, 작가 등 새로운 주제로 대화를 하고 다양한 관심사를 가진 사람들이었다. 그들에게 나는 불가사의한 인물이었다.

월요일 면접을 볼 때는 회사의 가장 높은 책임자가 왔다. 나는 그곳 관리자였던 그리즈월드 씨와 결코 잊을 수 없는 첫 대화를 나누었다. "무엇 때문에 여기로 왔습니까? 집에 무슨 문제가 있나요?"라고 그가 물었다. 나는 아주 솔직하게 나의 목적을 설명했다. 세상을 둘러보고, 더 많은 친구를 만나고, 가능하면 더 훌륭하게 봉사하고 싶으시라고 말이다.

나는 그곳에서 일하면서 받게 될 급여에 대해서는 묻지 않았다. "당신처럼 추천서를 많이 가지고 여기로 일하러 오는 사람은 지금껏 한 명도 없었소." 그리즈월드 씨가 말했다. "하지만 당신은 여기서 직접 자신의 능력을 증명해 보여야 할 거요. 보수는 일주일에 5달러뿐이오."

"그렇지만, 식대만 해도 그만큼씩 내야 하는데요." 내가 말했다. "교통비나 세탁비는 어떻게 하라고요?"

"더 싼 방을 찾으면 되잖소." 그리즈월드 씨가 대답했다.

"그럴 순 없어요"라고 나는 되받았다. "우리 가족을 아는 사람과 같이 사는 게 그나마 다행이라고요. 더 싼 데로 옮기면 분위기도 저한테 맞지 않을 거고, 제대로 된 친구도 사귈 수 없을 게 뻔해요."

"으음, 방법을 찾아봅시다. 하지만 보수는 5달러로 시작하는 거요, 그게 우리가 줄 수 있는 전부요."

그리하여 나는 그곳에서 일하기 시작했다. 주말이 되어 나는 보수를 받았고, 집주인에게 방세와 식대를 내겠다고 했다. 그러자 그녀는 "이번 주에는 3달러 50센트만 내요. 당신이 일하는 회사에서 나머지를 대줄 거예요."

나는 매일 거트루드에게 편지를 썼다. 늦은 오후는 늘 그런 식으로 보냈다. 처음 몇 주간은 방 바깥으로 나갈 일이 별로 없었다. 그러나 수입을 늘릴 방법을 찾는 데 골몰했다. 나는 이 서적상에서 계속 일하고 싶었지만, 동시에 돈을 더 벌 만한 다른 수단을 찾아다녔다.

어느 날 오후, 한 그림액자 가게로 들어갔다. 가게사람들은 그림에 장식테를 끼우느라 여념이 없었다. 나는 고향에서 일할 때 개발한 방법을 보여주었고, 며칠 후 그들이 내게 저녁에 할 만한 일감을 주었다. 하룻저녁 일하면 서적상에서의 일주일치 주급과 맞먹는 돈을 벌 수 있었다. 마침 철도 종점에서 감독으로 일하는 하숙생 하나가 나만 좋다면 야간작업에 넣어주겠다고 제안했다. 이는 정기적인 일은 아니었지만 몇 달간 생활에 보탬이 되었다. 어쨌든 크리스마스 연휴에 고향으로 돌아갈 기차표를 살 만큼은 돈이 생겼고, 그건 내게 엄청난 낙이었다.

회사의 카탈로그를 모조리 외우는 탓에, 다양한 부서의 많은 사람들이 나를 무척 신기하게 여겼다. 곧 모두가 카탈로그에 있는 것이나 회사가 취급하는 모든 상품, 특별고객을 위한 것까지 나에게 물어보게 되었다. 그 주에는 주급봉투 안에 7달러 50센트가 들어 있었다. 보수를 올려달라고 부탁한 적도 없는데 말이다.

어느 날 한 여성이 상점 안으로 들어왔고 그녀를 응대하기 위해 내가 샘플 진열실로 보내졌다. 그녀는 무척 즐거워하며 회사에서 취급하는 가장 훌륭한 물건들을 가격도 물어보지 않고 주문했다. 다 합해서 수백 달러 어치는 되었다. 그녀는 "물건들을 청구서와 함께 이리로 보내세요"라고 말하며 내게 카드를 건넸다. 그녀의 이름은 마가렛이었다. 그녀는 내 이름도 물어보았다. 내가 주문서를 다른 직원에게 건네자 그는 신용조회를 해보더니 나에게 말했다. "자네, 이 도시에서 가장 부자인 여자한테 점수를 땄군. 조심하는 게 좋을 거야, 젊은 친구."

다음날 오후, 나는 사장실에 불려 들어갔다.

"에디." 그가 내 이름을 불렀다. "자넨 아주 보기 드문 사람이야. 우리가 몇 년을 공들여 사업에 끌어들이려고 한 사람과 그 가족들이 자네한테 관심을 보이다니. 어제 그 여자고객한테 무척 잘한 모양이던데? 그분이 자넬 만나고 싶어 해. 오늘 저녁에 그 고객 아버지 댁에서 있을 만찬에 자네와 날 초대했다네. 마차를 대기시키겠다고 하더군. 먼저 날 태운 후에 자넬 부르러 갈 걸세. 자네 집 주소가 어떻게 되는가?"

"929-2번지입니다." 내가 대답했다. "참 고맙긴 한데, 전 못 갈 것 같습니다. 그렇게 으리으리한 집에 입고 갈 만한 옷이 없거든요. 주급 7달러 50센트에, 촌뜨기에, 농장 일꾼 출신인 저 같은 놈이 그런 데 어울리는 옷이 있을 리 없지 않습니까? 구두라고는 한 켤레뿐이고, 일요일에 입는 성상이라 해도 평소에 입는 거랑 별반 다르지 않습니다."

"흠, 그렇다면 에디," 그리즈월드 씨가 말했다. "내가 자넬 데리고 나가서 이런 일에 필요한 옷을 사주겠네. 자네도 나도 이 초대에 응하지 않을 수 없으니 말이야. 그들은 내가 아닌 자네를 원하는 거야. 지난 몇 년간이나 그 사람과 만나려고 애썼는데 한 번도 만날 수 없었네. 그리고 자네가 왔지. 자네 식으로 말하면 촌뜨기가 말일세. 그런데 그런 자네가 3개월도 안 되어 내게 가능성을 열어주었어. 자, 이번 건 자네가 돈을 낼 필요도 없고, 이번 주부터는 주급도 10달러로 올려주겠네."

그리하여 나는 새 정장으로 빼입고 그날 저녁 초대받은 집으로 향했다. 태어나서 그런 집은 처음 봤다. 하인들까지 딸린 아주 호화로운 집이었고, 가구도 하나같이 호사스러워 머리가 어질어질할 지경이었다. 집 안으로 들어서자, 우리는 아주 기다란 응접실을 지나 조그만 거실로 안내되었다. 집주인과 안주인이 눈에 들어왔다. 그곳까지 가는 길은 그리 편안하지 않았다. 머릿속에는 '이건 꿈이야, 현실일 리가 없어' 하는 생각이 끊임없이 맴돌았던 것이다.

각자 소개를 마친 후에도 나는 어떤 식으로 대화를 풀어가야 할지 갈피를 잡을 수 없었다. 곧이어 만찬이 시작되었다. 이번에도 나는 어떻게 처신해야 할지 몰랐다. 그나마 마가렛 양이 아주 친절하고 우아한 태도로 대해주어 조금은 마음이 놓였다. 나는 켄터키 주 어디 출신이냐는 질문을 받았다. 그에 대답하자, 마가렛 양의 아버지가 그곳은 특정 종류의 담배를 재배하는 곳이라고 말했다. 드디어 공통화제가 등장했다. 나는 어린 시절의 대부분을 담배밭에서 보냈고, 때로는 담배를 팔기 좋게 가공하고 포장하는 일도 했기 때문이다. 그 집 주인이 재산을 모을 수 있었던 건 담배 덕이었다고 했다.

만찬 후에는 마가렛 아버지와 그리즈월드 씨가 사업 이야기를 하는 동안 마가렛과 나 둘만 남게 되었다. 그녀는 나에게 취미가 뭐냐, 일하지 않을 때는 무얼 하느냐고 물었다. 나는 주일학교 일에 열심이며, 사교활동도 주일학교 모임 사람들이 전부라고 말했다. 마가렛도 그들 중 몇몇을 잘 알고 있었고, 몇 주 후에는 그녀도 모임에 참여했다. 마가 렛과 나 사이의 우정은 아주 각별했다. 그리고 나는 문구류 회사에서도 빠르게 승승장구했다.

이즈음 주일학교 모임이 교도소와 병원에서 봉사활동을 시작했다. 교도소를 방문하던 중에 아주 흥미로운 일이 벌어졌다. 죄수 중에 아버지와 함께 밀주를 만들다가 체포된 소년이 하나 있었다. 그는 열일곱 살이었고 진심으로 자기에겐 아무런 죄가 없다고 믿고 있었다. 그는 우리 주일학교 모임이 하는 일에 적잖은 관심을 보였지만, 글을 읽을 줄 몰랐다. 자신에게 온 편지도 못 읽었다. 그는 우리에게 읽는 법을 가르쳐달라고 부탁했다. 마가렛과 나, 그리고 훗날 유명한 작가가 된 여자 멤버 하나가 이 일을 맡아 그에게 예수의 이야기를 들려주었다.

하루는 목사님이 우리와 함께 이 소년을 방문했다. 그가 있는 감방으로 다가가는데, 그가 A-B-C-D…, 이렇게 알파벳을 몇 번이고 읊는 소리가 들렸다. 감방 문 앞에 도착하니 그가 간이침대 옆에 무릎을 꿇고 있는 게 보였다. 목사님이 그에게 물었다. "짐, 뭘 하는 거냐?" 그가 대답했다. "이 예수님이 당신네들이 말하는 '그분'이라면, 그분이 이 글자들을 짜맞춰서 내가 기도하고 싶은 걸 알려주겠죠. 전 아직 뭘 부탁해야 할지 모르겠거든요."

이 소년은 석방된 후 주일학교 모임 멤버들에게 교육을 받았고, 실제로 켄터키 외지의 목사가 되었다. 나는 그가 동부 켄터키에서 훌륭한 일을 했을 거라 믿는다. 많은 이들이 그가 한 일에 대해 이야기했기 때문이다.

내가 살던 집의 다른 하숙생들은 여러 면에서 나를 흥미로워 했다. 철도직원이 특히 나에게 잘해주었는데, 주말이면 가끔 나를 데리고 외출하곤 했다. 어쨌든 나는 기차에 대해, 또한 기차의 이로운 점에 대해 아주 정통하게 되었다. 의대생은 전체 학생들 앞에서 인체나 특정 생물체의 외과수술이 이루어지는 특별한 자리에 나와 동행했다. 나는 여러 차례 수술을 목격했다. 화가는 날 전시회에 초대했고, 한 번은 그녀 대신 앞으로 나가 리본으로 된 상을 받기도 했다. 자신의 수상을 자축하는 의미로, 그녀는 내 평생 처음으로 연극무대에 날 데려갔다. 줄리아 말로와 소던이 배우로 나온 '기사도의 전성시대'라는 연극이었다. 때로는 주인집 남자가 정치집회와 권투시합, 구세군 집회 등의 행사에 나를 데려갔다.

최초로 내가 최면에 걸린 것은 가게에서였다. 그날은 보통 때와는 아주 다른 분위기였다. 최면술의 거장 허먼이 어느 날 오후 트럼프를 사려고 가게로 들어왔다. 내가 그를 응대하게 되었는데, 그때는 그가 누구인지도 몰랐다. 그는 물건 값을 치르러 가면서, 내 주머니에서 돈을 빼가는 것 같았다. 그러더니 트럼프가 너무 싸서 한 통 더 사야겠다고 말했다. 이번에는 카운터 직원의 입에서 돈을 빼가는 것처럼 보였다. 그러고나서 그는 내 이름을 묻더니 이렇게 말했다. "자네는 최면에 잘 걸릴 것 같구먼. 책임자에게 허락을 받고 한번 시도해봐야겠는걸."

가게 문을 닫을 시간이 거의 다 되었기 때문에, 허락이 떨어졌다. 그는 나를 돌려세워 등지게 하고는, "잠들어라— 잠들어라— 잠들어라—" 하고 말했다. 그 다음 나는 탁자 위에 누워 있었다.

그리고 나는 그에게 1년 전쯤에 홉킨스빌의 극장에서 코미디언 하트의 공연 때 겪었던 일을 이야기했다. 나는 그의 공연에서 자원봉사를 했는데, 그는 날 부리기 어렵다며 나가달라고 했다.

허먼 씨는 떠나기 전에 나와 회사 직원 한 명에게 자기 공연의 초대권을 주었다. 나는 그를 보러 가서 분장실에서 대화를 나누었다.

가게에 몇 가지 변화가 생겼는데, 그 때문에 나는 몇몇 사람들에게 미움을 사게 되었다. 사장이 나만 편애한다는 이유였다. 하지만 카탈로그를 전부 외우고 있었기에 나는 여전히 유능한 직원이었다. 카탈로그 제작부서가 매년 수정하는 새 카탈로그를 만들 때 도움을 주고, 판매부 직원이 시시각각 변하는 가격과 스타일을 모든 면에서 훤히 꿰뚫고 있도록 해주었기 때문이다. 덕분에 다른 직원들의 원성도 잠잠해졌다. 그러나 마가렛과 그녀의 아버지가 가게로 올 때마다 나는 내부 세력 몇몇에게 괴롭힘을 당했다. 하지만 마가렛의 아버지와 사장의 만남을 통해, 주력 사업을 확장시킬 자본이 마련되었다. 그후로는 나에 대해 이러쿵저러쿵 뒷말을 하는 사람이 적어졌다.

크리스마스에는 며칠간 고향에 가 있었다. 돌아갈 때는 철도청에서 추가작업을 하는 직원에게 주어지는 통행권을 사용했다. 마가렛이 우리 가족 각각에게 어울리는 근사한 선물을 보냈다. 거트루드를 다시 만나는 건 내게 천국과도 같았다. 하지만 결혼을 어떻게 성사시켜야 할지 알 수 없었다. 그녀의 가족들은 그녀가 루이빌로 떠나길 바라지 않았기 때문이다. 내 가장 큰 고민은 어떻게 많은 돈을 버느냐였다.

새해 첫날, 내게 개인 사무실이 주어지고 급여도 인상되었다는 사실을 알게 되었지만, 아직도 두 명이 먹고살기에는 부족했다. 게다가 젊은 이들과 어울려 다니며 쓸 돈도 있어야 했다. '친구가 많아지는 만큼 급여도 오르는 건 아니잖아?'라는 게 내 생각이었다. 가게 직원들 중에는 언젠가 마가렛과 내가 결혼할 거라고 수군대는 사람도 있었다. 그런 조건으로 그녀의 가족들이 회사에 엄청난 돈을 투자했다는 것이다. 하지만 그들이 뭐라고 말하든 거트루드와의 약속을 저버리지 않겠다는 내 마음은 변함이 없었다. 환경이 내 인생에 그토록 영향을 끼쳐, 거기에 휩쓸려야 하는가?

휴가를 마치고 루이빌로 돌아올 때, 아버지가 함께 오셔서 프러터널 보험사의 지역대표 자리를 맡게 되었다. 나 역시 그 회사로부터 일자리 제의를 받았다. 얼마간의 고민 끝에, 나는 루이빌을 떠나 아버지의 보험 사업을 함께 해야겠다고 느꼈다.

1900년 1월, 서적상에서의 마지막 주급 봉투에는 40달러가 들어 있었다. 그곳에서 25년 근속했어도 그만큼 받지 못하는 직원도 많았다. 하지만 그날 저녁 나는 우리 집이 있는 홉킨스빌로 향하는 기차에 몸을 실었다.

09_ 목소리를 잃어버리다 1901년, 치유

나는 정말 최선을 다해 이 상황을 받아들이려고 애썼다.
내 영적 삶에서 뭔가 잘못한 게 있는 것 같았다.

1900년 1월, 내가 아버지의 사업에 합류했을 때 아버지는 보험사업의 활성화를 위해 이미 공제조합 지부 조직에 한창이었다. 얼마 후, 전 직장이었던 존 P. 모턴 사에서 내게 특별제품군의 견본을 보내겠으며, 급여도 전문 판매직원과 동등한 대우(백지수표, 수표책, 판매장부 등)을 해주겠다고 연락해왔다.

공제조합 지부 조직을 위해 아버지와 함께 여러 마을을 돌던 중, 마을 사람 하나가 천연두에 걸리는 바람에 우리까지도 켄터키 주 매디슨빌의 호텔 안에 격리된 적이 있었다. 그곳에서 나는 한 남자가 최면에 걸리는 것을 보았다. 최면술사는 그에게 피아노를 치라고 말했고, 그는 원래 피아노를 칠 줄도 모르면서 최면술사가 시키는 대로 했다. 최면술사는 나에게도 최면을 걸었고, 나 역시 피아노를 쳤다. 그것도 썩 훌륭한 솜씨로 말이다.

격리조치가 풀리고 지부도 완벽하게 조직된 후, 나는 켄터키 주 그린빌로 갔다. 그곳에 도착한 후 첫 번째로 맞은 일요일에 여자 동창생을 만났다. 나는 그녀의 쪽지를 남학교의 한 소년에게 여러 번 전해준 적이 있었다. 그녀의 이름은 안나 벨이었다. 우리는 아직 바래지 않은 우정을 확인했고, 함께 아주 유쾌한 저녁시간을 보냈다.

존 P. 모턴 사의 제품을 판매하는 일과 지부를 조직하는 일을 병행하니 수입이 매우 좋았다. 그리고 나는 마침내 중대한 일을 이루어내고 있다는 성취감을 가질 수 있었다. 그린빌에서의 일을 마치고 다른 마을로 향했는데, 그곳에 도착한 날은 정말이지 머리가 깨질 듯 아팠다. 전에도 가끔씩 두통을 앓은 적이 있어서, 이번에는 의사를 찾아갔다. 의사는 두통의 원인을 찾지 못한 채 나에게 진정제를 주었다. 나는 진정제 한 통을 다 먹고는 잠에 빠져버렸다.

눈을 떴을 때는 홉킨스빌의 집에 누워 있었고, 옆에는 두 명의 의사가 있었다. 약을 먹었던 마을에서 몇 킬로미터나 떨어진 철로 근처에서 비틀거리고 있는 나를 친구가 발견하여 집으로 데려왔던 것이다. 나는 집에 도착해서야 제대로 잠에 곯아떨어졌다고 한다.

다음날 잠에서 깨보니 목소리가 나오지 않았다. 아주 작게 속삭이는 것 외에는 말을 할 수 없었다. 감기에 걸린 것도 아니었다. 의사는 내 증세를 실성증(失聲症)이라고 불렀지만, 어떤 치료를 해도 나을 기미를 보이지 않았다. 가까운 곳, 먼 곳에 있는 수많은 의사들을 만났지만, 아무 소용없었다. 마가렛의 주선으로 해외에서 전문가가 오기도 했지만, 전혀 도움이 되지 않았다. 나는 점점 야위어가기 시작했다. 목소리는 전혀 마음먹은 대로 나오질 않았고, 12개월 이상 말을 못 하고 간신히 속삭이기만 했다. 별의별 방법을 다 써봤지만 모두 실패로 돌아갔다. 말을 할 수 없었던 1년 내내, 건강은 계속 나빠지기만 했다.

이런 상태로는 당연히 보험 사업을 계속할 수 없었다. 에드거 자신도 그 사실을 잘 알고 있었다. 시간이 흘러도 그 애의 상태는 조금도 나아지지 않았다. 그 애는 거의 모든 직장이나 사업에 부적격자가 됐다고 느끼는 것 같았다. 잠시라도 일어나 걸을 수 있으면 다른 의사에게 진찰을 받았지만, 결과는 늘 같았다. 의사들은 한결같이 그 애의 성대는 아주 멀쩡하며 어떻게 해야 상태를 호전시킬 수 있을지 모르겠다고 말했다. 그야말로 맥빠지는 일이었다. 의사란 의사는 다 만나보고 할 수 있는 건 다 해본 후, 그 애는 좀 다른 일을 찾기로 결정했다. 말을 별로 하지 않아도 쉽게 할 수 있는 일을 말이다.

나는 정말 최선을 다해 이 상황을 받아들이려고 애썼다. 내 영적 삶에서 뭔가 잘못한 게 있는 것 같았다. 덕분에 나는 내 유년기와 소년시절의 모든 사건들을 되돌아볼 기회를 가졌다. 이 일이 닥치기 며칠 전에 나는 막 스물세 살이 되었다. 길을 걸을 때면 사람들이 나를 향해 혀를 쯧쯧 차는 소리를 듣는 게 진짜 고문이었다. 낫지도 아프지도 않은 걸 느끼며 나는 일을 구해야겠다고 생각했다. 사람들 사이에서도 내가 몰두할 수 있는 일.

일을 구하려고 애썼지만, 성말이서 너무나 힘들었다. 결국, 사진관에 일자리를 얻어 사진 찍는 법을 배웠다. 그곳에서 일하는 동안, 한 최면술사가 찾아와 나를 고칠 수 있다고 호언장담했다. 대신 나에게 최면을 걸겠다는 것이었다. 그는 여러 명의 마을 사람들이 모인 가운데 나에게 최면을 걸었다. 그곳에 모인 사람들 중에는 대학에서 심리학을 가르치는 교수도 있었다.

사람들은 최면상태에서 내가 말을 했다고 전해주었다. 하지만 깨어나면 말을 할 수 없었다. 최면 시도의 성공 때문에 나는 극도로 흥분된 상태로 온 신경이 곤두섰다. 좀처럼 잠을 이룰 수 없어서 사진관 일을 잠시 중단하기로 했다.

하지만 많은 사람들이 현장을 목격한 관계로, 지역신문에 나에 관한 기사가 꽤 크게 실렸다. 뉴욕의 저명한 의사인 쿼큰부시 박사가 나를 만나러 왔다. 그는 상당히 열성적인 최면 옹호자였는데, 나에게 최면을 시도해봤지만 결국 실패했다. 그 다음으로는 내 어릴 적 경험을 연대순으로 적었는데, 내가 자는 동안 암기를 한 대목에 각별한 관심을 보였다. 그는 뉴욕으로 돌아가 그곳의 심리학 교수와 동료에게 내가 무의식 최면술사(auto-hypnotist)인 것 같다고 편지를 썼다. 그는 내가 스스로 잠에 빠져들게 할 수만 있다면 그 상태에서 누군가 나에게 "당신은 당신 자신을 봅니다. 무엇이 문제인지, 어떻게 해야 하는지 말하세요"라고 말하고, 그러면 나를 도울 수 있다고 주장했다.

최면을 잘 모르고 믿지도 않았던 우리 부모님은 안 그래도 내 신경이 극도로 예민해진 상태에서 뉴욕 의사의 제안대로 하는 건 위험하다고 생각했다. 1년 전 건강할 때만 해도 75킬로그램이었던 몸무게는 이제 50킬로그램도 채 안 되게 줄어 있었다. 병이 생긴 후 몇 달이 지나자 나는 속삭이는 것조차 할 수 없게 되었고, 의사들은 내 병이 급성으로 진행되는 것이라고 단정했다. 나는 이 전문가가 제안한 실험을 하고 싶다고 부모님께 간곡히 부탁했다. 날 최면에 빠지게 했던 남자와 이 실험을 하게 해달라고 말이다. 결국은 부모님도 손을 들고 말았다. 나는 드디어 그 유명한 쿼큰부시 박사의 제안을 시도해볼 수 있게 되었다. 일요일 오후, 우리 부모님과 최면술사 알 레인, 그리고 나 이외에는 아무도 우리 집에 들이지 않았다.

레인 씨는 상당히 섬세한 외모의 소유자였다. 그리고 52~54킬로그램 이상은 나가지 않을 것 같은 마른 몸을 하고 있었다. 그의 눈동자는 어두운 회색이었고, 약간의 턱수염을 길렀다. 많아야 38~40세 정도였을 텐데도 정수리 부분에는 회색 머리칼이 살짝 벗겨져 있었다. 처음 그를 본 것은 그의 아내가 운영하는 모자가게에서였다. 그곳은 내 여동생 애니의 첫 직장이기도 했는데, 거기에서 그는 카운터 일을 보고 있었다.

레인 부인은 무척 뚱뚱했고 항상 유쾌한 사람이었다. 나중에는 그녀의 가게 위층에 레인 씨가 사무실을 차렸고, 내 초기 리딩(Reading, 최면 상태에서 말하는 내용을 받아적은 것. 에드거 케이시를 언급할 때마다 중요하게 등장하는 독특한 개념이라 따로 번역하지 않고 그대로 '리딩'이라고 표기함—옮긴이)은 모두 그곳에서 이루어졌다. 또한 그가 배운 정골요법(뼈의 이상을 바로잡는 치료법의 일종)으로 파격적인 치료와 마사지가 행해진 곳도 바로 거기였다.

나는 레인 씨에게 어린 시절 철자책 위에서 잠에 빠져들면 암기가 되었던 경험을 이야기하고, 분명 나 스스로 잠재의식의 세계에 빠져들게 할 수 있을 것 같다고 말했다. 최면에 걸렸을 때의 느낌이 잠이 들었을 때와 똑같았기 때문이었다. 그 때문에 최면이 나에게 다음 암시를 줄

목소리를 잃어버리다

수 없는 것이라고 그는 말했다. 그렇지만 내가 잠재의식 빠진 상태에서 누군가 나와 대화를 한다면, 그에게 무엇이 문제이고 어떻게 해결할 수 있을지 말할 수 있을 거라고 했다. 그게 나에게 어떤 의미였는지 짐작할 수 있겠는가?

나는 소파에 누워 지금은 '리딩'이라고 부르는 행위를 처음으로 행했다. 그러고는 몇 분 만에 의식을 잃었다.

에드거의 엄마와 나는 지금도 이 실험에 관해 아무것도 모른다. 하지만 에드거는 그날 오후 레인 씨를 집으로 데려오겠다고 고집을 피웠다. 레인 씨가 에드거의 말문을 트이게 할 수 있다고 했다는 것이다. 그들이 왔고, 에드거는 소파 위에 길게 누웠다. 에드거는 금방 잠이 들었고, 레인 씨가 에드거에게 그 애의 성대에 관해 말하기 시작했다. 그러자 에드거가 분명히 소리를 내어 대답을 하는 게 아닌가.

그 애는 자신의 성대 상태를 설명했고, 원인과 함께 정상으로 회복시킬 수 있는 방법을 제 입으로 말했다. "혈액순환을 좋게 하여 목구멍까지 이르면 막힌 혈관을 뚫게 됩니다. 그럼 목구멍도 정상으로 돌아오고 성대도 제 역할을 할 수 있을 것입니다." 레인 씨는 다시 그게 가능하냐고 물었고, 에드거는 확실하다고 대답하고는 혈액순환이 좋아지고 증세가 사라지는 걸 직접 보라고 말했다.

레인 씨가 "이제 당신은 몇 분 안에 깨어나게 됩니다"라고 말했고, 그 애는 정말로 몇 분 후에 깨어났다. 게다가 아주 똑똑한 소리로 말했고, 그 상태가 계속 이어졌다. 세상에서 가장 행복하고 자랑스러운 청년의 목소리와도 같았다. 물론 불가사의한 일이었다. 하지만 에드거를 아는 모든 이들에게는 너무도 만족스러운 결과였다.

최면 상태에서 깨어난 후, 무슨 일이 있었는지 그 자리에 있던 사람들에게 들었다. 레인 씨가 "당신 자신이 보이나요?"라고 물어보자, 나는 "네, 몸이 보이네요. 정상적인 상태라면 이 몸은 말을 할 수 없어요. 신경긴장으로 인해 성대의 아래쪽 근육 일부가 마비되었거든요. 이건 심리적 상태가 물리적인 결과를 낳은 것입니다. 지금과 같은 잠재의식 상태에서 혈액순환이 증가하여 암시를 통해 그쪽 기관에 영향을 주면 마비가 풀리겠네요"라고 말하고는, 5~10분 후에 "이제 다 됐어요"라고 했다고 한다. 그 다음 그가 나에게 특정 시간에 깨어나라고 말했고, 나는 깨어나자마자 별다른 노력 없이도 분명하고 확실하게 말을 할 수 있었다.

부모님과 나는 뛸 듯이 기뻐하며 레인 씨에게 감사와 찬사를 마구 보냈다. 어머니는 눈물을 훔치며 방에서 나가셨다. 하지만 나중에는 내게 이렇게 말씀하셨다. "레인 씨는 아무것도 한 게 없단다. 찬사는 신께 드려야지."

얼마 후 레인 씨가 나를 찾아왔다. "이놈의 복통이 몇 년 동안이나 속을 썩이는군. 자네가 뭔가 할 수 있는지 좀 보자고." 나는 무척 당황했다. 진심으로 레인 씨에게 큰 빚을 졌다고 느끼기는 했지만, 그렇다고 수많은 최면실험의 흰쥐 꼴이 될 생각은 없었다.

하시만 그는 "자네 자신을 위해서는 가능했는데, 다른 사람을 위해서는 안 된다는 법이 있나? 나한테는 뭐라고 말하는지 보자니까." 나는 그를 돕고자 하는 마음에 최면을 허락했다. 잠재의식 상태의 나는 그에

목소리를 잃어버리다

게 특정 혼합물을 먹고, 특정 방법의 다이어트를 하고, 운동을 하라고 제안했다. 그는 그대로 행했고, 일주일 후 몸이 좋아졌다고 말했다. 그 날 내가 말한 것은 온통 생소한 것뿐이었는데. 나는 심리학을 공부한 적도 없고, 해부학이나 이런저런 혼합물 따위도 전혀 아는 바가 없었다. 이 모든 게 엉터리 같았다. 도대체 그런 정보는 어디서 나온 것일까? 그게 다 무슨 의미일까? 내 비밀장소에 나타났던 형상이 내게 했던 약속과 관련이 있는 걸까? 이 일로 나는 괴로웠다. 그게 뭐든 무조건 수치스러웠다.

또 다시 실성증이 재발했다. 나는 다시 며칠간 말을 할 수 없었다. 그런데 레인 씨가 최면을 걸면 아무렇지도 않게 말을 했다. 잠재의식에 빠져 있지 않고서는 말을 할 수 없게 되었다.

그후 1년 동안 실성증이 몇 번 더 찾아왔다. 그때마다 레인 씨가 똑같은 방법으로 최면을 걸어 내 목소리를 원상 복귀시켰다. 병이 찾아오는 빈도가 점점 뜸해졌다. 전반적으로 건강도 좋아졌고, 몸무게도 많이 늘었다.

그 다음해에는 며칠 간격으로 레인 씨가 찾아와 누군가의 문제를 밝히거나 특별한 상황에 필요한 조언을 하는, 묘기를 부려달라고 졸라댔다. 나는 아무에게도 이 일을 말하지 않았다. 도무지 믿을 수 없었기 때문이다. 너무 환상적이고, 너무 비현실적인 것 같았다. 아니, 그랬다. 이런 생각들이 온통 머릿속을 헤집고 다녔다. 나는 깨달았다. 내가 정말 남들과는 다른 게 아니라면, 이 모든 게 레인 씨나 다른 무언가가 부리는 환상적인 묘기일 뿐이라는 것을.

그러나 레인 씨는 자신의 아내 가게 위층에 사무실을 열고 사람들을 치료하기 시작했다. 그는 며칠에 한 번씩 나에게 누군가를 리딩해 달라고 부탁했다. 역시 거절할 수가 없었다. 언제든 목소리를 되찾기 위해서는 레인 씨를 찾아갈 수밖에 없지 않은가. 그러니 내가 목소리를 잃을 때마다 누군가가 "레인은 널 자기 손 안에 쥐고 절대 놓치지 않을걸"이라고 말할 만도 했다.

이런 상황이 족히 6개월 이상은 갔다. 그후로도 누군지 모르는 수많은 사람들을 위해 리딩을 해야 했다. 때로는 일주일에 대여섯 번이나 레인 씨의 사무실에 갔고, 매번 잠에 빠져들어 내가 알지도 못하는 사람에 대해 주절주절 늘어놓았다. 처음 몇 년간은 리딩 내용을 기록해두지 않았다. 많은 이들이 은혜를 입었다고 내게 말했지만, 나는 믿지 않았다. 내가 본 바로는 최면술사란 특정인을 웃음거리로 만드는 자였고, 나 역시 누군가의 웃음거리가 된 기분이었다. 하지만 얼마 후 사람들은 리딩 중에 그들에게 해준 이야기가 도움이 되었다며 나에게 감사하기 시작했다.

그 지역 의사의 딸이었던 꼬마숙녀도 그 중 한 명이었다. 내가 리딩을 하면서, 그 아이가 셀룰로이드 단추를 삼켰고, 그게 목구멍에 걸렸다고 말했다고 한다. X레이에는 아무것도 보이지 않았지만 단추가 발견되어 병원에서 제거했다. 아이 부모는 리딩으로 그런 정보를 얻었다는 사실을 부인했지만, 레인 씨와 그 자리에 있었던 많은 사람들이 그 사실을 확인해주었다.

비슷한 때에 스토우 씨도 자기 아내를 위해 리딩을 해달라고 부탁했다. 리딩 현장에 있던 사람들은 내가 "여기 여러 명이 있는데, 누굴 말하는 겁니까?"라고 대답했다고 증언했다. 그는 이미 여러 번의 결혼 경력이 있었던 것이다. 그녀의 주소를 말해주자, 이번에는 합병증 때문에 그녀가 살 날이 앞으로 며칠밖에 남지 않았다는 대답이 돌아왔다.

나는 리딩을 통해 우리 아버지의 사촌인 이케 케이시에 대한 정보도 밝혀냈다. 몇 주 후 이케 당숙과 이야기를 나누었는데, 잠재의식중의 주문이나 리딩이 나에겐 그저 기이한 경험에 불과할지 몰라도 다른 이들에게 실질적인 도움이 될 수도 있다고 생각하게 된 최초의 대화였던 것 같다.

그런데도 나는 남들의 시선이 부담스럽기만 했고, 다른 이들과 다르다거나 나만 특별하다고 여겨지는 게 창피했다. 그래서 사진사에게 봄이 되면 그 작은 동네 주변을 사진으로 찍고 싶다고 부탁했다. 그는 그러라고 했고, 나는 펨브로크에 사진관을 열었다. 사진관은 썩 잘됐다. 하지만 사람들은 수시로 나와 레인 씨의 관계에 대해 질문을 해댔다. 난 사람들에게 웃음거리가 되어버린 것 같은 느낌에 그런 질문이 썩 달갑지 않았다. 그래서 이번에는 라파예트로 가서 젊은이들을 많이 만났다. 그들은 정말 나에게 과분할 만큼 잘해주었다. 사업도 그곳에서 더욱 잘됐다.

라파예트에서 일하는 동안 켄터키 주 볼링그린의 포터 씨에게서 전화가 왔다. 그는 자신이 경영하는 서점에서 일할 사람을 구한다고 말했다. 나는 그를 만나러 갔고, 그 자리에서 계약을 맺었다. 1902년 5월, 나는 볼링그린으로 이사를 했다. 그때 내 나이 스물다섯이었다.

10_ 나는 이단아인가, 치유자인가? 1902~1909년

정신이 판단을 내리는 근거는 오직 비교뿐이다.
잠재의식은 육체와 영혼의 경험으로부터 판단을 내린다.

볼링그린은 작고도 예쁜 도시였다. 루이빌과 내슈빌을 잇는 L&N 철도의 본선이 지나는 바렌 강 위에 볼링그린이 있었다. 볼링그린을 동서로 가로지르는 메인 가(街)는 리저버 공원에서 시작하여, 도시의 중심가가 형성된 파운튼 스퀘어와 철로를 지나 강 하류 쪽으로 향하는 지점까지 연결돼 있었다. 그 다음으로 남북으로 뻗은 주요 거리 두 개가 더 있었는데, 하나는 파운튼 스퀘어 동쪽의 스테이트 가였고, 나머지는 파운튼 스퀘어 서쪽에 위치해 당시 포터 대학이 있던 지점에서부터 루이빌로 향하는 도로 입구까지 뻗은 칼리지 가였다.

나는 볼링그린에 있는 L. D. 포터 사 서점에서 일을 하기로 되어 있었다. 그 서점은 스테이트 가의 미첼 빌딩 1층에 있었다. 파운튼 스퀘어에서 건물 4~5개 정도를 지나치면 포터 서점이 나왔다. 파운튼 스퀘어와 메인 가, 스테이트 가가 만나는 모퉁이에는 모어헤드 호텔이 있었고,

호텔 옆은 국내 최대의 맞춤형 의류회사인 테일러스 코트&슈트 사였다.

포터 씨는 기차에서 막 내린 나를 홀린스 부인의 하숙집까지 데려다 주었다. 덧문이 쳐져 있고 크림색으로 페인트칠한 큰 집이었다. 파운튼 스퀘어 바로 아래로 5~6개 건물만 지나치면 나오는 스테이트 가 끝자락으로, 상점가에서 아주 약간 벗어난 곳이었다. 그 집에는 안내사무실이 있었고, 왼편에는 커다란 식당이 있었다. 안내사무실에서 이어지는 계단은 남자 하숙생들이 머무는 2층으로 연결되었다. 여자들 방은 1층에 있었다. 홀린스 부인은 미망인이었는데, 작고 똥똥한 체구의 사랑스러운 여인이었다. 그녀는 모두에게 집과 같은 편안함을 주는, 반짝반짝 빛나는 눈웃음을 보여주었다. 그녀의 두 딸도 그 집에서 함께 살았는데, 한 명은 우체국에서 일하는 남자와 결혼을 했고 아직 미혼이었던 리지 양은 은행에서 일했다.

홀린스 하숙집에서 나는 여러 사람을 만났다. 그 중에서도 젊은 의사인 존 블랙번과 친하게 지냈다. 그는 수련의 과정을 위해 1년 전쯤에 볼링그린으로 왔다고 했다. 블랙번 박사는 178센티미터의 키에 몸무게는 68킬로그램 정도였고, 머리칼과 눈동자는 짙은 갈색이었으며, 수염은 항상 반다이크(Van Dyke beard, 끝이 뾰족한 턱수염) 형태로 다듬었다. 그는 누구에게나 호감을 주는 사람이자 고상한 신사였다.

그 외에도 블랙번 박사의 동생이자 치과의사인 제임스 블랙번 박사, YMCA의 비서인 조 다터, 백화점 직원인 밥 홀랜드, 술집주인인 모틀리 씨가 그 집에서 살았다. 나와 개인적으로 잘 아는 사이는 아니었지만 나처럼 홉킨스빌 출신인 안과 및 이비인후과 전문의 휴 C. 비즐리 박사도 있었다. 비즐리 박사는 나와 함께 방을 썼는데, 내가 홀린스 하숙집에서 머무는 동안 가장 많은 시간을 함께 보낸 것도 그였다. 그는 키가 165센티미터 정도 되었을까, 아무튼 꽤 작았다. 몸무게도 61~63킬로그램 정도였다. 그는 아주 민첩하고도 성마른 사람이었으며, 역시 신실한 기독교 신사였다.

레인 씨가 자신에게 치료를 받으러 온 사람들에 대한 정보를 얻기 위해 볼링그린으로 나를 찾아오기 시작했다. 이케 당숙과의 경험으로 리딩에 대한 내 생각에도 약간의 변화가 생겼다. 사람들이 매개체로서의 나를 필요로 할 때면 그들을 도와줄 수밖에 없다는 생각이 마음속에서 싹트기 시작한 것이다. 하지만 이성적으로는 그 모든 행위가 창피하기만 했다.

나에게 도움을 구했던 사람들 중에 C. H. 디트리히의 딸도 있었다. 디트리히 교수는 홉킨스빌에 있는 고등학교의 교장이었다. 내가 그를 처음 안 것도 그곳에서였다. 그러니 내가 알던 디트리히 부부는 온통 학교와 학습에 관한 것뿐이었다. 그는 중키에 턱수염을 짧게 자른, 다소 엄격해 보이는 외모였다. 디트리히 부인은 역시 중키에 아주 아름다웠다. 내가 그들의 딸인 에이미를 위해 리딩을 했을 당시 디트리히 교수는 오하이오 주 신시내티의 교과서 출판사인 아메리칸 북 컴퍼니 대표직을 맡고 있었다.

모든 리딩은 레인 씨가 수행했다. 그때 그 일, 내 가장 깊숙한 곳의 느낌을 결코 잊을 수 없다. 나는 홉킨스빌로 향했다. 디트리히 교수가 마중을 나와 있었다. 그는 나를 차에 태워 남부 월넛 가에 있는 아름다운 자기 집으로 데려갔다. 아내에게 나를 소개한 후, 그는 자신의 막내딸을 만나보고 진찰해달라고 부탁했다. 정말 쥐구멍에라도 숨고 싶었다! 내가 부탁을 들어주고 싶은지 어쩐지도 알 수 없었다. 내가 아는 거라고는, 그 애를 진찰해봤자 아무런 말도 해줄 수 없을 거라는 사실이었다. 그런 쪽으로는 전혀 공부한 바가 없고, 그게 다 뭔지도 깜깜했다. 그들은 그 꼬마숙녀가 있는 방으로 나를 안내했다.

그 애는 자신을 돌보아주는 간호사와 함께 예쁜 양탄자 위에 앉아서 블록쌓기 놀이를 하고 있었다. 그렇게 사랑스러운 아이는 태어나서 처음 보았다. 밝은 갈색의 곱슬곱슬한 머리칼을 한 꼬마숙녀는 어떻게 봐도 문제가 있을 수 없었다. 그 애는 내가 지금껏 봐왔던 여느 아이들과 다를 바가 없었다. 완벽한 외모를 한 어린이의 전형인 그 애에게 무슨 말을 하게 될지, 나는 상상조차 할 수 없었다.

우리는 디트리히 부인의 침실로 갔다. 그녀는 신시내티의 윌리엄 윌구스 씨를 만난 이야기를 해주었다. 그가 내 이야기를 하며 뭔가 해줄 수 있을 것이라며 레인 씨에게 연락해보라고 조언했다는 것이었다. 나는 오래 전부터 윌구스 씨와 돈독한 관계를 유지하고 있었다. 그는 내가 조부모님 댁에서 살 때 자주 찾아와 함께 사냥을 하러 나가곤 했다. 언젠가 사냥을 하러 가서는 그가 쏘아 죽인 새를 얼핏 보았던 기억이 지금도 생생하다. 그는 언제나 나에게 지대한 관심을 보였었다. 내가 목소리를 잃었을 때, 남부 켄터키 대학의 총장에게 자기가 모든 비용을 부담할 테니 내가 학위를 얻을 수 있게 해달라고 부탁한 것도 윌구스 씨였다. 나는 그 제안을 쉽게 받아들이기 어려웠다. 강의실에 있으면서 말을 할 수 없으니 개인교습을 받아야 한다는 사실에 나 자신이 너무도 보잘것없는 존재로 느껴졌던 것이다. 난 대단한 기회를 날려 보낸 셈이었다. 윌구스 씨는 자신의 재산을 홉킨스빌 아이들의 놀이터를 만들고 유지하기 위한 비용으로 기부했다.

디트리히 부인은 막내딸을 봐달라고 부탁했다. 나는 코트를 벗고 타이를 풀고는 소파에 누웠다. 그리고 잠이 들었다. 의식이 다시 돌아왔을 때, 눈물을 흘리고 있는 디트리히 부부가 눈에 들어왔다. 부인이 내 어깨에 손을 올리고는 말했다. "우리 막내딸을 위해, 우리 가족이 몇 년간 찾아 헤맸던 희망을 당신이 주셨어요."

최면 상태에서 나는 에이미의 상태를 '뇌하부 충혈'이라고 진단했고, 그에 대한 설명과 치료법을 알려주었다는 것이다. 에이미는 두 살 때 독감에 걸린 이후 발작이 시작되어, 여섯 살이 될 때까지 하루 20차례 이상의 발작을 했다고 한다. 지능과 사고력도 떨어졌으며 의사는 그대로 나두었다간 사망할 수도 있다고 진단했다는 것이다. 에이미는 인형놀이를 하다가 첫 발작을 했다고 한다. 처음으로 그 애가 인형을 불렀다. 그리고 부모님을 한 명씩 알아보더니 곧 집안에 있는 모든 사람을 알아보았다.

최면 상태에서 일어난 일을 들었을 때, 내 기분이 어땠겠는가? 어떻게 해야 하는지 아는 사람이라니! 내가 한 말을 나는 몰랐다. 다 누군가에게서 들은 것일 뿐. 난 심리학이나 해부학, 위생학 따위는 눈곱만큼도 아는 게 없었다. 하물며 그 복잡한 정신에 관해서는 말해 무엇하랴. 그렇다면 도대체 무엇이란 말인가? 아주 오래 전 숲 속의 좁은 비밀장소에서 들렸던 약속이 이루어진 것일까? 그렇다면, 도대체 누가? 레인 씨, 혹은 나? 그것도 재능이라는 생각을 믿고 싶지 않았다. 하지만 그걸 어떻게 설명할 수 있단 말인가?

몇 년이 지난 훗날 에이미가 나를 찾아왔다. 그녀는 정말 눈부시게 예쁜 소녀로 자랐다. 대략 16~17살쯤이었을 것이다.

나는 볼링그린의 퍼스트크리스천 교회에 다니기 시작했고, 주일학교 교사가 되었다. 나는 이전보다 사회활동에 더욱 적극적으로 참여했다. 그곳에는 YMCA 같은 새로운 도전거리가 많았다. 대학도 여럿 있었는데, 그 중에는 어린 숙녀들을 위한 학교도 있었다. 여러 교사와 학생들이 내 친구가 되었다. 한 미술교사와 내가 YMCA의 오락거리로 함께 '피트'라는 게임과 물물교환 보드게임을 만든 것도 이곳에서였다. 그곳 학장은 나와 무척 친해져서 날 오락위원회에 넣기까지 했다. 나는 교회의 젊은이들을 모아 정기적으로 모임을 갖는 연합회를 조직하는 데 도움을 주기도 했다. 사회활동을 활발히 할수록 젊은 여자들과 만날 기회도 많아졌고, 여러 모임이 날 반겼다.

그해 여름, 그린빌의 안나 벨(이제는 숙녀가 다 되어 있었다)이 볼링그린으로 찾아왔다. 나는 안나가 떠날 때가 다 되어서야 그녀를 만날 수 있었다. 그녀를 만나려고 갖은 애를 다 썼기 때문에 우리의 만남은 일대 사건이라고 할 수 있었다. 그런데 사람들이 잔뜩 모인 자리에서 안나 벨이 날 끌어안고 키스를 했다. 그 광경에 모두가 뜨악하여 장내가 술렁이기까지 했다.

나로 말하자면, 모든 남자들이 그렇듯이 고향에 두고 온 애인을 아직도 사랑하는지 의문이 생겼다. 그러나 거트루드가 볼링그린에 찾아오자, 분명한 확신이 생겼다. 그리고 1903년 6월, 나는 그녀와 홉킨스빌에서 결혼식을 올렸다. 비즐리 박사와 밥 홀랜드, 거트루드의 두 남자형제가 들러리를 서주었다.

우리는 홀린스 부인 댁 바로 맞은편에 있는 맥클러스키 씨의 커다란 하얀 집에 신혼방을 차리고, 몇 달간은 홀린스 부인 댁에 가서 식사를 해결했다. 맥클러스키 씨는 철도청의 우편물 담당이었다. 그 집에는 우리 말고도 몇몇 커플이 더 있었는데, 대부분이 홀린스 댁에서 식사를 했다. 우리 부부의 방은 스테이트 가가 내려다보이는 2층에 자리 잡고 있었다. 비즐리 박사도 결혼 후에는 그 집에서 살았다. 모든 사람들이 거트루드와 나에게 무척 따뜻하게 대해주었고, 꽤 오랫동안 다함께 어울려 무척 유쾌한 나날을 보냈다.

우리는 수요일에 결혼을 했는데, 레인 씨가 찾아온 그 주 일요일은 거트루드에겐 우울한 날이 되고 말았다. 이전에도 그는 나에게 리딩을 부탁하기 위해 볼링그린에 찾아오곤 했었다. 그 일요일 저녁에는 신문기자가 찾아와 식사를 함께했다. 기자는 레인 씨에게 일요일마다 정기적으로 볼링그린을 찾아오는 이유를 물었다. 레인 씨는 나를 만나러 온다고 대답했다.

"하지만 케이시 씨는 아프지 않잖아요?" 기자가 되물었다. "여기에도 훌륭한 의사가 많이 있을 텐데요."

"나는 에디에게 내 환자들에 대해 조언을 구하러 오는 겁니다." 레인 씨가 대답했다.

그 말을 들은 거트루드는 경악을 금치 못했다. 그 자리에 있던 다른 사람들도 마찬가지였다.

기자가 또 물었나. "그렇다면, 케이시 씨가 의사인가요? 분명 우리에게 뭔가를 숨기고 있군요."

"에디만 허락한다면… 기자양반, 당신은 세상에서 가장 기이한 체험의 목격자가 될 수도 있소."

그리하여 나는 기자를 비롯해 여러 명의 의사와 그날 저녁시간을 내내 함께 보내야 했다. 그들은 레인 씨에게 그렇게 얻은 정보에 대한 결과를 물어보았다. 그는 이런저런 사례를 들며 각각의 상태가 어떤 도움을 받아 호전되었는지를 설명했다. 그러자 어떤 의사가 그토록 다양한 유형의 질병을 다룰 수 있느냐며 어느 학교 출신이냐고 물었다.

"학교는 안 다녔소." 레인 씨가 말했다. "내가 배운 거라곤 지난 2년간 리딩으로 얻은 정보가 전부요."

다음날 볼링그린〈타임스 저널〉지에 이 일에 관한 기사가 비중 있게 실렸고, 곧 내슈빌 언론에도 같은 기사가 실렸다.

나의 신부는 이러한 해프닝을 몹시 언짢아했다. 방으로 들어서자 그녀가 울고 있는 게 아닌가. 누가 그녀를 나무랄 수 있겠는가? 결혼 후 새로운 보금자리에서 맞이한 첫 번째 일요일이 완전히 엉망진창이 되어버렸는데. 그후로 여기저기서 이러쿵저러쿵 말들이 많았고, 모두가 그녀에게 질문을 퍼부어댔는데. 결국 그녀와 나 둘 다 그 모든 걸 수치스럽게 여기는 양 행동해야 했는데 말이다.

레인 씨에게도 문제가 생겼다. 의사협회에서 그의 의료행위를 중단시킨 것이다. 결국 그는 켄터키 주 프랭클린에서 정골요법 스쿨에 일자리를 구했다. 나는 또 다시 잃어버린 목소리를 되찾기 위해 두 번이나 그를 만나러 프랭클린에 다녀왔다. 그 중 한 번은 학교사람에게 리딩을 해달라는 부탁을 받았다. 학교장이 바로 옆방에서 우리 대화를 엿듣고 있었다. 리딩을 마친 후 학교장을 만났는데, 그는 앞을 보지 못했다. 그는 내게 해부학을 공부했느냐고 물었다. 환자를 보지도 않고 내린 나의 진단이 그가 들어본 중 가장 완벽한데다, 실제로 환자의 건강이 회복되었기 때문이었다. 하지만 정작 나는 이 모든 일이 황당하기만 했다.

나는 그저 멍한 상태로 집으로 돌아왔다. 내가 알지 못하는 잠재의식 상태에서 무슨 일이 벌어진 것일까? 그 사람들이 겪어도 괜찮은 일이었을까? 레인 씨 말고 다른 사람이 이걸 할 수 있을까? 나나 누구라도 레인 씨 없이는 리딩을 행할 수 없는 건가? 이런 문제들로 머리가 지끈거렸다. 나는 이 문제에 관해 오래 기도를 했다.

그 무렵 한 여인과 함께 숲속을 걷는 꿈을 또 꾸었다. 그러나 이걸로 답을 얻었다고 할 수는 없었다. 난 어찌해야만 하는가?

몇 주 후 또 다시 목소리가 나오지 않았다. 이번에는 닥터 블랙번을 찾아갔다. 블랙번 박사는 홀린스 하숙집에서 만나 친분을 쌓은 사이로 내가 신뢰하는 사람이었다. 나는 블랙번 박사에게 레인 씨가 한 것처럼 실험을 진행해달라고 부탁하고는 어떻게 생각하는지 물어보았다. 만약 그가 리딩을 이끌어낼 수 없어서, 남은 평생 속삭이면서 살아야 한다 해도 다시는 레인 씨를 찾아가고 싶지 않았다. 블랙번 박사는 1년 전쯤, 레인 씨가 하는 걸 본 적이 있었다. 마침내 블랙번 박사가 내 제안을 수락했다. 내 평생 결코 잊을 수 없는 경험이었다.

나는 그의 진료실로 가서 진찰대 위에 누운 후 잠에 빠져들었다. 의식이 돌아왔을 때는 목소리가 멀쩡하게 돌아와 있었다. 그러나 블랙번 박사는 초조한 표정으로 안절부절못하고 있었다. 그는 반쯤 열린 문 옆에 서서는, 몹시 흥분한 목소리로 "괜찮아? 정말 괜찮은 거야?"라고 반복해서 물었다. 그는 전에 레인 씨가 한 것과 똑같이 실험을 마쳤다고 했다.

그리하여 나를 괴롭히던 문제 하나가 해결되었다. 레인 씨만 가능한 게 아니다. 다른 사람들도 할 수 있다. 하지만 사람들을 돕는 문제는 어떤가? 이번에도 나는 블랙번 씨에게 부탁을 해보았다. 그는 몇 번의 실험을 더 수행했다. 즉 내가 잠재의식에 있을 때 나는 전혀 모르는 자기 환자들에 대한 질문을 하는 식이었다. 결과는 레인 씨가 했을 때와 똑같았다.

그건 도대체 무엇인가? 그걸 뭐라고 불러야 할지, 아무도 모르는 것 같았다. 일련의 실험이 여러 차례 놀라운 결과를 불러왔다. 다양한 분야의 사람들이 이 실험을 보기 위해 찾아왔다.

의사협회가 레인 씨의 의료행위를 금지한 이후, 나와 그의 관계 때문에 불쾌한 소문이 여기저기 떠돌기도 했다. 몇몇 만남이 지역 신문에 실리고 그 중 일부는 주(州) 전역에 배포되는 신문에도 실렸다. 내가 다니던 교회 위원회로부터 질문공세에 시달리기도 했다. 교회임원이었던 나는 이단으로 몰렸다. 볼링그린 경영대학의 교수였던 딕키 씨가 나를 변호해주었다. 블랙번 박사의 실험으로 그는 내게 리딩을 받았는데, 적어도 2년간 교직을 떠나 외부활동에 전념해야 한다는 조언을 얻었다. 딕키 교수는 리딩의 결과를 받아들여 2년간 학교를 떠나 있었고, 훗날 그는 대학 총장이 되었다.

내가 이단으로 몰렸을 무렵은 그가 교수직을 쉬고 있을 때였다. 교회 사람들 몇몇이 나를 적대시했기 때문에 나는 이전처럼 교회활동을 적극적으로 할 수 없었다. 어쩌면 그것은 핑계였을지도 모른다. 그들은 심령현상에 가까워지면 방탕에 빠져들 위험이 있다고 말했다. "그렇다, 아니다, 답을 하시오. 당신이 경험하고 관찰한 건 무엇이오?" 그들은 내게 대답을 강요했다.

딕키 교수는 교회위원회에서 나를 변호해주었다. 덕분에 나는 교회 임원 자리를 내놓았을 뿐, 이단이라는 오해에서 벗어날 수 있었다.

그 즈음 나는 뉴욕의 앤드류 씨에게 리딩을 부탁받았다. 먼 곳에 있는 사람에게 정보를 제공한 첫 번째 시도였다. 이번 건은 레인 씨가 진행했는데, 여러 명의 의사가 참관하기로 해서 홉킨스빌행 기차에 몸을 실었다. 이번 리딩의 초점은 '클라라워터'가 앤드류 씨의 고통을 해결하는 처방이었다. 아무도 클라라워터라는 것이 개발중인 시약인지, 특허약인지, 아니면 그런 게 존재하기나 하는지조차 몰랐다. 그러나 내가 말하는 내용을 속기사가 받아서 앤드류 씨에게 보낸다고 했다. 나는 리딩 중에 한 말에 대한 기록을 처음으로 읽어보게 되었다. 그 내용은 마치 암호 같았다. 거기 적힌 말들은 완전히 생소한데다, 그 의미도 알 수 없었다. 그러나 그곳에 있던 두세 명의 의사는 그 내용을 이해했고, 적절한 곳에서 적절하게 활용을 했다.

리딩의 내용이 앤드류 씨에게 보내졌다. 몇 주 후, 그는 처방약을 구할 수 없다며 나에게 '클라라워터'의 조제 방법을 알려달라고 부탁했다. 이번 리딩은 볼링그린에서 블랙번 박사와 함께 시행했다. 그 자리에는 사업가, 교수, 의사 등 여러 유명인사가 참석했다. 조제법이 밝혀졌다. 한 달쯤 지났을까, 앤드류 씨에게 연락이 왔다. 프랑스 파리에 사는 한 남자로부터 편지를 받았는데, 자기 아버지가 '클라라워터'라는 약을 조제하여 팔았으며 조제법은 리딩이 밝혀낸 것과 정확히 일치한다는 것이었다. 앤드류 씨는 클라라워터를 복용하여 큰 도움을 받았다고 말했다.

나는 또 궁금해졌다. 이건 도대체 뭔가? 심령술? 그렇다면, 좋은 징조가 아닌데. 하지만 정말 심령술이라면? 무디 씨와 레위기에 대해 나눈 대화가 떠올랐다. '남자나 여자가 접신하거나 무당이 되거든 반드시 죽일지니 곧 돌로 그를 치라. 그들의 피가 자기들에게로 돌아가리라.'

블랙번 박사는 다른 의사들을 초대하여 일련의 실험을 참관하게 했다. 실험이 이루어질 때마다 아주 희한한 결과가 나왔다. 그 중 일부만 여기에 실어본다.

테네시에서 온 한 여성은 자기 배에 상처가 있다고 했다. 그날의 리딩은 그녀에게 의사는 잊어버리고 매일 아침 레몬을 반으로 잘라서 한 쪽 먹고 가능한 한 많이 걸은 후 역시 걸어서 집으로 돌아오라고 말했다. 집으로 돌아온 후에는, 나머지 레몬 한 쪽에 소금을 뿌려 먹고 최소한 두 잔의 물을 마시라고 했다. 그녀가 기절할 때 곁에 있었던 그녀의 조카가 그 설명을 듣고는 고모에게 그대로 전했다. 몇 주 후, 그녀는 요즘처럼 기운이 넘치던 때가 없었고 몇 킬로미터는 거뜬히 걸어 다닐 수 있으며 세상이 다 자기 것인 것 같다고 알려왔다.

그로부터 몇 달 후에는 미네소타에서 온 의사 한 명이 내가 일하는 가게로 들어왔다. 그가 내게 물었다. "잠이 든 상태로 사람들 문제를 해결해준다는 사람이 여기서 일한다고 들었는데, 혹시 아십니까?"

"알 수밖에 없지요. 그 사람이 바로 저거든요."

"하지만 이 현상을 어떻게 설명할 수 있나요?" 그가 물었다.

"전 몰라요. 내가 뭐라고 말하는지도 모르는걸요. 하지만 사람들이 저더러 맞는 소리만 한다고 합니다. 제가 말한 대로 하면 도움이 된다고 하더라고요."

"흐음, 저도 그 실험을 한번 보고 싶군요. 나에 대해 뭔가 말해주면 고맙겠어요." 의사가 말했다.

"좋아요. 저녁 먹기 전까지 시간이 별로 없네요. 블랙번 박사님한테 시간이 되냐고 물어보죠."

나는 블랙번 박사에게 전화를 걸어 그의 사무실에서 만날 약속을 정했다. 우리는 정오에 블랙번 사무실에 갔다. 그는 자신을 닥터 Z라고 소개하고는 자기가 겪었던 기이한 경험에 대해 이야기하기 시작했다. 지난 몇 달간 자신이 담당한 환자 한 명이 있는데, 차도가 거의 없었다고 했다. "그런데 몇 주 전에 그 환자분이 나에게 편지를 보내왔어요. 여기에 와서 에디라는 사람을 만났는데, 그가 매일 아침 물을 마시고 레몬을 먹고 걸으라고 했다더군요. 그랬더니 이제 다 나았다는 거예요."

"맞아요." 블랙번 박사가 말했다. "내가 그 현장에서 리딩을 수행했소. 그녀에 대한 처방도 직접 듣고, 편지도 봤어요. 정말 흥미로운 일이오, 그렇지 않소?"

"정말 그래요. 바로 그리고 그분이 제게 리딩을 해주겠다고 약속하셨죠." 닥터 Z가 말했다.

나는 진찰대 위에 눕고는 잠이 들었다. 잠이든 최면상태든 어쨌든 잠재의식 상태에 들어갔다. 잠시 후, 나는 그 의사의 몸 상태를 설명하고는 몇 가지 조치를 취해야 한다고 조언했다. 그러고 난 후 깨어났다.

닥터 Z가 말했다. "지금껏 들어본 중 가장 놀라운 처방이었어요. 블랙번 박사님, 이런 실험을 몇 번이나 수행하셨죠?"

"아, 열 번에서 열두 번 정도? 나도 매번 놀란다오. 리딩을 받은 사람들은 하나같이 에디가 자기들 느낌을 그대로 표현한다고 말해요. 하지만 에디가 항상 약을 처방하는 건 아니오. 똑같은 치료법을 말하는 법도 거의 없지."

"그렇다면, 당신은 그걸 바꿔보자고 제안하지도 못한단 말입니까?" 닥터 Z가 물었다.

"나도 모르겠소." 블랙번 박사가 대답했다. "할 수 있다고 해도, 그게 옳다고 보장할 순 없잖소. 당신도 그럴 순 없을 거요."

"제 친구에게 에디 씨를 소개하고 싶군요. 그는 《심령현상의 영적 법칙》의 저자예요. 혹시 아시나요?" 닥터 Z가 말했다.

블랙번은 "아니오"라고 대답했지만, 그를 만나보고 싶다고 말했다. 닥터 Z는 만약 내에게 또 한 번 실험을 해볼 의향이 있다면 친구에게 이쪽으로 오라고 하겠다고 말했다.

며칠 후 그 작가가 볼링그린에 도착했다. 이 실험을 증명해줄 몇 명의 심리학 교수들도 함께 자리했다. 몇몇은 호의적인 태도를 보였지만, 몇몇은 그렇지 않았다. 한 번은 사후암시가 시도되었고, 거의 대부분 적중했다. 내가 깨어나면 생수를 마실 텐데, 그것은 내 신체에 마치 소금 한 통을 들이부은 것 같은 작용을 할 거라는 의견이 나왔다. 그리고 실제로 내가 물을 마시자 소금을 섭취한 듯한 효과가 나타났다.

사람들은 나에게 밀봉된 책과 편지를 주고는 그 내용을 리딩해보라고 했다. 그들은 안에 무엇이 있는지는 알고 있었지만, 그 내용까지 속속들이 아는 사람은 아무도 없었다. 이 실험에서 나는 상당히 많은 분량을 맞힐 수 있었다.

이번에는 물리적인 리딩을 시도해보았다. 그곳에 있는 사람에 대한 것과 멀리 떨어진 사람에 대한 것을 리딩했다. 두 경우 모두 리딩이 분석한 결과가 정확히 들어맞았다. 심지어 태어나기 하루 전부터 3개월 전까지 아기의 성별까지도 맞혔다.

그후 볼링그린의 다른 의사들도 다양한 종류의 실험을 하기 시작했다. 여러 과학자와 전문가들이 실험 장소에 초대되었다. 이듬해에는 톰슨 허드슨 박사, 전기를 발명한 천재 토머스 에디슨, 바이런 킹, 엘버트 후바드 등 많은 이들을 만났다. 볼링그린에 있는 여러 학교의 다양한 기관 사람들이 지대한 관심을 표명했기 때문이다. 학교를 방문하는 여러 유명인사들이 수시로 나를 찾아왔다.

1905년, 거트루드와 나는 12번 가에 있는 에른스트 빅 부인의 아늑한 별장으로 이사를 했다. 그녀의 남편이 종이봉투 및 종이끈 사업을 위해 출장중이었기 때문에, 빅 부인은 우리를 단순한 세입자라기보다는 함께 사는 친구처럼 대했다. 식사는 맞은편 길 아래쪽으로 예닐곱 집을 지나 에드 로슨 부인 댁에서 했다. 그녀는 내가 다니던 퍼스트크리스천 교회의 임원이었다. 빅 부인 댁에는 사탕단풍나무가 몇 그루 서 있는 아름다운 정원이 있었다.

여름이 되자 주말마다 빅 씨가 돌아왔고, 우리는 함께 나무 밑에 앉아 즐거운 시간을 보냈다. 우리 부부는 그곳에서 1년 남짓을 산 뒤, 첫 아이가 태어나기 직전에 이사를 갔다. 귀여운 현관문과 조그만 방 5개가 있는 크림색 오두막집이었다. 우리는 그 집 관리인이 되었다. 그 집은 파크 가에 자리해 있었는데, 메인 가에서 두 집 정도 떨어진 위치이지 리져버 공원 맞은편이었다. 1907년 3월 16일, 이 집에서 첫째 휴 린이 태어났다. 블랙번 박사가 아이를 받아주었다. 햇살이 눈부시게 빛나는 화창한 토요일 오후였다.

포터 서점에서 일하는 동안, 주인의 먼 친척인 프랭크 포터와 가깝게 지내게 되었다. 키가 크고 금발 청년인 그는 카운티법원 서기보로 일했는데, 아주 밝고 유쾌한 사람이었다. 1904년, 프랭크와 나는 칼리지 가에 있는 해리 쿡 스튜디오를 사들였다. 그는 나를 설득하여 테네시 맥민빌에 있는 서던 사진학교에 다니게 했다. 강사는 라이블리 씨였는데, 그는 훗날 제1차 세계대전 당시 군 사진사들에게 사진을 가르쳐 유명해졌다. 나는 이 사진학교에 8주 동안 다녔고, 그동안 거트루드는 홉킨스빌의 친정에 가 있었다.

내가 그곳에 있을 때에도 리딩에 관한 이야기가 한동안 화제가 되어 한두 개의 신문에 실리기도 했다. 당시 학교장의 형이 남부 철도청에 다니고 있었는데, 그가 내게 리딩을 요청했다. 얼마 전 남부 철도청 관할 철도부지에 알 수 없는 사고가 일어났는데, 그 이유를 말해달라는 것이었다. 썩 내키지 않았지만, 결국은 승낙하고 말았다.

나중에 들은 바에 따르면, 내가 그 부지의 상태와 관련인물들에 대한 정확한 정보를 주었다고 한다. 그리고 그 일로 쫓겨난 어떤 사람은 그 사고와 무관하다고 주장했다는 것이다. 철도청 임원들은 이 정보를 믿으려 하지 않았다. 그러나 몇 달 후 부청장이 나에게 그 사고에 대한 리딩을 한 번 더 부탁했다. 그는 자기가 얻은 정보를 어떻게 증명할 수 있는지 알고 싶어 했는데, 그에 대해 이런 대답이 돌아왔다. "우리가 사고의 책임자로 지명한 사람을 계속 근무케 한다면, 12월 1일 전에 그는 이 정보를 믿지 않은 누군가의 죽음을 가져올 사고의 직접적인 원인이 될 것입니다. 버지니아와 웨스트 버지니아에서 일어날 일입니다." 그리고 나는 그 사고의 직접적인 책임자로 한 사람을 지명했다고 한다. 이 리딩이 이루어진 건 2월이었다.

그해 11월 29일, 그때까지도 철도청에서 일하던 그 남자가 기차를 통과시키고 있었다. 그는 철도청 고위급 임원 한 명이 탄 자가용이 다가오는 걸 보지 못했다. 자가용은 그대로 기차와 부딪혀 주 경계선을 넘어갔다. 그 임원은 다른 주에서 죽었다.

1904년 8월, 나는 사진학교를 마치고 볼링그린으로 돌아와 케이시 사진관을 차렸다. 파운튼 스퀘어에서 조금 지나 칼리지 가의 1층짜리 지라드 빌딩이었다. 지라드 빌딩에는 지라드 씨가 운영하는 가게 10호점과 대학, 그리고 스톤 박사의 진료실도 있었다. 사진관은 상점 두 개는 들어설 면적을 차지했다. 손님이 사진관 문을 열고 들어서자마자 대형 꽃사진을 볼 수 있도록 액자를 진열해 놓았다. 사진관 안쪽에는 작업실이 있었고, 그 옆은 인화를 하는 암실이었다. 두 개의 대기실과 작업실 사이에는 마무리 작업을 하는 공간을 마련했고 분장실도 있었다. 사무실 뒤쪽은 코닥 카메라와 필름, 부자재, 사진, 사진액자 등을 다루는 방이었다. 각 방마다 난로를 때서 사진관 안은 훈훈했다.

칼리지 가에 있는 이웃 상점들은 쿡 보험사, 스톤 식료품점, 그리고 스퀘어 끝자락에 있는 직물가게였다.

사진관은 상당히 잘됐다. 그해 가을, 나는 저명한 상류층 부인과 그의 아들 사진을 아주 멋지게 찍어 사진관 앞에 걸어두었다. 강의를 하러 그 도시에 온 엘버트 후바드 씨가 근처를 지나다가 그 사진을 보고는 안으로 들어와 나에게 그 사진을 〈레이디스 홈 저널〉지의 모자(母子) 사진 콘테스트에 응모해보라고 권했다. 나는 그의 말대로 했고, 최우수상을 탔다. 후바드 씨가 심사위원이었던 모양이다.

얼마 후 나는 국내 사진사 모임에 참석하기 위해 세인트루이스에 갔다. 내 사진 몇 작품이 전시되었고, 그 중 세 점은 가작으로 뽑혔다. 1906년에는 프랭크 포터와 내가 스테이트 가에 있는 클라크 사진관을 매입하고 처형인 린 에반스와 그동안 우리와 함께 일했던 조 애드콕을 동업자로 받아들였다. 클라크 사진관은 번성해서 한때 내가 일했던 포터 서점과 주변의 안장 및 마구 상점까지 확장되었다. 클라크 사진관의 대기실은 내가 처음 액자를 취급하던 곳이었다.

1907년 1월, 우리는 포터 씨의 건물을 사들여 사진관으로 꾸몄다. 그러나 12월에 칼리지 가에 있던 사진관에 화재가 나는 바람에, 거트루드와 나는 스테이트 가 사진관의 커다란 대기실을 거실 및 침실로 삼아 그곳에서 지냈다. 뒤편에 주방과 식당으로 쓸 만한 공간도 충분했다. 그곳의 안내실과 작업실은 아주 넓었다. 1908년 9월에는 이 사진관마저 큰 불이 나고 말았다.

사진관 바로 옆에서 진료실을 운영하던 닥터 스톤이 어느 날 나더러 자기 손님들이 보는 가운데 실험을 해달라고 부탁했다. 전에도 언급했지만, 나는 이러한 실험을 기록해 두지는 않았다. 그러나 그 실험이 끝난 후 내가 들은 바로는, 이런 일이 있었다고 한다. 내가 잠재의식 상태에 있는 동안, 아버지 헤인즈 씨가 우체국에서 받은 소포를 한가득 안고 들어왔다. 그는 스톤 박사에게 자기는 내용물이 뭔지 모르는데 나한테 한번 물어보라고 했다. 내 대답은 "제단용 초입니다"였고, 소포를 풀어보니 과연 제단용 초가 들어 있었다.

같은 실험에서 스톤 박사는 내 신체가 소금 한 통을 들이킨 것처럼 반응하는 걸 또 해보자고 제안했다. 결과는 이미 경험으로 알고 있었다.

몇 시간 후, 정말로 내 몸은 소금을 잔뜩 섭취한 것과 같은 반응을 보였다.

포드 박사도 비슷한 때에 실험을 행했다. 그곳에 있던 많은 이들이 나에게 리딩 때 있었던 일을 이야기해주었다. 포드 박사는 자기 어머니의 상태에 대해 물어보았다. 그의 처남이 어머니의 주치의였다. 어떤 사람은 단순히 사람의 마음을 읽어서 정보를 얻는 것 아니냐고 반문했다. 그래서 그 여인의 병실 상태에 관한 질문이 나왔다. 나는 병실에 있는 사람들 각자에 대해 잠깐 설명을 하고, 그 방의 가구배치와 그 가구들이 언제 어디에서 만들어졌는지까지 말했다.

침대에 대한 설명은 한층 더 자세했는데, 금속원료를 캔 지역, 침대를 만든 공장은 물론이고, 매트리스 솜의 원료가 된 목화가 어디에서 재배되었는지, 누가 침대를 팔았는지까지 세세하게 늘어놓았다. 어째서 그렇게나 세부적인 사항까지 언급했는지, 그게 얼마나 들어맞는지, 나는 알 도리가 없다. 그런데도 이들 중 몇몇은 사실이라고 증명되었고, 포드 박사의 어머니는 내가 제안한 대로 했더니 건강이 좋아졌다.

블랙번 박사와 카트라이트 박사가 자신들도 모르는 한 남자에 관해 물었다. 스톤 박사를 통해 그에 관한 리딩을 부탁 받았다는 것이었다. 그들은 후에 그 남자를 직접 실험했고, 진단이 완벽했으며 건강회복을 위한 제안은 논리적이었고 그대로 적용한 결과 증세가 호전되었다고 말해주었다.

블랙번 박사는 포터 대학의 심리학 클럽 회원들 앞에서도 실험을 수행했다. 이 실험에 대한 것을 일일이 기억해낼 순 없지만, 루이지애나 출신의 한 젊은 여성을 위한 것이었다는 점은 확실하다. 그녀는 자기 아버지 회사 자금을 누군가가 횡령한 것 같다고 했다. 심리학과 학생들은 생애 최고로 흥미진진한 저녁이었다고 단언했고, 내 노력에 대한 감사의 뜻으로 얼마 후 내 이름과 클럽 이름을 새긴 시계를 보내왔다.

블랙번 박사는 지역 의사회가 모인 자리에서도 실험을 행했다. 아내는 블랙번 박사에게 나에게 해가 될 수 있는 일을 하지 말아달라고 부탁했고, 그는 그러마고 약속했다. 그 모임이 저녁에 이루어졌기 때문에, 나는 저녁식사도 거른 채 리딩을 해야 했다. 실험시간이 되자 나는 사람들이 보는 가운데 소파에 누웠다. 그들에겐 내가 깊은 잠에 빠진 것처럼 보였을 것이다. 나는 문밖에 있는 누군가의 이름을 댔다고 한다. 잠재의식 중에 이렇게 말한 것이다. "흑인이군요, 우리가 도울 수 없는." 그러고는 나는 더 이상의 정보를 제공하지 않으려 했다고 한다.

나는 그 이유가 궁금했다. 나는 왜 대답을 거부한 것일까?* 그곳에 있던 사람들 대부분이 그런 광경은 처음이었고, 그들 모두 뭐라도 보고 싶어 했다. 그래서 이번에는 볼링그린에서 5킬로미터 가량 떨어진 포터 신학교의 (블랙번 박사의) 환자에 대한 질문이 이어졌다. 리딩은 그 청년이 현재 장티푸스 열병에서 회복중이고, 체온은 섭씨 38.3도이며, 심박수는 96, 호흡수는 얼마라고 밝혀냈다. 그리고 체중조절은 신중을 기하는 게 좋을 거라고도 말했다. 누군가가 블랙번에게 이 모든 게 사실이라고 물었다.

---

*케이시는 인종문제에 대해 상당히 진보적인 태도를 보였고, 흑인을 비롯해 모든 인종에게 다년간 리딩을 해주었다. 인종 문제에 대한 그의 생각을 엿볼 수 있는 리딩을 남겼다. "그들은 모두 하나입니다. 그러므로 인종은 아무런 의미가 없습니다. 스스로 함께하건 고립되건 간에, 그들은 모두 하나입니다. 옛 시절 환경의 영향으로 피부색에 변화가 생겼거나, 음식이나 습성이 다양성을 낳았을 뿐입니다."

"네, 제 환자가 맞습니다. 그는 지금 장티푸스에서 회복중이고요. 환자의 체온이나 심박수는 저도 잘 모르겠군요."

세 명의 위원이 리딩의 진위 여부를 확인하러 나갔다. 그들은 돌아와서 리딩의 내용이 모두 정확히 일치한다고 말했다.

그들은 돌아갔지만, 블랙번 박사는 이 실험에 대한 악평에 시달려야 했고, 잠재의식 중에 내가 진술한 내용에 관한 의혹이 불거졌다. 그것을 최면이라고 하는 의사도 있었고, 그렇지 않다고 주장하는 의사도 있었다. 허드슨 씨는 며칠간 실험을 관찰한 결과 최면과 유사하지만 트랜스 진술과도 같다는 증거가 있다고 했다. "하지만 이것과 똑같은 것은 본 적이 없소."

다른 이들은 내가 진짜 잠재의식에 빠졌는지를 증명해내야 한다고 주장했다. 그들은 내 손등과 팔, 발에 바늘을 꽂았다. 아주 긴 바늘이 내 턱을 통과해 고정되었다. 뭘 꽂아대든 피만 날 뿐 아무런 소득도 없었다. 그러자 누군가가 그런 걸로는 부족하다며 손톱 밑에 뾰족한 칼을 꽂자고 제안했다. 내 왼손 엄지의 손톱이 들려졌다. 그들은 내가 깨어날 때까지 아무런 고통도 느끼지 않았고 피도 나지 않았다고 말했다.

어쨌거나 나는 더 이상 웃을 기운도 없었다. 나는 고통을 주는 실험은 하지 않겠다고 내 아내와 약속했던 의사에게 비난을 퍼부었다. 그리고 다른 의사들에게도 계속 그런 소리를 지껄일 거라면 다시는 실험을 관찰할 수 없을 거라고 말했다. 이제부턴 진실한 도움이 필요한 사람이 부탁할 때만 실험을 할 것이며, 그 자리에 의사가 있거나 말거나 상관하지 않겠다고도 단언했다. 나는 거의 2년 동안이나 의사들의 실험대상이 되었고, 그들도 나를 실험실 흰쥐 취급했다. 허드슨 씨가 말했다.

"당신 말이 맞아요. 이 일은 병들고 힘든 일을 겪는 이들에게 희망을 주는 데만 사용되어야 합니다."

그날 저녁 몇몇 심리학자들이 찾아와 나에게 말했다. "몇 년간 이런 리딩을 하고 난 후에도 당신을 다시 찾아오는 사람이 있다면, 그러면 당신도 알게 될 거요. 당신이 가치 있는 일을 하고 있다는 사실을." 1903년 2월에 리딩을 받았던 사람들 중에는 1940년 2월에도 찾아와 또 다른 리딩을 부탁한 이도 있었다. 그러니 이 일에도 분명 뭔가 가치가 있으리라.

포터 대학에는 미시시피에서 온 여학생이 있었다. 그녀의 어머니는 중병에 걸렸는데, 그 지역 의사들은 그녀에 대해 가망없다고 생각하고 있었다. 그 여학생이 아내를 통해 내가 리딩을 해줄 수 있겠느냐고 부탁했다. 환자는 간이침대에 누운 채 미시시피에서 볼링그린으로 왔다. 리딩을 통해 진단과 치료의 개요가 밝혀지고, 사우스 박사가 그대로 적용을 했다. 그녀는 즉각 호전을 보였고, 몇 달 만에 완전히 회복되어 아주 건강해졌다. 그후에도 사우스 박사는 상당수의 환자를 실험했고, 거기에서 얻은 정보가 매우 유용했으며 이전에는 찾지 못했던 문제의 원인을 발견하는 데 일조했다고 강조했다.

블랙번 박사가 진행하는 가운데 나 자신에게 행한 리딩에서는, 끔찍한 두통이 맹장 때문이고 수술을 하면 나을 거라는 조언이 나왔다. 여러 명의 의사가 이를 검증하려고 애썼지만, 모두가 내 문제의 원인이 다른 데 있는 것 같다는 의견을 내놓았다.

하루는 하우스 박사로부터 전화 한 통을 받았다. 그는 거투루드의 고모 캐리와 결혼하여 홉킨스빌에서 살고 있었다. 하우스 박사는 아내가 위독하며 내가 리딩을 해줘야 안심이 될 것 같다고 말했다. 내가 홉킨스빌에 도착했을 때 그녀는 이미 몇 주 동안이나 몸져누운 상태였다. 남편 외에도 두 명의 의사가 그녀를 돌보고 있었다. 전문가 중 한 명이 그녀에게 종양이 있으며 즉시 수술을 해야 한다고 말했다. 그녀는 일어나 앉을 수조차 없었지만, 내가 뭐라고 말할지 꼭 들어야겠다고 고집을 부렸다.

나는 그녀 곁에 누웠고, 하우스 박사는 난생 처음으로 자신이 직접 진행하며 리딩을 듣게 되었다. 리딩은 종양이 아니라 이물질에 의해 신체 한부분이 짓눌리는 매복증이라고 진단했다. 매복증을 치료하기 위한 방법도 설명했다. 며칠간 매일 리딩을 하여 이전 처방에 대한 사후 조치를 계속 점검해갔다. 그리고 그녀의 증상도 사라졌다. 그녀는 수술을 받지 않았다. 30년도 더 된 일이었는데, 그녀는 이후로도 단 한 번의 수술도 받지 않았다.

몇 달이 지난 후 하우스 박사가 나를 다시 불렀다. 이번에는 조산을 한 아들이 몹시 아프다는 것이었다. 두 명의 의사가 더 와 있었다. 한 명은 "글쎄, 그런 속임수로 사람을 바보취급할 거면, 난 빼주쇼"라고 말했다. 다른 한 명은 남아서 리딩을 듣겠다고 했다. 리딩은 치사량의 벨라도나 제제를 투여하고, 확실한 효과를 위해 다른 약을 더 투여해보라고 제안했다. 남아 있던 의사는 이런 치료법은 절대로 시도해서는 안 된다며 강경하게 말했다. 캐리가 "당신은 이전에 내 건강도 포기했잖아요. 당신은 수술을 하라고 했지만, 리딩은 수술하지 않아도 되는 치료법을 알려줬다고요"라고 반박했다. 나는 아이 아버지가 약의 정량을 재는 모습, 어머니가 아이에게 약을 먹이는 모습, 그리고 의사가 멍하니 서서 아이가 오늘 밤을 넘기지 못할 거라고 중얼거리는 모습을 가만히 보기만 했다. 하우스 박사의 아들은 현재 누구보다도 강하고 건강하게 잘 살고 있다.

얼마 후 정말 이상한 일이 생겼다. 실험이 아니라, 그냥 벌어진 일이었다. 나는 고향 홉킨스빌에서 크리스마스 휴가를 보내고 저녁 기차를 타고 돌아오는 길이었다. 1907년 새해 첫날 가구공장에서 사진을 찍기로 되어 있었기 때문이다. 날씨는 다소 쌀쌀했고 눈발이 조금씩 날리고 있었다. 나는 오후 늦게 사진관으로 돌아와 감광판을 현상하기 위해 암실로 들어갔다. 암실 밖으로 다시 나왔을 때, 난로 옆에 직원들 두 명이 앉아 있는 게 보였다. 나는 그날 한 일들을 되짚어보다가 곧 의식을 잃고 바닥에 쓰러졌다.

다음은 톰 반스와 프랭크 포터에게 들은 그날 이후의 일들이다. 그들이 쓰러진 나를 일으켜 세우고는 옆방으로 옮겨 침대에 눕힌 후 맥크라켄 박사를 불렀다. 그들은 맥크라켄 박사를 부르기 전에 다른 의사들도 불렀다고 한다. 블랙번도 불렀지만, 그는 지방에 가고 없었다. 맥크라켄은 내가 오한으로 부들부들 떨기에 약을 먹이고는 두 사람에게 위스키를 가져오라고 시켰다. 그들이 즉시 위스키를 가져왔지만, 나에게 한 모금 먹이려고 하자 내 턱이 꽉 잠긴 듯 열리지 않았다. 그때 다른 의사가 도착했다. 그들은 어떻게든 내 입을 벌리려고 안간힘을 썼고, 강제로 위스키를 내 목구멍에 흘려 넣으려 했다. 그 과정에서 내 아래위 앞니 몇 개가 부러졌다. 나는 그때까지도 딱딱하게 굳은 채로 온 몸을 사시나무 떨듯 덜덜 떨었다. 그들 중 한 명이 나에게 모르핀을 주사했다. 다른 사람들이 들어왔고, 그후 두 시간 동안 나는 스트리크닌 주사와 니트로 주사를 더 맞았다. 그래도 경련은 멈추지 않았고, 몸은 점점 차가워졌다. 그들은 뜨거운 물주전자, 따뜻하게 데워진 난로덮개와 벽돌을 내 발에 올려놓고, 내 몸을 뜨거운 찜질로 둘둘 감쌌다. 결국 나에게는 사망진단이 내려졌다.

얼마 후 블랙번 박사가 도착했다. 맥크라켄 박사는 그에게 "당신과 케이시는 아주 오랫동안 이런 묘기를 부렸지. 오늘밤은 당신이 그의 신이 되어야 할 거요. 케이시가 죽었거든"이라고 말했다. 블랙번은 그들에게 뭘 했는지 물었다. 그들의 대답을 듣자, 그는 "아무것도 하지 말았어야지"라고 말했다. "케이시는 과로로 지쳐버린 몸을 보호하기 위해 트랜스에 빠진 거라고."

블랙번은 나에게 몇 가지 암시를 주며 곁에 있었고, 약 30분이 지나자 내가 조금씩 숨을 쉬기 시작했다. 내가 의식을 되찾았을 때는 방 안이 사람으로 가득 차 있었다. 그들 대부분이 의사였다. 맥크라켄이 말하는 소리가 들렸다. "존, 이제 어떻게 할 작정이오? 케이시가 멀쩡한 사람이라면, 몸 안에 주사한 약물들이 그를 죽일 거요. 이제 어쩔 거요?"

끔찍한 고통이 느껴졌다. 발은 물집투성이였고, 팔과 다리에도 물집이 줄줄이 잡혀 있었다. 두 팔에 주사의 부작용이 나타났고, 내가 혀를 깨물지 않도록 억지로 입을 벌렸던 부분에는 피가 줄줄 흘렀으며, 이도 몇 개 부러졌다.

블랙번이 나에게 물었다. "케이시, 우리가 어떡해야 하지?"

내 대답은 "가능할지 모르겠는데, 날 자게 해줘요. 그리고 나한데 말을 시켜봐요"였다. 나는 집중하여 몇 분 만에 의식을 잃을 수 있었지만, 다시 깨어날 것은 기대하지 않았다. 나는 그렇게 두 시간 이상을 잤고,

블랙번이 나를 깨웠다. 물집은 온데간데없이 사라졌다. 블랙번은 내 몸에서 주사약의 흡수를 막는 방법을 찾아 그대로 했다. 위스키를 좀 마시고 나자 걸을 수도 있었다. 블랙번이 마차에 나를 태워 집에 데려다 주고는 밤새 함께 있어주었다. 아침에 집으로 배달된 조화(弔花)를 보자 그제야 정신이 들었다. 모두 내가 죽었다고 생각했던 것이다. 그 일로 인해 생긴 불상사는 전혀 없었다. 아직도 이 몇 개가 없는 것 빼고는. 어쨌든 그후 나는 여러 가지로 마음이 혼란스러웠다. 그 무엇도 결코 유쾌하지는 않았다.

당황스런 경험은 한 번으로 그치지 않았다. 어느 날 오후 사우스 박사가 사진관으로 찾아와, 굿맨 부인이 방금 병원에 실려 갔다고 전했다. 그리곤 그녀를 위해 리딩을 해달라고 간절히 부탁했다. 그녀의 아들과 사위, 손자도 의사였기 때문에 나는 그들이 굿맨 부인을 돌보지 않느냐고 물었다. 그는 그렇긴 하지만 그들도 속수무책이라고 말했다. 가족 중에 의사가 셋이나 있는데 내가 정보를 줘도 괜찮은지 의문이었다.

그러나 사우스 박사가 돌아간 후 그들도 나를 찾아와 부탁을 했다. 나는 집으로 돌아와 아내에게 저녁은 필요 없고 8시쯤 리딩을 하러 갔다 오겠다고 말했다. 잠깐 동안 아이와 놀아주고는, 침대 위에 벌러덩 누웠다. 이게 다 무슨 일이람? 의문이 꼬리에 꼬리를 물고 이어졌다. 사랑하는 사람을 구하기 위해서라면 이 착한 사람들이 정말 이런 채널로 뭔가를 얻을 수 있을 거라 기대하는 것인가? 사우스 박사가 그렇게 얻은 정보를 믿는다고 한다면 의사로서의 명성에 흠집이 날 텐데, 그래도 괜찮다는 건가? 그러다 나는 까무룩 잠이 들어버렸다.

잠에서 깼을 때는 이미 어두워진 후였다. 정신을 차리고 보니 옷도

다 입은 채로 침대 위에 누워 있었다. 나는 당장 아내에게 가서 리딩을 하려면 서둘러야겠다고 말했다.

"시계 좀 봐요. 당신이 죽은 줄 알고 놀랐단 말이에요." 거트루드가 말했다. "사우스 박사가 당신을 부르러 왔지만 도무지 깨울 수가 있어야죠. 너무 불안해서 블랙번 박사에게 전화했어요. 그가 거의 한 시간 동안이나 당신 옆에 있었어요. 나에겐 다 괜찮으니 당신을 침대에 눕히라고 하더군요."

다음날 아침 사우스 박사에게 사과를 하러 갔다. 그는 이해한다며 나를 안심시켰다. 그들은 굿맨 부인에게 리딩을 해서 정보를 얻으려 한다고 알렸다. 그녀는 리딩을 몹시 원했다. "당신은 7시 반경에 잠이 들었을 거요. 굿맨 부인이 그랬거든. 그리고 그녀가 일어난 시각인 2시 반에 깼겠지. 몸이 훨씬 좋아진 것 같다고 합니다. 오늘 아침에는 침대에서 일어날 수 있을 정도였다오." 오래 지나지 않아 그녀는 다시 아주 건강해졌다.

나는 왠지 모르게 묘한 분위기를 지닌 사람들에게 끌리곤 했다. 이것도 내게는 새롭게 다가왔다. 빛나는 사랑 그 자체인 사람들을 만날 때면, 나도 모르게 귀를 기울이게 되는 것이다. 그런데 어느 날 저녁 다른 도시에 사는 목사님에게서 전화가 왔다. "여동생이 그 도시에서 살고 있소. 그런데 그 애가 몸을 팔아 연명하고 있다는 소식을 들었소. 정말 걱정이 돼요. 그렇게 살게 내버려둘 순 없다고. 날 좀 도와주시오. 그 애를 찾아서 너무 늦어버리기 전에 집으로 돌아오라고 설득해줄 수 있겠소?"

나는 그녀를 찾아 나섰지만, 매음굴을 뒤지는 일이 쉬울 리 없었다.

주위 사람들 대부분이 소녀를 찾아 고향으로 돌려보내려는 짓은 그만두라고 언성을 높였다.

그러나 사람들이 뭐라 하건, 환경이 어떻건 내 마음은 흔들리지 않았다. 결국 나는 그녀를 찾아냈고, 오빠를 만나러 가라고 설득하는 데 성공했다. 사실, 그녀가 오빠를 만나러 가는 길을 동행해주기까지 했다.

11_ 나를 옳은 길로 이끌어줄 이

불현듯 내가 좋아하고 싫어하는 것이 바뀌었다는 사실을 깨달았다.
내가 추구했던 인간관계는 이런 게 아니었다. 어쩌다 이렇게 되었지?

나에게 이렇게 말하는 사람들이 있었다. "어이, 애늙은이! 세상에 있는 돈이란 돈은 모두 긁어모으라고. 경마나 주식시장을 읽고, 잃어버린 사람이나 물건을 찾아내야지. 그런 정보라면 사람들이 당신에게 뭐든 갖다 바치려 할걸?" 반은 맞는 말이다. 그런 실험을 감수한 적도 있고, 성공적인 쇼에도 참여한 적이 있으니. 그러나 대부분의 경우, 금세 무섭고 끔찍한 결과가 돌아왔다.

이런 적도 있다. 어느 날 조라는 이름의 청년이 날 만나러 왔다. "은행에 300달러의 빚이 있다죠?" 그가 말했다. "앞으로 3일간 어떤 마리화나가 먹힐지 알려준다면, 그 빚을 갚게 해줄게요."

이 일로 내 일은 완전히 새로운 국면을 맞았다. 실제로 내겐 빚이 있었고, 그 제안이 꽤 그럴싸하게 들렸기 때문이다. 그렇지만 그 일에는 뭔가 찜찜한 구석이 있었다. 나는 결국 그 제안을 수락했고, 리딩을 했으며, 부채는 청산되었다. 조는 3일간의 마약밀매로 2만 달러의 수입을 올렸다. 하지만 이는 조의 욕심을 더욱 부채질할 뿐이었다. 그는 또 다른 계획을 가지고 나를 다시 찾아왔다.

"뉴욕에 있는 친구 녀석에게 편지로 당신 얘기를 했어요. 당신과 한 건 한 일도 썼지요. 그런데 그 자식이 믿지를 않아요. 뉴욕에는 1달러만 주면 뭐든 알려줄 점쟁이들이 널렸다는 거예요. 하지만 나랑 당신을 뉴욕에 데려오려면 진짜 돈이 든다는 거죠. '나한테 증명을 해 보이라고. 그럼 그때 다시 얘기하지.' 이게 그 자식이 한 말이에요. 자, 그 녀석이 믿게 하려면 뭘 해야 할까요? 뉴욕에서 한탕 할 수 있다고요."

"으음, 그 친구란 녀석을 기절하게 만들어주지."

"무슨 뜻이에요?" 조가 물었다.

"지금 그 녀석이 뭘 하고 있는지 당장 말해주는 거야."

"그거 괜찮네요. 그런데 정말 할 수 있어요? 지금 어디에 있는지도 모르는데."

"좋았어." 내가 말했다. "그 녀석이 지금 어디에서 뭘 하는지 말해주자고."

우리는 당장 일에 착수했다. 다음은 나의 리딩 내용을 받아 쓴 기록이다.

"지금 뉴욕은 오전 10시입니다. 폴은 뉴욕의 윌리엄스 가를 걷고 있군요. 우리는 그가 어떤 행동을 하게 만들고, 나중에 확인할 겁니다. 그는 담배가게에 들어가서 담배를 피웁니다. 우리는 그가 담배를 사게 만들 겁니다. 그가 알 수 있도록 말이죠. 그는 담배를 산 후, 가게 밖으로 나와 자기 사무실이 있는 빌딩까지 걸어갑니다. 그는 엘리베이터를 타는 대신, 우리가 시킨 대로 '애니 로리'를 휘파람으로 불면서 3층까지 계단으로 걸어 올라갑니다. 나중에 확인할 수 있을 겁니다. 사무실에는 한 남자가 기다리고 있습니다. 윌리엄 가 끝자락에 있는 부동산에 용무가 있어서입니다. 오늘 3시에 법원에서 재판이 있을 예정입니다. 남자가 떠납니다. 폴은 자기 책상으로 돌아와 세 통의 편지를 발견합니다. 하나는 청구서이고, 또 하나는 애인에게서 온 겁니다. '사랑하는 폴에게'로 시작하지요. 전화벨이 울리고, 그는 전화를 받아 도나건이라는 남자와 통화를 합니다."

우리는 기록을 뉴욕에 전보로 보냈다. 1시간 후, 조에게 답신이 왔다. "기록은 아주 정확함. 오늘 너와 에디를 데리러 볼링그린으로 가겠음." 볼링그린으로 온 폴은 나에게 뉴욕으로 가자고 몇날 며칠을 꼬드겼지만, 나는 거절했다. 폴 주변에 있으면 왠지 오싹 소름이 돋았다.

마침 아버지가 오셔서 돈이 궁해 너무 힘들다고 털어놓았다. 그런데 홉킨스빌의 사업가 두 명이 말하길, 나를 설득하여 시장에 관한 정보, 특히 밀 시장 정보를 얻어낸다면 돈을 충분히 벌 수 있다고 했다는 것이다. 그들은 내가 홉킨스빌 호텔에 며칠 동안 머물면서 매일 아침 자기들에게 전화를 걸 수 있도록 자금을 대주겠다고 제안했다. 나는 어쩔 수 없이 그 일을 받아들였다.

그들은 그동안 자기들이 얼마나 벌었는지를 매주 나에게 보고했다. 첫 번째 주에는 수백 달러의 수익을 올렸다고 했지만, 나에게는 한푼도 돌아오지 않았다. 두 번째 주의 수익은 꽤나 만족스러웠다. 그래도 나에게서 뭔가 얻고자 하는 그들의 욕심은 끝도 없이 이어졌다. 매일 연락을 해오는 것은 물론이고, 이제는 사업무대를 시카고 곡물시장으로 옮기겠다고까지 했다. 그러던 중 레이터라는 자가 시장을 독점할 것이고, 밀 가격은 1달러 19센트까지 치솟았다가 갑자기 몇 포인트나 뚝 떨어질 거라는 예상이 나왔다. 그들은 그럴 리가 없다고 굳게 믿었다. 그리고 레이터의 거래를 따라가지 못해 막대한 돈을 잃었다. 이 일 때문에 나와 아버지는 정신적, 육체적인 고통에 시달리게 됐다. 이제 정보를 주는 일은 그만두라는 통보를 받았고, 리딩 과정 자체가 의심을 받았다. 상황은 최악으로 치달았고, 그들의 적개심으로 나는 영원히 치유되지 못할 상처를 입었다.

블랙번 박사도 자기 고향에 묻힌 보물의 위치를 알고 싶어 했다. 리딩이 실제로는 같은 위치에 있는 두 집을 묘사하자, 그 자리에 있던 블랙번과 그의 형은 어리둥절해 했다. 그러나 그들이 고향집에 물어보니 그 정보는 확실히 들어맞는다는 것이었다. 이전에 있던 집은 불탔고 거의 같은 장소에 지금의 집이 지어졌다고 했다. 현재의 집을 짓기 전에 누군가가 그곳에 보물을 묻은 것 같았다. 실제로 그곳에서는 아주 적은 양의 보물이 발견되었다.

하루는 아버지가 의사고 본인도 의과대학에 다니는 한 학생이 여동생에 대한 정보를 얻고자 나를 찾아왔다. 그녀는 맹장염이며, 증세가 악화되고 있다는 사실이 밝혀졌다. 블랙번 박사가 내슈빌로 가서 수술을 도왔다. 그녀는 실제로 맹장염이었고, 증세가 심해질 징조가 보인 것과 거의 동시에 제거되었다. 그녀의 맹장이 더 이상 말썽을 부릴 일은 없었다.

잠깐 여담을 해볼까. 리딩이 맹장염으로 진단한 사례는 62건이었고, 그 중 단 네 명에게만 수술을 권유했다. 그 네 명 중 하나가 나였다.

정골요법 스쿨의 설립자가 찾아왔던 적도 있었다. 그는 소아마비로 고통 받고 있는 환자에 대한 정보를 구하러 왔다. 리딩 속도가 어찌나 빨랐던지 속기사도 미처 다 받아 적지 못했다. 이 현상을 흥미롭게 지켜보던 치과의사 룬디 박사가 내 몸의 중심 쪽 허공에 손을 뻗고는 "위로, 위로, …천천히"라고 읊조렸다. 그러자 내 몸이 소파에서 둥실 떠올라 그의 손이 있던 높이까지 올라갔다가 다시 내려왔다고 한다. 이 실험을 하고 난 후 며칠 동안은 내 몸의 신경체계가 완전히 엉망이었다.

하우스 박사가 우리 집에 방문하여 몇 주간 머물렀다. 그의 처가에는 집터에 묻어둔 돈이 있다는 전설이 내려오고 있었다. 그는 리딩을 통해 그 위치를 찾으려 했다. 리딩은 우선 그 마을에 이사온 군인들과 근처의 정부기관에 대한 묘사를 하기 시작했다. 군인들은 훗날 보물이 묻히게 될 지역을 중심으로 활동했고, 그 이후에도 이런저런 소소한 사건들이 일어났다고 한다. 그 다음으로는 길이 바뀐 것에 대한 묘사가 이어졌다. 어떻게 이루어졌는지, 어떤 기록의 몇 페이지에 나오는지, 땅과 인근 부동산을 어떻게 매입했는지, 언제 울타리를 쳤는지 같은 것들이었다. 북부연방군과 남부연방군 사이의 소규모 접전도 묘사되었다. 그러고는 누군가가 보물을 숨기고는 아는 사람들에게 편지를 썼다는 이야기가 나왔다. 몇 년 후, 편지를 받은 사람 중 두 명이 보물을 찾아 나서서 금을 발견했는데, 그후 둘 사이에 다툼이 일어났고, 한 명은 죽고 말았다는 것이다.

물론 이 모든 사건은 내가 태어나기 몇 년 전에 일어난 일이었다. 설령 누군가 이러한 역사를 세세히 알고 있었다 해도, 대부분은 이미 잊힌 지 오래일 게 뻔했다. 그러나 사람들이 사실 여부를 가늠한 선까지 모두 알아보았고, 모두 실제 있었던 일이라는 게 밝혀졌다.

캐나다인이었던 고등학교 교사도 자기 고향에 풀리지 않는 사건이 있다며 내 영능력으로 그 미스터리를 탐색해보자고 제안했다. 약간 망설이던 나는, 결국 또 하나의 실험이라고 여기고는 제안을 수락했다. 블랙번 박사가 이 리딩을 진행했는데, 도중에 긴급호출이 오는 바람에 자리를 떠야만 했다. 그는 나에게 일어나라는 암시를 주고는 캐나다인 교사와 나만 남겨두고 나가버렸다. 당연히 아무 일 없을 거라고 생각했을 것이다.

그러나 네 시간 후 블랙번이 돌아왔을 때, 나는 아직도 잠재의식 상태로 그 자리에 누워 있었다. 그리고 램버트 선생은 그 리딩에서 얻은 정보를 경찰서장에게 알렸다. 리딩의 내용은 이러했다. "그 비극이 벌어진 ○○번 교차로를 파보십시오, 총을 찾을 수 있을 겁니다. 등록번호는 ○○○입니다. 버지니아 주 로아노크에서 판매된 것이지요."

며칠 후 경찰서장 화이트 씨가 워렌 카운티의 보안관에게 전보를 보내 그 사건과 관련하여 램버트와 나를 찾아 붙잡아두라고 명령했다. 우리는 그 보안관과 아주 잘 아는 사이였기 때문에, 그는 우리가 용의선상에 있다고 농담조로 말했다. 경찰서장이 왔고, 우리는 둘 다 알리바이를 구구절절 설명해야 했다. 뒤이어 화이트 씨에 대한 리딩이 이루어졌고, 나는 잠재의식 중에 비극으로 치달은 사건을 세세히 묘사했으며, 모두 사실로 증명되었다.

비슷한 성격의 또 다른 사례가 이어졌다. 고향에 있는 아버지를 찾아갔을 때였다. 2~3개 도시의 사복경찰과 친구였던 아버지는 서부 펜실베이니아에서 발생한 의문의 사건을 이야기했다. 수천 달러의 채권을 들고 사라진 사람들의 행방을 제공하는 사람에게는 막대한 보상금을 준다고 했다.

역시 이런 일은 영 내키지 않았지만, 아버지 부탁이기에 거절할 수도 없었다. 결국 나는 이 사건에서 완전히 빼주겠다는 확답을 듣고서야 리딩을 수락했다. 사복경찰은 나에게 어떤 여자의 인상착의를 말해달라고 했다. 나는 만약 리딩이 그 여자의 행방을 알려줄 수 있다면 분명 인상착의도 묘사할 수 있을 거라고 대꾸했다.

리딩이 밝혀낸 여자의 외모는 이 사건을 해결하는 데 결정적인 단서를 제공했다. 남편을 버리고 애인과 떠난 이 여자의 몸에는 평소엔 잘 보이지 않는 커다란 점이 있었다. 그리고 왼발에 화상을 입어 발가락 두 개가 붙어 있었다.

아버지는 그 여자의 남편에게 전화를 걸어 정보의 출처는 밝히지 않고 아내의 특징을 그대로 전했다. 그리고 그 남편은 분명 자기 아내가 맞다고 대답했다. 보상금이 주어졌고, 경찰은 계속하여 그들의 행방을 알고 싶어 했다. 당시 그들은 이동중이었던 것 같다. 그래서 그들의 이동경로를 따라 몇 번의 리딩이 더 이루어졌다. 전국의 호텔을 전전하던 그들은, 마침내 오하이오 주 콜럼버스에 머물렀다.

몇 주 후에는 조가 찾아와 말했다. "이번에는 경마를 읽어서 한탕 하는 거 어때요?"

나는 모르겠다고 대답했다. "내가 할 수 있을까? 그런 건 한 번도 해본 적이 없거든. 오늘 저녁에 내일 경마 결과를 리딩해보고 맞는지 보자고. 자네가 하고 싶으면 해보지 뭐. 단 조건이 있어. 자네가 어떤 사람을 데려와야 해." 우리는 실험을 해봤고, 일곱 번의 경기 중에서 여섯

경기에 대한 정보를 얻었다. 나머지 한 번은 미리 승부가 조작되어 있어서 돈을 걸어봤자 지금 상태에서는 소용이 없을 거라고 했다. 그리하여 그 두 사람과 나는 함께 신시내티로 향했다.

다음날 아침에 이루어진 리딩에서는 그날 라토니아에서 벌어질 일곱 경기 중 네 경기만이 결과가 정해져 있지 않다고 나왔다. 조는 그 네 경기에 돈을 걸었고 모두 돈을 땄다. 그 다음날에도 리딩을 했는데, 리딩을 마치자 끔찍한 두통이 찾아와서 도저히 경마장에 갈 수 없었다. 난 완전히 폐인이 돼버렸고, 조도 마찬가지였다.

그로부터 몇 주 후, 조는 정신이상으로 요양원에 수용되었다. 그리고 나는 근 1년간 리딩을 할 수 없었다. 건강이 무너지고 있었다. 아무래도 결핵이나 더 심각한 병에 걸린 것 같았다. 그래서 나는 모든 걸 훌훌 털어버리기로 결정했다. 쓸데없는 참견도 그만두고, 실험도 그만두고, 내 마음속에 뭔가가 있는지 없는지 고민하는 일도 그만두기로 했다. 나는 볼링그린의 사진관 문도 닫고 고향으로 돌아와 몇 달간 푹 쉬었다. 나는 성경에 파묻혀 지냈고, 성심을 다해 진실한 기도를 올렸다. 그런 정보를 투기에 이용하려 했던 나라는 존재 자체에 갑작스럽게 회의가 들었다.

불현듯 내가 좋아하고 싫어하는 것이 바뀌었다는 사실을 깨달았다. 내가 추구했던 인간관계는 이런 게 아니었다. 어쩌다 이렇게 되었지? 나는 새삼 놀라고 말았다.

몇 번 리딩을 하려고 시도하기도 했다. 그러나 시간이 지날수록 아무리 노력해도 스스로 잠재의식 상태에 빠져드는 데 실패하는 일이 점점 잦아졌다. 나는 내가 원할 때조차 잠재의식 상태로 들어갈 수 없다는 사실을 깨닫기 시작했다. 나는 다시는 리딩을 시도해보지 않겠다고 결심했다.

이것은 일종의 시험이었다. 별로 내색하지 않았지만, 에드거는 그 일 때문에 겪은 사실들로 인해 이미 마음을 굳힌 듯했다. 그 애가 하는 일이 옳지 않다고 여긴 교회 사람들이 그 애를 손가락질했다. 그 애 자신도 자기 일이 의로운 것이자 해야만 하는 일이라는 사실을 받아들이기 위해 몇 번이고 외로운 사투를 벌여야 했다. 그러나 누군가가 그 애를 찾아와 자신이 심각한 병에 걸렸으며 의사들도 가망이 없다고 했다고 말하며 도와달라고 하면, 그 애는 "당연히 최선을 다해야죠"라고 대답하고는 그들을 도왔다. 그러면 환자의 병이 금세 낫고 건강도 빠르게 회복되었다. 도움을 받은 사람들은 입이 마르게 그 애를 칭찬하고 찬사를 아끼지 않았다. 그렇지만 그 애를 향한 비난도 여전히 끊이지 않았다.

그 애는 리딩의 내용을 받아 적을 사람을 구하지 못했다. 그래서 모든 사례를 일일이 기록할 수는 없었고, 상당수의 리딩 내용을 에드거 본인도 알지 못했다. 그 애가 리딩 중에 말한 내용에 대한 기록이 없었기 때문에, 그에 대한 지식이 없는 많은 이들이 리딩이라는 방식을 비웃고 조롱하고 우스운 일로 치부했다. 그들은 되도록 그 애를 멀리하려고 했다. 반면에 그 애를 높이 우러러보며 진정 살아 있는 위인이라고 여기는 사람들도 있었다. 물론 그들 대부분이 그 애와 아주 가까운 지인이었고 그 애기 히는 일이리면 무조건 믿을 사람들이었다. 하지만 그들 중에도 상당수가 그 애를 피했고, 그 애가 하는 일에 대한 질문에 대답조차 하지 않으려 했다.

이런 논쟁은 몇 달에서 몇 년까지도 이어졌다. 애매한 상황, 사람들 간의 불화, 엄청난 비난 때문에 레인 씨는 에드거와 그 애가 하는 일에 대해 보통 때는 거의 입을 열지 않았다. 누군가가 그에게 단도직입적으로 물어보지 않는 한, 에드거가 이뤄낸 성과에 대해서도 굳이 말하지 않았다. 이런 태도도 에드거에게는 부담이었다. 아마도 그 애는 대부분의 지인들, 스스로 무척 가깝다고 생각했던 이들이 이유 없이 자신에게 거리를 둔다고 느꼈을 것이다. 하지만 사람들은 계속 그 애를 찾아와 자신이나 자기 가족을 도와달라고 부탁했다. 리딩을 진행하는 사람과 리딩을 부탁한 사람, 에드거만 있을 때도 있었고, 방 안에 사람들이 꽉꽉 들어찬 때도 있었다. 리딩 현장에 사람이 많을 때면, 꼭 그 일에 무척 호의를 보이는 사람들과 혹독한 비난을 퍼붓는 사람들로 양분되었다. 누군가 "것 참 대단하군!"이라고 말하면, 또 누군가는 "저런 불가능한 일을 믿다니, 당신 바보 아니야?"라고 반박했다. 에드거가 사람들을 속이려는 게 아니라는 것쯤은 모두가 알고 있었다. 그러나 그 일을 꼼꼼하게 조사하는 사람들이 있는가 하면, 기록이 이루어지기 훨씬 전부터 리딩을 철석같이 신봉하던 사람들도 있었다. 후자의 경우는 리딩으로 도움을 받았던 사람들이나 그들과 가깝게 지냈던 사람들, 그리고 진실을 아는 이들의 증언을 믿기 때문이었다. 그 일을 비난하던 이들은 대개 그에 대해 아무것도 몰랐고, 리딩에 관해 뭔가를 알아내려고 하지도 않았으며, 도움을 받았던 환자들의 말을 귀담아 듣지도 않았다. 그저 고개를 흔들며 "그건 불가능해"라고 말할 뿐이었다.

너무나 많은 사람들의 극심한 반대에 부딪히자, 에드거의 마음속에는 이 일을 계속해야 할지 말아야 할지 의문이 생겨났다. 사람들의 의견이

나 리딩에 대한 견해가 어떠하든 그 애는 아무도 원망하지 않았다. 다만 만에 하나라도 자신이 잘못했을 가능성에 대해 고민하는 것 같았다. 왜냐하면 그 애를 비난하는 쪽이 더 우세한 데다, 그 중에는 그 애가 사랑하는 사람과 가까운 친구들이 상당수 있었기 때문이다. 리딩에 숨겨진 어떤 비밀이나 속임수를 찾아내려고 하는 사람들에게, 그 애는 이렇게 말했다. "그게 속임수라면, 사기를 치는 건 내가 아니오."

아버지인 나에게 현실성을 검증하는 것 따위는 중요치 않았다. 알 수 없는 어떤 존재, 전지전능한 힘 혹은 그게 무엇이든 간에 에드거의 목소리를 즉시 되돌려주는 걸 두 눈으로 똑똑히 보지 않았는가. 그건 분명 큰 도움이 되었다. 내 생각은 이렇다. 그것은 위대한 창조주가 에드거를 통해, 에드거를 위해 하는 일인 것이다.

몇 년간 지병으로 고생하는 친척이 한 명 있었다. 중년의 그가 나에게 부탁을 했고, 나는 리딩을 했다. 그후 그의 병이 나아진 것 같다는 연락을 받았다. 그 일을 어찌 잊을 수 있겠는가! 내가 방 안으로 들어서자, 침대에 누워 있는 그가 보였다. 그는 나를 올려다보며 친근한 옛 별명으로 나를 불렀다. "어이, 애늙은이. 이렇게 보게 되다니, 반갑구먼! 할 얘기가 있네." 그는 방 안에 있는 다른 사람들에게 손짓을 하며 "이 애늙은이와 둘이서 얘기를 하고 싶은데"라고 말했다. 사람들이 나가고 난 뒤, 그는 나에게 침대 옆 의자에 앉으라고 권했다. 그는 내 손을 잡고는 질문을 쏟아 붓기 시작했다.

"자, 묻고 싶은 게 있어. 네가 하는 일 말이야, 어떻게 하는 건지 너는 알고 있는 거야? 사람들 문제가 뭔지 어떻게 알려줄 수 있는 거지? 그걸 다 어디서 배웠어? 보라고, 난 아주 오랫동안 아팠어. 우리나라 최고의 의사들을 만났고, 제일 비싼 병원들을 전전했지. 그들은 일주일이고 열흘이고 2주일이고 날 입원시켰어. 의사 두세 명이 붙어서 매일같이 검사를 해댔어. 하나같이 뻔한 질문을 하고는 이렇게 말하더군. '문제가 뭔지 모르겠네요.' 그런데 너 말이야, 평생을 알았던 꼬맹이. 난 너희 부모님 어린 시절도 다 아는걸. 네가 태어났을 때부터 쭉 널 봐왔는데. 지난 2~3년간은 못 봤지만 말이야. 그런 네가 방 안으로 들어와서는, 나한테는 아무것도 묻지 않고 코트랑 넥타이를 벗어놓은 후 저 침대 위에 누웠지. 보니까 잠이 든 것 같더라만, 나에 대해 말하기 시작하는 거야. 내 기분이 어떤지, 내가 왜 아픈지, 언제 어디가 아픈지, 그 원인은 뭔지, 어떻게 하면 나을 수 있는지 줄줄이 늘어놓더라니까. 이걸 어떤 남자한테 말하더라고. 내가 보기엔 그 사람은 그런 걸 너보다 더 모르는데. 어떻게 그럴 수 있지? 그 남자한테 얻은 정보일 리는 없고, 나한테서 얻었을 리도 만무하고. 이봐, 도대체 그게 뭔가?"

내가 할 수 있는 대답은 "나도 몰라요!"뿐이었다.

"이봐 애늙은이, 신께서 너한테 뭔가 특별한 걸 주셨나봐. 선택받은 사람들에게만 주는. 그분이 너한테 주신 재능을 어디에 쓸지 곰곰이 생각해보라고. 남용은 안 되지만, 그걸 써야 해. 지금까지처럼 부끄럽게 여길 것도 없어. 나처럼 불쌍하고 고통 받는 인류를 도우라고."

그 말을 듣는 동안 나는 당황하고 있었다. 누군가 살아 있는 친구 중에 이게 도대체 무슨 일인지 알고, 날 바른 길로 인도해줄 이가 있었다면! 그랬다면 뭔가 달라졌을까? 그랬다면 상황이 더 나아졌을까? 누군가 이렇게 말했지. "경험은 소중한 배움의 기회이나, 바보는 아무것도 배우지 못한다." 정말 그런가? 아니면, 경험하지 못했다면 육감으로 배울 수 있는 게 아무것도 없다는 건 거짓말인가? 정신이 판단을 내리는 근거는 오직 비교뿐이다. 잠재의식은 육체와 영혼의 경험으로부터 판단을 내린다. 따라서 더 넓고 고차원적인 관점을 견지할 수 있다. 그래서 나는 공부하고, 사유하고, 판단을 하려고 애썼다.

그 과정에서 나는 다양한 분야의 다양한 사람들을 만났다. 누구는 질문을 했고, 누구는 코웃음 쳤으며, 누구는 안됐다는 표정을 지었고, 누구는 동정을 했다. 나는 리딩을 멀리하려고 애썼고, 오직 내가 기꺼이 할 마음이 생길 때에만 행했다. 그런데도 사람들은 자꾸만 나를 찾아와 거듭 감사를 표했다. "당신 덕분에 아이가 제 품으로 돌아왔답니다." "저에게 새로운 희망을 주었어요." "이제 삶을 완전히 새로운 시각으로 바라보게 되었어요."

하지만 과연 이런 일들이 내가 다니던 교회의 교의와 조화롭게 양립할 수 있을까? 주일학교 학생들이 그에 대해 물어본다면, 뭐라고 대답해야 하는가? 그것은 칭찬과 좋은 평판에 어울리는 일인가? 사람들의 일반적인 판단과 일치하는가? 내가 얼마나 혹독한 시험과 고난을 경험해야 했는지, 과연 알아줄 이가 있을까! 마침내, 나는 외쳤다. "다 없애버리겠어! 다 잊을 거야! 어딘가로 떠나야겠어. 다시는 그걸 입 밖에 내지 않겠어! 아무도, 아무것도 모르게 할 테야!"

그렇게 나는 다른 주로 떠났다. 여전히 공부하고, 일말의 진실이라도 찾으러 애쓰면서.

12_ 어울릴 수 없는 동지, 켓첨 박사 1910년

누구나 인생의 한 지점에서 과거에 자신이 했던 일,
다른 사람들 앞에서 행했던 일들과 마주치게 된다.

볼링그린에서 혹독한 시련을 겪은 후, 나는 앨라배마 주 래즈던으로 갔다. 그곳에서 사진업을 하는 젊은이와 친구가 되었다. 아내와 아들은 홉킨스빌에 남았으므로, 나는 그 젊은이의 부모님 집에 얹혀살게 되었다. 그들은 누구보다도 독실한 기독교인이었고, 나는 그들을 알게 된 것이 너무나 좋았다. 우리는 내가 그간 겪었던 일에 대해 자주 이야기를 나누었지만, 나는 그곳에 머무는 동안 단 한 번도 리딩을 행하지 않았다.

나는 전국 방방곡곡을 여행하며 사진을 찍었다. 여러 지방의 학교와 정치, 종교집회 현장을 돌아다녔다. 가능하면 탁 트인 공간에서 자연과 가까워지고 싶었기 때문에, 신중하게 장소를 골랐다. 캘훈과 탈라디가에서는 숲길을 따라 몇 킬로미터를 걷기도 했다.

앞에서도 이야기했듯이, 볼링그린에 머물던 시절에는 심령현상을 조사하겠다고 나를 찾아온 이들이 많았다. 1910년 5월, 앨라배마 주 잭슨빌의 주립 사범대학 총장이 몇몇 조사관들을 통해 나에게 연락을 취했다. 총장과 한두 명의 의사가 여러 가지 실험을 감행했고, 몇몇 실험에서는 주목할 만한 결과가 나오기도 했다. 예를 들어 수술을 받는 환자, 다리가 불구인 사람, 아주 희귀한 질병을 가진 어린이의 경우에는 실험이 제시한 치료법에 모두 반응을 보였다. 나로서는 라토니아 경마 사건 이후 처음으로 리딩을 재개한 것이었다.

일련의 실험으로 리딩이 다시 사람들 입에 오르내리기 시작했고, 애니스턴과 인근 마을에서 또 여러 번의 리딩이 이루어졌다. 대부분은 잭슨빌 학생인 하이드가 진행했는데, 그는 훗날 앨라배마 노부의 우체국장이 되었다. 애니스턴 신문은 이 실험들에 관한 기사를 꽤 크게 다루었다.

애니스턴에서 일하던 중에 나는 가족을 만나러 며칠간 홉킨스빌의 고향집으로 돌아갔다. 아버지가 마을의 의사인 웨슬리 H. 켓첨이 나를 몹시 만나고 싶어 한다고 전해주었다. 우리는 켓첨 박사의 진료실로 가서 그를 만났다. 그는 굉장히 붙임성 있고 호탕한 젊은이였다.

그가 내게 말했다. "당신 얘기를 많이 들었어요. 전국을 돌아다니며 많은 일을 하셨다죠? 사실, 제가 사는 집 안주인이 당신에게서 리딩을 받은 적이 있어요. 그런데 그 부인이 하룻밤 만에 머리가 하얗게 세어버렸답니다."

"그게 무슨 소리요?" 내가 물었다.

"그게 말이죠," 그가 씩 웃으며 대답했다. "당신이 말하길, 부인이 사용하던 염색약이 건강을 해친다고 했다더군요."

그제야 아버지와 나는 긴장을 놓고 웃을 수 있었다. 켓첨 박사는 디트리히 교수의 막내딸 에이미도 본 적이 있다고 했다.

"디트리히 부부는 무척이나 열성적이더군요. 당신을 정말 철석같이 믿는 것 같았어요. 저도 한번 보고 싶어요."

나는 볼링그린 시절 후반기의 울적한 경험을 이야기해주었다. 어떤 멍청한 기관에 강제로 보내진 한 젊은 친구에 대한 이야기도 했다. 나는 그를 위해 뭐든 해보려고 했지만 실패했고, 그 친구는 아직도 그 기관에서 빠져나오지 못했다. 나는 리딩을 할 수 없게 되었을 때는, 그냥 그대로 내버려두기로 했었다고 켓첨 박사에게 말했다. 앨라배마의 의사들과 함께 질병을 치료하는 실험을 재개하게 된 건 불과 몇 달밖에 되지 않았다고도 덧붙였다.

"그럼 저도 한번 보고 싶은데요." 켓첨 박사가 말했다. "리딩 현장을 보려면 어떻게 해야 하죠?"

나는 "정말로 리딩이 필요한 사람의 편지나 부탁을 나에게 전해준다면, 한번 해보지요"라고 대답했다. 그는 잠시만 기다려달라고 말하더니 자기 진료실로 돌아갔다. 15~20분쯤 지났을까, 그는 종이 한 장을 손에 들고 돌아왔다.

"여기 편지가 있어요. 언제 리딩을 볼 수 있을까요?"

"지금 해봅시다."

그래서 나는 그의 진찰대 위에 누웠고, 아버지가 리딩을 진행했다. 알고 보니 켓첨 박사는 속기사를 준비해두고 내가 잠재의식 상태에 빠져들자마자 그녀를 불렀다고 한다. 내가 깨어났을 때, 켓첨 박사는 양손을 옆구리에 올린 채 발을 앞뒤로 흔들면서 나를 지켜보고 있었다. 그가 입을 열었다. "으음, 내 평생 가장 인상적인 일이었지만, 그건 가짜에요. 맹세할 수 있다고요. 나 말고는 아무도 알아채지 못할 게 분명하군요. 당신은 독심술가에요. 당신이 누구에 대해 말했는지 알고 있나요?"

"아니요." 내가 대답했다.

"글쎄요, 알고 있을 텐데. 당신은 나에 대해 이야기했어요. 그리고 난 내 문제가 뭔지 알고요. 난 맹장염을 앓고 있어요. 다음 주에 수술을 받을 예정이죠. 하지만 당신은 쓸데없는 말만 늘어놓더군요. 몇 달 전 척추를 삐끗하는 사고를 당한 후 척추모양에 변형이 생겼고, 그래서 오른쪽 복부에 통증이 생긴 거라지 뭐예요. 그래서 내가 맹장염에 걸렸다고 생각하게 됐다나? 당신의 리딩은 이렇게 말하더군요. 정골사를 찾아가 뼈를 제대로 맞추면 며칠 내로 다 나을 거라고요. 다 허튼소리죠. 난 맹장염이에요. 국내 최고의 명의 여섯 명에게 진찰을 받았고, 모두 똑같은 진단을 내렸다고요."

"난 오늘 당신을 처음 만났어요." 내가 말했다. "당신이 가져온 편지가 누구 것인지도 몰랐고요. 심지어 내가 무슨 말을 했는지도 모르죠. 난 아무것도 요구하지 않았어요. 당신에게 뭔가를 보여주려고 한 게 아니라, 그저 일종의 채널로서 사람들을 돕고자 한 것뿐이에요. 덕분에 많은 이들이 새 삶을 살게 됐다고 얘기했고요."

그 현상을 믿지 않는 의사는 이전에도 숱하게 많았었다. 하지만 놀랍게도 켓첨은 내게 한 가지 제안을 했다.

그는 "케이시, 나하고 손잡으면 떼돈을 벌 수 있어요"라고 말했다. "당신을 다양한 곳에 데려가줄 수 있어요. 그런 실험을 보여주면 돈을 긁어모을 수 있을 거예요. 당신은 여기서 한 것처럼만 해요. 하지만 현실적으로 그런 게 있을 수는 없죠."

"의사 양반," 내가 말했다. "그게 가짜일 수도 있고 당신이 말한 게 진실일 수도 있어요. 하지만 나로선 이게 진실이오. 이 리딩이 가짜라는 걸 내게 증명해 보일 수 있다면, 리딩이 전한 정보가 틀리다는 걸 증명해낸다면, 내 약속하리다. 당신에게 정말 고마워하며 다시는 리딩을 하지 않겠소. 누군가를 속이면서 돈을 번다는 건 나로선 상상도 할 수 없어요." 말을 마치자마자 나는 그의 진료실을 빠져나왔다.

그날 저녁 9시쯤, 내 고향집 전화벨이 울렸다. 아버지가 받아보니 닥터 켓첨이었다. 그는 우리더러 자기 진료실로 와달라고 부탁했다. 켓첨은 문에서부터 우리를 맞았는데, 오른손으로 배를 움켜쥔 채였다. 그는 왼손을 내 어깨에 얹고는 말하기 시작했다.

"어서 들어와요. 당신은 가짜가 아니었어. 나야말로 바보였지. 당신이 진료실에서 나간 후로 당신이 한 말에 대해 계속 생각했어요. 사고가 있었던 적이 있으니, 그것 때문에 통증이 생길 수도 있는 것 아닌가? 생각할수록 정말 그럴 수도 있겠다 싶은 거예요. 당신이 한 말을 내가 기록해둔 걸 알고 있나요?"

"아니요."

"음, 여기 있어요. 난 이렇게 생각했죠. '켓첨, 어리석게 굴지 말자. 케이시는 너에게 증명해 보이라고 했어. 그러니 증명해보자고.' 그래서 곧바로 정골사인 올드햄 박사를 찾아가 진찰을 받았어요. 진찰을 받기 전에 그에게 당신을 아느냐고 물었죠. 그는 그렇다고 대답했어요. 이번에는 당신을 어떻게 생각하느냐고 물었어요. 그는 '글쎄, 그는 아주 대단한 일을 한다오. 내가 몇 달간 치료를 하기도 했소. 어떤 환자에 대한 이야기를 술술 늘어놓는 데 깜짝 놀랐다니까. 하지만 그가 아는 건 대부분 나한테 배운 거요. 그는 나와 알고 지낸 몇 달 동안 병명이 뭔지를 알고 생리학과 해부학에 대한 일반적인 지식을 어설프게나마 익혔지…' 라더군요. 나는 오늘 오후에 당신을 처음 만났고, 실험 대상이 나라고 알려주지도 않았다고 말했어요. '케이시는 자기가 누구에 대한 정보를 주고 있는지도 몰랐어요. 그리고 나더러 자기가 틀렸다면 그걸 증명하라고 하더군요. 당신이 좀 도와주세요.'

올드햄 박사는 내 척추를 손으로 쓸어보더니 어떤 지점에 이르러서는 그 척추골 이름을 대더니 '여기가 문제요'라고 말했어요. 그래서 나는 당신의 리딩 기록을 그에게 보여주었어요. 당신이 말한 그대로였어요! 나는 그에게 물었죠. '박사님, 그러면 앞으로 어떻게 되는 건가요?' 그는 '의사 선생, 당신은 이게 맹장염이라고 생각하겠지?'라고 되묻더군요. 나는 그에게 어떻게 하면 되겠냐고 물었어요. 그는 이렇게 대답했죠. '내 손을 여기에 갖다 댈 거요. 아내에게는 당신 발을 붙잡으라고 하고, 그리고 압박이 줄어들 때까지 당신 몸을 비틀 거요.' 나는 그만 소리를 치고 말았어요. '케이시의 기록을 보세요. 바로 다음 줄, 내가 뭘 해야 되는지에 관해서요. 당신이 말한 것과 똑같잖아요!'라고요. 케이시, 이 일엔 굉장한, 정말 굉장한 무언가가 있어요. 당신에겐 이 능력을 숨길 권리가 없다고요."

너는 그에게 조용히 말했다. "난 이미 성가신 일을 많이 겪었어요. 진짜 도움을 받은 사람이 꽤 많다 해도 말이에요. 나더러 어쩌란 말인지 모르겠군요."

내가 앨라배마로 돌아온 지 한 달쯤 지났을 때, 켓첨 박사로부터 전보가 도착했다. 즉시 와서 그곳의 저명인사에게 정보를 달라는 내용이었다. 그는 내게 기차표를 보냈고, 나는 사진관 일을 잠시 접어둔 채 홉킨스빌로 돌아갔다.

고향집에 도착하니 아버지가 그 저명인사의 가족이 보낸 편지를 손에 들고 있었다. 리딩을 할 때는 그 가족들이 옆방에 있었기 때문에 나는 그들을 보지 못했다. 두 명의 속기사가 이 리딩을 기록했다. 켓첨은 그저 이렇게만 말했다. "음, 이번 건은 추후 조사를 통해 맞는지 틀리는지를 증명해야 해요."

리딩을 마친 후 나는 본업으로 돌아왔고 그 일에 대한 것은 그걸로 끝이었다.*

한창 무더운 여름, 나는 사진사인 트레슬러 씨에게 고용되어 앨라배마 주 몽고메리로 이사를 갔다. 그해 여름 막바지에 이르러서는 몇몇 지방의 환자에게 리딩을 해주었고, 내 조카인 토머스 케이시가 리딩을 진행했다.

그해 10월, 전혀 예기치 못한 일이 벌어졌다. 신문을 보다가, 예전에 홉킨스빌로 불려가 행했던 리딩의 기록을 켓첨 박사가 보스턴의 미국 임상연구회에 보냈다는 걸 알았다. 그 기록은 학회지에 실렸고, 〈뉴욕 타임스〉 지도 그에 관한 기사를 내보냈다. 〈뉴욕 타임스〉에 실린 기사의 헤드라인은 다음과 같다.

---

*수년 후 한 인터뷰에서 켓첨 박사는 자신이 그 리딩의 제안을 따랐고, 환자는 회복되었지만 환자의 가족들에게는 케이시에 관해 알려주지 않았다고 말했다. "왜냐하면 당시 분위기로는 그런 이상한 제안을 들먹이는 건 정상적인 일이 아니었거든요!"

'비전문가가 최면 상태로 의사가 되다. 에드거 케이시가 보여준 신비한 힘이 의사들을 혼란에 빠뜨리고 있다'*

다른 언론도 냄새를 맡고는 내 소재를 추적하기 시작했다. 내가 홉킨스빌에서 나고 자랐다는 사실이 보도된 후, 우리 가족은 기자들에게 둘러싸여 옴짝달싹할 수 없었다. 처음 얼마간은 언론의 접촉을 피하는데 온 신경을 집중했다. 그러나 켓첨 박사와 홉킨스빌 호텔의 주인인 앨버트 노의 끈질긴 설득으로 결국은 인터뷰에 응할 수밖에 없었다. 인터뷰를 마치고 집에 돌아오자, 내 앞으로 2천 달러 상당의 현금과 수표, 그리고 2만 통이 넘는 편지가 도착해 있었다.

1910년 가을 몇 달 동안 미국 전역이 내 이야기로 들끓었다. 나는 도대체 어찌할 바를 몰랐고, 친구들과 친척, 지인들이 이런저런 조언을 해주었다. 그러던 중 켓첨 박사와 노 씨가 나에게 사업적인 측면에서 과학연구회를 운영하자고 제의했다. 꽤 괜찮은 아이디어인 것 같았다. 나 역시 나 자신은 물론이고 어느 누구도 기만하고 싶지 않았기 때문이다. 이런 채널을 통해 내가 도움이 될 수 있다면, 그것도 인류를 위한 나의 책무 아니겠는가? 아니면 나는 허튼 속임수에 돈을 투자하라고 사람들을 꼬드길 쉬운 방법을 찾고 있었을까?

나는 시 법원, 카운티 법원, 순회재판구, 주 법원 판사 등 정치적 영향력을 가진 유명인사 몇 명에게 실험현장에 참석하여 의견을 달라고 부탁했다. 내가 정말 돌팔이 사기꾼인지, 아니면 정말로 주목될 만한 징

---

*켓첨 박사가 보스턴 연구회에 보낸 자료는 본명을 밝히지 않고 홉킨스빌에 산다고만 밝혔는데 에드거 케이시의 아버지가 정보를 제공한 것으로 보인다. 켓첨은 보스턴 연구회의 다음 모임에 참석하여 자신의 환자 다수를 치료한 케이시의 기적적인 결과를 극찬하는 보고서를 낭독했다.

보를 제공하여 사람들에게 도움을 줄 수 있는지 판단해달라는 뜻이었다. 그들은 자기 의견을 글로 남겼고, 모두 선한 의도라는 데 동의했다.

노 씨와 켓첨 박사, 나는 계약을 했다. 그들은 이런저런 일을 하고 나는 이런저런 일을 하며, 거기에서 나오는 수익은 무조건 평등하게 나눈다는 것이 계약의 내용이었다. 다시 말해, 그들은 사무실을 운영하고, 일이 이루어지는 데 필요한 자원을 공급하며, 사업에 필요한 특정 자금을 조달하는 등의 책임을 맡았다. 나는 계약하기 전에, 평소에 명망 있고 올곧으며 훌륭한 사업가라고 생각했던 여러 법률가와 박사에게 내 리딩을 듣고 내가 그런 계약을 맺는 게 과연 옳은 일인지 검토해달라고 부탁했다. 그들은 계약을 맺어도 좋다고 했고, 계약이 체결되었다. 법원 판사가 그 계약은 합법적이며 모든 효력이 있다고 확인해주었다. 사무실은 홉킨스빌에 차리고 속기사도 채용했다.

사무실은 내가 일했던 서점이 있는 건물 2층에 마련되었다. 문에는 페인트로 '에드거 케이시— 심령진단의'라고 썼다. 조그만 홀 바로 맞은편 문에는 '케이시 사진관'이라고 썼다. 켓첨 박사와 노 씨의 사업에 가담하기로 했을 때 계약조건 중 하나로 넣었던 것이다. 그들은 사진관을 위한 공간과 장비를 지원해주기로 했고 사무실에는 최고급 가구가 들어섰다. 이것이 그들이 한 일이었다.

심령진단의 사무실로 들어서면 멋진 깔개와 탁자, 의자 두 개가 놓인 작은 복도가 있었다. 복도 끝에는 사무실로 들어가는 문이 있고, 사무실 안에는 5~6미터 정도의 공간과 고급스런 가구가 있었다. 커다란 흔들의자 두 개, 안락의자 두 개, 탁자, 타자기가 놓인 아버지의 책상이 있었다. 사무실을 벗어나면 리딩실이 있었다. 그곳에는 내가 누워서 리딩을 할 수 있도록 특별히 고안된 높은 탁자가 있었다. 속기사를 위한 탁자와 의자도 있었지만, 진행자를 위한 의자는 없었다. 진행자가 앉기에는 탁자가 너무 높았기 때문이었다.

나는 하루에 두 번 이상(가끔은 세 번)은 리딩을 하지 않았기 때문에 결과적으로 그리 많은 리딩을 할 수는 없었고, 몇 달간 아주 바쁜 나날을 보내야 했다. 지역 사례를 주로 리딩했고, 먼 곳에 있는 사람에 대한 리딩은 간혹 이루어졌다.

그 무렵 지역 의사회에서 켓첨을 추방하겠다고 위협했다. '일개 사기꾼에 불과한 케이시라는 작자와 작당하여 괴이한 소동을 몰고왔다'는 이유에서였다. 그러나 켓첨은 그들을 설득하여 나에게 가장 난해한 사례를 진단하게 하였고, 나의 리딩을 목격한 의사회는 켓첨에 대한 추방 위협을 철회했다.

13_ 시험을 당하다 1911년, 시카고

신은 우리에게 길을 보여주기 위해, 보이지 않는 채널을 사용하신다는 걸 깨닫는 결정적인 계기를 언제 맞게 될까?

로즈웰 필드는 시카고 비즈니스계의 거물인 마셜 필드의 동생이었다. 그가 일하던 〈시카고 이그재미너〉지는 랜돌프 허스트 씨 소유의 신문사였다. 로즈웰은 마을에 머무는 동안 몇 번의 인터뷰를 했고 신문에 두세 번의 기사를 내보냈다. 첫 번째 기사는 1면에 나와 다섯 살된 아들 휴 린의 사진, 그리고 뵈메 씨에게 리딩을 하는 내 모습과 그 옆에 서서 질문을 하는 아버지, 리딩 내용을 받아 적는 속기사의 모습이 담긴 사진이 대문짝만하게 실렸다. 다음은 시카고 신문의 기사 내용이다.

'환자를 진단하고 치료하는 심령술사'
'의학에 무지한 켄터키 출신 심령술사, 트랜스 상태에서 치유자로'
'의학계의 새로운 수수께끼'
'자신은 최면 상태에서 일어나는 일을 전혀 기억하지 못해'

'의문의 살인사건 해결'

'경이롭고 성공적인 치료를 보증하는 진술서 잇따라'

— 로즈웰 필드

2월 18일, 켄터키 주 홉킨스빌. "당신 앞에는 켄터키 주 뉴포트 오버턴 가 632번지에 사는 어거스트 뵈메 씨가 있습니다. 그에게 조심스레 접근하여 전체적으로 살펴본 후, 그의 현재 상태가 어떠한지 말해보십시오."

에드거 케이시의 아버지, 즉 '진행자'가 눈앞에 트랜스 상태로 누워 있는 아들에게 말했다. 에드거 케이시는 무의식 최면술사 혹은 심령진단의다. 잠든 사람으로부터 아주 느릿느릿 답변이 돌아왔다.

"켄터키 주 뉴포트 오버턴 가 632번지의 어거스트 뵈메 씨, 네, 뵈메 씨가 여기에 있습니다. 이전에도 그를 진찰한 적이 있죠. 지금 그의 상태는 훨씬 좋아졌네요. 전체적인 순환계를 타고 꽤 건강해졌어요. (…)"

그러나 본 기자는 처음부터 의심스러운 이야기를 시작하려 한다. 에드거 케이시는 누구이며, 그는 왜 최면상태에서 알지도 못하는 뉴포트의 뵈메 씨에 관해 꼬치꼬치 캐묻는 질문에 답해야 하는가? 이것은 그의 고향 사람들을 흥분으로 들썩이게 하고, 의사들을 당황케 하며, 영성주의자들을 기쁘게 하는 질문이다. 초자연적인 현상이 존재하는 게 진실이라면, 그 진실을 추구하는 심령주의자들과 그 밖의 모든 이에게도 희소식이 아닐 수 없다.

홉킨스빌의 담배전쟁

먼 옛날 그 유명한 조 뮬라턴이 묘사하여 한때 큰 화제의 중심이 되었던 홉킨스빌에 대한 숨겨진 이야기가 있다. 최초로 다리가 일곱 개인 송아지가 발견된 것을 비롯하여 여러 신기한 물건으로 처음 세상에 알려진 이 아름다운 마을에는 바르넘 씨의 활기 넘치는 사업인생에 관한, 잊을 수 없는 추억도 존재한다.

2년 전, 카우보이들이 한밤중에 이 마을과 인근을 급습하여 일대가 발칵 뒤집혔다. 홉킨스빌은 담배 재배로 유명한 고장이었고, 담배 전쟁은 군대 역사상 한 획을 긋는 일대 사건이었다. 그러나 어떠한 사건도(대단하든 시시하든) 농부의 아들이자 사진사, 그리고 심령진단의인 에드거 케이시가 일으킨 신비하고도 경이로운 돌풍에는 미치지 못할 것이다.

이제 본 기자는 가능한 한 그에게서 직접 들은 그대로 그의 이야기를 전하고자 한다.

홉킨스빌의 메인 가 끝자락, 좁은 층계참 옆에는 '케이시 사진관'이라는 간판이 보인다. 계단 위로 올라가면 두 개의 문이 있다. 하나는 사진현상실로 바로 이어지고, 나머지 하나는 특실로 연결된다. 특실문 유리에는 '에드거 케이시— 심령진단의'라는 글씨가 페인트로 적혀 있다. 이쯤 되면 사진사와 심령진단의는 동일인물이라는 걸 누구나 알 수 있으리라.

영능력을 지니다

지역에서는 6~7년간, 전국적으로는 대략 4~5개월간, 에드거 케이시의 유명세는 꾸준히 올라가고 있다. 단순하고 느긋하며 겸손한, 교육도 거의 받지 못한 젊은이가 놀라운 영능력을 지녔다는 소문은 빠르게 퍼졌다. 그는 트랜스 혹은 최면상태(혹은 누가 뭐라고 부르건 간에)에서 사람들의 상태를 묘사할 수 있었다. 그는 자기 자신과 분리되어 마치 다른 사람이 된 것처럼 보이는데, 마음의 눈으로 수백, 수천 킬로미터나 떨어진 사람들을 볼 수 있다. 뿐만 아니라 사람들의 건강상태에 대한 사전지식이 전혀 없는 상태로 각각에 대한 진단을 내리고 그에 따른 치료법도 처방해준다. 모두 그의 비범한 마음의 눈이 지시하는 것이다.

여기서 끝이 아니다. 그의 언어는 해부학과 생리학에 대한 해박한 지식을 갖춘 의학 전문가와 같으며, 진단도 놀랍도록 빠르고 정확하다.

환자들의 주치의가 나름대로 진단을 내린 후라 해도 케이시가 전혀 다른 진단을 내린다면, 의사들도 받아들이는 수밖에 없다.

의사들, 가짜라고 주장

의사란 몹시 도덕적인 집단이다. 그들은 그런 마술 따위는 조금도 인정하지 않는다. 그래서 그들 대부분이 공공연히 의혹을 제기하는 한편, 케이시는 가짜라고 단언한다. 하지만 어떻게 그걸 증명하겠는가? 이 불완전한 소개를 끝맺으려면, 트랜스 상태에 있지 않은 케이시는 의사도 진단의도 아니라는 사실을 말해둘 필요가 있을 것 같다. 그는 그저 평범한 농부의 아들이자 사진사일 뿐이다. 더욱 정확히 말하면, 그는 모세혈관 순환으로부터 태양신경총(solar plexus, 명치 안쪽 복강 내 신경이 모여 있는 곳)을 알아낼 만한 사람이 아니다. 에드거 케이시 본인이 그렇게 말했고, 본 기자는 그의 말을 기꺼이 옮기고 있을 뿐이다.

본 기자는 사진사로서의 그에 대한 관심은 별로 없지만, 심령술사로서의 그에게는 엄청난 관심을 가지고 있기에 사진관에서 나와 진단의를 찾아다녔다. 그는 아버지와 함께 안내실에서 '시간을 숙이고' 있었다. 그야말로 켄터키 식으로 말이다. 그의 외모는 눈에 띄게 신기하지도 실망스럽지도 않았다. 뛰어난 작품이라 할 만한 그의 사진이 그나마 그의 명성을 증명하는 듯했다. 선하고 정직한 눈, 적당히 넓은 이마를 가진 훤칠하고 호리호리한 청년, 그리고 아주 평범한 모습 그 자체였다.

그는 25세 청년처럼 보이지만 사실은 33세다. 그는 본 기자에게 오래 전 케이시 가족이 어떻게 프랑스에서 건너오게 되었는지, 조상 중 한 명이 어떻게 아일랜드 소녀와 결혼하게 되었는지 말해주었고, 그래서 발음이 같은 케이시(Casey)와 케이시(Cayce)를 혼동할 수도 있다고 말했다. 그는 아버지가 태어났던 고향 크리스천 카운티에서 태어났다. 케이시 가는 지난 수백 년간 켄터키에서 태어나 살았다.

필드 씨는 내가 실성증에 걸리고 그 능력을 사용하여 목소리를 되찾은 것을 계기로 이상한 현상을 발견하게 된 이야기를 기사로 쓰기도 했다. 그는 내게 물었다. "당신 자신을 위해 이 힘을 사용하게 되지 않던가요?"

나는 이렇게 대답했다. "아뇨, 선생. 난 그게 부끄러웠소. 그런 식으로 나 자신을 광고해서는 안 된다는 생각이 들었지요."

필드는 내가 심령진단을 진지하게 받아들이게 된 경위도 물어보았다. 나는 병에 걸린 아버지의 사촌을 치료한 이야기를 해주었다. "그분은 신이 내게 주신 재능을 인류를 위해 써야 한다고 말씀하셨소. 난 언제든 아픈 사람들을 도울 준비가 되어 있지만, 리딩을 돈 버는 수단으로 끌어들이는 건 영 거북해서 말이지. 창피한 느낌이었다고나 할까? 그래요, 나는 툭하면 트랜스로 들어가 지역 의사들을 돕지. '잠자는 것'이 나에게 해가 되지는 않는다는 걸 알았고."

"트랜스가 당신의 신경계에 영향을 미치지는 않는다는 뜻인가요?"

그가 질문했다.

"천만에, 오히려 나한텐 더 좋은 것 같소. 깨어나면 항상 상쾌하고 가뿐하거든. 하지만 그건 내가 진실로 다른 사람에게 좋은 일을 하기 때문인 것 같소. 뭐, 내가 그렇다고 생각하거나. 기운이 빠지거나 우울해지는 건 쓸데없는 호기심을 채워주거나 해서는 안 될 것 같은 일을 할 때뿐이라오. 한때는 의사들이 한 번 잠들었을 때 서너 건을 해결해보라고 요구하기도 했지. 하지만 지금은 한 번에 하나씩, 혹은 3일에 한 번씩만 리딩을 한다오."

기자는 내 능력을 어떻게 설명할 수 있는지 물었고 나는 대답했다. "설명은 할 수 없소. 아는 게 없거든. 내가 아는 거라곤 깨어난 후 받는 기록뿐이지. 그런데 하나같이 외계어 같아."

그는 나에게 다른 종류의 영능력을 발휘할 수 있는지 물었다.

"그렇소만 내가 별로 좋아하지 않소. 내가 이 재능을 소홀히 한다면 신이 그걸 도로 거두어 가실 거요. 난 진짜로 그렇게 생각한다오."

그때, 함께 있던 누군가가 캐나다 살인사건을 언급했다. 볼링그린에 머물 때의 일이었다. 필드는 그 이야기를 해달라고 했다.

"캐나다에서 온 친구가 있었지. 그의 아버지가 미해결 살인사건 기사가 실린 신문을 그에게 보냈다오. 한 소녀가 집에서 살해된 채 발견됐는데, 여동생은 신경질적으로 비명을 질러대고 있었다지. 하지만 당시는 물론 그후에도 그 사건에 대해서는 입을 꾹 다물었다고 하더군. 내 친구가 나에게 그 사건을 해결힐 수 있겠냐고 물었소. 나는 잠에 빠져들어 내가 본 그대로 살인을 묘사했소. 한 남자를 두고 두 명의 소녀가 다툼을 벌였지. 그러다가 한 소녀가 자기 언니를 쏘고는 총알을 변기에

버리고 물을 내려버렸소. 난 소녀들이 주고받은 말을 그대로 옮길 수 있었고, 총알 모양도 생생하게 묘사할 수 있었소. 그리고 경찰에게 총알을 찾을 수 있는 곳을 말해줄 수도 있었지. 배수관이 구식이라서 총알은 하수구로 흘러가 한 지점에서 걸려 있었소. 경찰은 내가 가르쳐준 지점에서 총알을 찾았다오. 그리고 내가 읊었던 소녀들의 대화를 여동생에게 들려주었더니, 그 애가 순순히 살인을 인정했다고 하더이다. 캐나다인들이 보상금을 보냈지만 우리 집사람은 그 돈을 받지 말자고 했소. 피 묻은 돈이라는 거지. 사실 내 평생 그런 거금이 필요할 일도 없고."

필드는 다음과 같이 기사를 썼다.

이 이야기는 본 기자에게 깊은 인상을 남겼다. 화요일 아침에 나누는 대화로서는 썩 훌륭하지 않은가. 이야기를 마치는 게 아쉬울 정도였다. 그래서 이번에는 남부 철도청장이었던 스펜서 씨의 죽음을 예견한 이야기를 해달라고 졸랐다. 그 예견은 훗날 목격자들이 진술한 내용과 정확히 일치했다.

케이시는 본 기자와 대화를 나누는 내내 그가 이룬 일에 대한 지금의 폭발적인 관심에 대해 아무런 감정도 내비치지 않았다. (…) 그는 그의 업적을 인정하지 않는 의사들에 대한 적개심도 전혀 보이지 않았다. 본 기자가 본 바로는, 세간의 평가에 대한 철저한 무관심이 오히려 그의 능력을 더욱 빛나게 할 뿐이었다.

이 기사의 서두를 장식한 뉴포트 신사의 몸 상태에 대한 진단이 내려지려는 참이었다. 기쁘게도 본 기자는 이 일이 진행되는 과정을 지켜볼 기회를 얻었다. 수면실(편의상 이렇게 부르려 한다)은 안내실과 붙어 있었다. 작지만 빛이 잘 드는 방이었다. 본 기자가 "케이시 씨, 당신 눈에서 번뜩이는 전기불빛을 끄면 안 되는 거죠? 보통 사람이라면 혼이 나가버리겠어요"라고 말하자, 그는 조용히 미소를 지었다.

방 한가운데에는 길고 높은 소파가 놓여 있었고, 그 옆에는 속기사가 앉을 의자와 탁자가 있었다. 케이시는 코트와 조끼, 넥타이를 차례로 벗고는 소파에 반듯이 누웠다. 속기사는 그의 왼편에 앉고, 그의 아버지는 오른편에 섰다. 4시 15분, 케이시는 소파 위에서 몸을 쭉 뻗더니 똑바로 누워 양손을 포개 배 위에 올려놓았다. 그는 멀쩡히 깨어 있었지만, 아주 편안해 보였다.

4분 후 그의 눈꺼풀이 내려앉기 시작했다. 그의 아버지는 다음과 같은 식으로 같은 문구를 반복해 읊었다. "에드거, 당신은 잠에 빠져듭니다. 당신은 아주 건강합니다. 맥박도 정상입니다. 호흡도 규칙적으로 안정돼 있습니다. 당신은 모든 면에서 건강한 사람입니다."

2분 후 그의 눈이 감기고 아버지는 "에드거, 당신은 이제 잠들었습니다"라고 말했다. 그후 이루어진 질문과 답변은 부록에 실린 속기사의 기록 그대로다. 심령의 목소리는 처음엔 낮고 작았지만, 차츰 강해져서 종국에는 깨어 있는 사람이 말하는 것처럼 생생했다.

질문과 답변이 약 7분간 이어졌고, 아버지가 "그만"이라고 말하면서 끝이 났다. 아버지는 시작 때처럼 최상의 건강상태를 반복하여 확신시켜주고는, "에드거, 당신은 1분 20초 후에 깨어날 겁니다"라고 말했다. 본 기자가 시계를 확인해보았는데, 에드거는 정확히 1분 20초 후에 눈을 뜨고는 소파에서 일어났다. 그는 잠들기 이전과 전혀 다를 바 없어 보였다. 그저 짧지만 개운한 낮잠을 자고 난 것처럼 보일 뿐이었다. 꼭 그때만이 아니라도,

깨어 있는 한 그는 남과 다른 구석이라곤 찾아볼 수 없는 사람이었다.

때로는 그가 기진맥진하고 불안한 상태로 잠에서 깨어나는 경우도 있다고 한다. 그런 경우는 그의 환영이 특별히 불쾌함을 느꼈을 때뿐이다. 본 기자가 관찰한 바로는 최면 때문에 경직되고 냉랭한 분위기가 조성되는 때는 없었다. 최면은 그야말로 편안히 한숨 자고 나면 좋은 결과가 나오는, 만족 그 자체였다.

진단이 내려지기 바쁘게 속기사가 노트에 그 내용을 받아 적었다. 본 기자는 그 노트를 철자나 용어 하나 바꾸지 않고 그대로 여기에 실으려 한다. 현장에 있던 본 기자가 기억하는 한, 이 기록은 전혀 거짓이 없다. 확실히 정확하게 기록되었지만 아주 급하게 씌어졌기에 케이시나 속기사가 실수를 한 부분도 꽤 있다. 그러나 편견을 갖지 않는 의사들의 말에 의하면, 그런 실수 정도는 당연하며 이해할 만하다고 한다.

다음은 속기사 팍슨 양이 기록한 내용이다. 아버지가 반복하는 문구는 생략했다.

이 리딩은 1911년 2월 16일, 켄터키 주 홉킨스빌에서 에드거 케이시가 행한 것이다.

참석자 : 에드거 케이시, 레슬리 케이시(진행자), 캐서린 팍슨(속기사)

레슬리 : 당신 앞에는 켄터키 주 뉴포트에 사는 어거스트 뵈메 씨가 있습니다. 그에게 조심스레 접근하여 전체적으로 살펴본 후, 그의 현재 상태가 어떠한지 말해보십시오.

어드거 : 네, 뵈메 씨가 여기 있군요. 이전에도 그를 진찰한 적이 있죠. 지금 그의 상태는 훨씬 좋아졌네요. 전체적인 순환계를 타고 꽤 건강해졌어요. 소화기는, 그러니까 문제가 있던 복부 소화기관과 십이지장까지, 그리고 췌장액의 소화작용도 치료로 많이 나았군요. 외부치료와 내부치료를

병행한 결과에요. 복부로 들어간 치료성분이 복부 혹은 몸이 스스로 만들어낸 소화액과 잘 융합되었어요.

이제 모세혈관이나 림프관 순환계를 살펴봅니다. 교감신경계의 작용은 이전에 봤던 것과 거의 같군요. 피부 쪽이 막혔네요. 머리 쪽에도 가끔 통증이 느껴집니다. 뱃속에 침전물이 교감신경계와 중추신경계 사이의 작용을 약화시키고 있습니다. 여기, 복부의 태양신경총 부분이 끊어져 있어요. 그러면 침전물이 교감신경계와 중추신경계 작용과 결합하여 전체적인 체계에 영향을 미치게 됩니다. 모세혈관이나 림프관 순환이 원활하게 되지 않는 거죠. 이 문제가 더 커진다면, 전체적 순환계가 막혀버리거나 몸속에 지방이 부족해집니다. 몸 상태 자체는 많이 나아졌습니다. 여기 복부가 그렇지요. 하지만 순환계 사이의 연결이 원활하지 못해서 몸에 몇 가지 성가신 문제가 생긴 겁니다. (…)

질문 : 그럼 이제 이 상태에서 벗어나기 위한 치료법은 무엇입니까?

답변 : 복부내장을 치료하는 데 했던 방식은 그대로 유지하세요. 그동안 회복된 것을 유지하고 더 나아지게 하기 위해서입니다. 하지만 교감신경계와 중추신경계가 조화를 이루게 해야 합니다. 척추를 따라, 그리고 몸 전체에 걸친 신경계에 전기력을 가해주세요. 아니면 손으로 몸의 근력을 조절하고 이완시켜주세요.

질문 : 다른 치료법은 없나요?

답변 : 없습니다.

(서명) 캐서린 팍슨, 속기사

시카고에서 온 이 기자는 또 다른 사례에 관한 기사도 썼다. 켓첨 박사의 환자였던 마을 유지, 루시엔 데이비스 씨의 일이었다.

에드거 케이시가 도움을 준 가장 눈부신 치료사례는 저명한 정치가이자 부유한 사업가 루시엔 H. 데이비스의 경우였다. 데이비스 씨는 얼마 전부터 복부에 통증을 느꼈는데, 여러 의사들이 그에게 맹장염이라고 단언했다. 케이시가 그 통증은 척추에 문제가 있어서라고 진단을 내렸을 때, 데이비스는 이미 맹장염 수술을 예약해둔 상태였다.

속기사가 기록한 진단과 치료내용은 다음과 같다. 이 기록은 법정진술서에도 삽입되었다.

1번 경추, 2번에서 8번 흉추, 2번과 3번 요추가 손상을 입었네요. 그게 양쪽 신경절 전체 혹은 교감신경계 전체에 영향을 미치고 있어요. 10번과 11번 흉추 부위의 손상은 태양신경총, 그러니까 위 바로 뒤쪽 지점에 직접적인 영향을 줍니다. 한마디로 척추울혈입니다.

이번 사례에는 노폐물이 충분히 배출되지 못하는 경우입니다. 신경계 전체가 과로 상태인 탓입니다. 그 반응 작용이 현재 신장과 간, 비장에 직접적인 영향을 주고 있군요. 몸 전체가 쉽게 과민해지고, 통증이 몸 이곳저곳을 옮겨 다닙니다. 신경 작용이 제대로 이루어지지 않기 때문입니다.

장기간 지속된 과중한 업무가 이런 상태를 낳았습니다. 동물적인 에너지가 소진된 상태에요. 다시 말해, 모든 것이 지나친 긴장 상태로 치달았습니다. 순환 속도가 늦어졌고, 심박수와 체온도 평균 이하입니다. 백혈구도 부족하군요. 비장 역시 제대로 기능하고 있지 못합니다. 제대로 된 기능이라도 이렇게 혹사시키면 결국 멈추어버리기 마련이지요.

치료법은 다음과 같습니다. 전기치료와 손상부위 조정을 병행하세요. 상세한 사항은 다음을 참고하십시오.

맹장부위의 통증은 척추손상 때문입니다. 하부늑골신경 뿌리 근처가 예민해져 있어서 그곳에서 뻗어나가는 부위, 맹장과 그 부근에 통증이 생긴 것입니다. 기관에는 아무 문제가 없습니다. 순전히 기능적인 문제입니다.

이것만은 덧붙일 필요가 있겠네요. 데이비스 씨는 이전에 들은 것과는 달리 '6주 이내에' 사망하지 않았습니다. 치료를 받고 건강해졌지요. 오히려 지금은 그 누구보다도 생생하게 살아 있습니다. 자신의 생존에 만족하면서 말입니다.

필드 씨가 시카고로 돌아간 후, 그의 편집국장이 시카고에 있는 신문사로 나를 초대했다. 시연 일정은 그들이 잡아놓을 거라고 했다. 그리하여 나와 아버지, 노 씨가 함께 시카고로 가서 라살르 호텔에 머물렀다. 우리를 데리고 다니면서 안내할 한두 명의 사람도 함께였다. 그들은 몇몇 대학 학장들이 시연을 보도록 약속을 잡겠다고 했다.

사나흘이 지난 밤 10~11시경, 우리는 대학 학장들과 연락이 닿지 않는다는 말을 들었다. 하지만 신문사에 세 명의 의사가 있으니 나만 괜찮다면 그들 중 한 명의 환자를 대상으로 시연을 해달라고 했다. 신문사 측은 의사들에게 참석을 부탁하면서 실험이 성공한다면 그들의 이름을 밝혀도 되겠냐고 물었다. 그들은 거절했다. 게다가 우리가 선택할 의사에게도 환자를 실험하지 못하게 했다. 여러 모로 복잡한 논의가 이루어졌다.

그래서 나는 도로시 아놀드라는 실종 여성을 찾는 일을 비롯하여 당시 지역에서 문제가 되고 있는 몇 가지 의문의 사건들을 풀어달라는 요청을 받았다. 아버지는 그런 일은 절대로 할 수 없다고 강하게 주장했지만, 기자들은 내가 그 정도는 해줘야 한다고 고집했다. 이러나저러나 악명 높은 신문사의 횡포가 나에게 돌아온 것이었다. 다음날 새벽 2시경, 나는 결국 의사의 환자 건을 맡는 데 동의했다.

리딩이 끝나고 의식이 돌아오자, 한 의사가 다른 의사에게 환자의 상태에 대한 리딩의 설명이 맞는지, 그 환자의 문제가 뭔지 물었다.

"당신도 들었잖소. 당신은 문제가 뭐라고 생각하시오?" 그가 되물었다.

"초기에는 별 문제가 없었을 거요. 하지만 당신이 방치하는 바람에 결국 운동부족으로까지 발전하고 말았소."

"그래요, 그게 환자의 병명이오." 그가 말했다.

기자들은 의사의 설명을 듣고 기사로 조목조목 작성하여 의사에게 서명을 부탁했다. 그는 당연히 거절했다. 다음날 아침 신문의 두 번째 섹션 헤드라인은 '그가 왔노라, 우리가 보았노라, 그러나 그는 정복하지 못했노라'였다. 에드거 케이시는 무리한 요구를 하고 이런저런 일을 거절했다, 의사는 그곳에서 무엇이 나왔든 별 의미 없는 것이었다고 말했다, 온통 알아듣지 못할 의미 없는 말뿐이어서 속기사조차 아무것도 쓰지 못했다는 내용의 기사였다.

그러나 그날 오후 〈시카고 이그재미너〉 지는 내 리딩으로 도움을 받았다는 사람들의 진술서를 포함한 기사를 실었다. 분명 많은 이들이 리딩은 헛소리가 아니라고 믿고 있었고, 덕분에 나도 그것이 의미 있는 일이라고 생각할 수 있었다.

14_ 삶과 죽음의 사이에서

한 인간이 탄생할 때, 태양계의 위치가 영향을 미쳐 본인의 의지와는
상관없이 특정한 성향과 행동을 의식 안으로 주입시킨다.

몇 달간 시름시름 앓던 아내의 병세가 그 무렵 갑자기 악화되기 시작했다.* 여러 의사들이 그녀를 진찰했다. 그녀가 간신히 고비를 넘기고 난 다음날 주치의 중 한 명이 나에게 자기 사무실로 오라고 했다.

"케이시, 이런 말은 하고 싶지 않지만…" 그가 말했다. "자네 집사람은 이제 일주일도 못 넘길 것 같아. 우리가 아는 모든 의학적 지식을 동원해도 그녀를 낫게 하거나, 하다못해 지금 상태라도 유지하게 할 방도가 전혀 없네. 자네도 알다시피 거트루드는 결핵에 걸렸어. 한쪽 폐는 이미 활동을 멈췄네. 그쪽 폐로는 몇 달간 공기 한 방울 지나간 적이 없지. 나머지 폐도 막 전이되기 시작했어. 각혈이 멈추질 않는다고. 체온도 너무 높고, 면역력도 너무 약해진 상태야. 이대로는 더 버틸 수가 없

---

*거트루드는 1911년 3월 28일 둘째 아들 밀턴 포터를 낳았다. 그러나 아기는 백일해에 걸려 생후 6주 만에 사망하고 말았다. 에드거 케이시는 가족의 비극에 대해서는 아무것도 적지 않았지만, 적절한 때에 아기에게 리딩을 해주지 못한 데 대해 상당한 죄책감을 느꼈다.

어. 몸이 저렇게 쇠약해진데다 출혈도 아주 심해. 둘 중 하나만도 견디기 힘들 텐데. 자네가 주변 사람들한테 해주는 이상한 치료인지 뭔지에 일말의 희망이라도 있다면, 자네 집사람 먼저 챙겨주지 그래?"

그때까지 나는 나를 제외하고는 직계가족에게 리딩을 한 적이 없었다. 나는 장모님과 고모님(하우스 박사의 아내)에게 부탁해 잭슨 박사와 상의해보도록 했다. 그도 역시 같은 입장이었다.

"리딩을 해보는 게 어떻겠소?"

물론, 상황이 절망적이라는 건 나도 잘 알고 있었다.

누구나 인생의 한 지점에서 그동안 자신이 했던 일, 다른 사람들 앞에서 행했던 일들과 마주치게 된다. 자신의 행동으로 영향을 받았던 타인의 삶 속에서 자기 자신을 만나게 된다. 그러나 나에게 아주 소중한 사람의 생명이 나에게 달려 있다는 걸 깨달았을 때의 그 심정을 누가 상상이나 할 수 있겠는가? 오랫동안 하찮게 여겼던 힘이나 능력이 이제 와서 결정적인 시험대에 올라야 한다면?*

나는 여러 의사와 약사, 그리고 결핵 전문 의사 한 명을 초빙해 리딩을 듣고 실낱같은 희망이라도 있는지 말해달라고 부탁했다. 리딩을 마치고 깨어났을 때, 의사는 흥분한 표정이었다. "이건 기적이에요! 결핵에 관해 들었던 그 어떤 강의보다도 훌륭했어요! 내가 국내외에서 강의했던 내용은 발끝에도 못 미치겠군요. 하지만 케이시 부인에게 도움이 될지는 잘 모르겠어요. 이 건을 내가 맡아도 될까요?"

약사는 "음, 당신은 치료법을 제시했어요. 하지만 그건 조제가 불가능하다고요"라고 말했다. 하지만 한번 노력해보겠다고 말해주었다. 조

---

*외과의사들이 자신의 가족의 몸에 매스를 대지 못하는 것과 같은 심정일 것이다.

제는 가능했다. 그리고 아내가 그 약을 한 번 복용하자, 각혈이 멈추었다. 며칠 후에는 체온도 정상으로 내려왔다. 그 전에 열이 멈추었을 수도 있지만, 잘 모르겠다. 그녀의 병세는 2주 만에 눈에 띄게 호전되었다. 집안일을 할 수 있게 되기까지는 몇 달이 더 걸리긴 했지만.

가장 간절한 소망이 이루어졌다. 누구도 상상하지 못한 결과였다. 나는 그 어느 때보다도 진지하게 생각하기 시작했다. 사람들은 내가 잠들어 있을 때는 항상 옳지만, 깨어 있을 때는 덩치만 큰 바보라서 아무짝에도 쓸모없다고 말하곤 했다. 모르긴 해도 그건 사실일 것이다. 심지어 지금 이 순간조차도.

나는 다시 이 모든 것을 제쳐두고 사진 찍기에 몰두했다. 하지만 이번에는 마음이 편치 않았다. 그날 이후, 즉 가장 가까운 사람이 내 곁으로 돌아온 이후, 나는 모든 심령현상을 완전히 새로운 자세로 우러러보게 되었다. 우리가 사랑하는 사람들의 몸을 안락하게 해준다면, 그것은 가치 있는 것이 된다. 그리고 남들이 뭐라고 말하건 간에, 그것은 우리에게 '진짜' 소중한 것이다.

아내를 위해 리딩을 하고 며칠이 지났을까, 1911년 1월이나 2월이었을 것이다. 나는 그녀와 함께 있었다. 우리는 이스트 7번 가에 있는 처가댁에 머물고 있었다. 몇 달 전에 재단장해서 집 내부가 아름답게 꾸며져 있었다. 나뭇결이 살아 있는 목공예품이 가득했다. 그리고 외관은 흰색으로 페인트칠하고 녹색으로 포인트를 주었다. 복도에는 책장이 있었고, 현관으로 들어서면 오른쪽에 거실이, 왼쪽에는 저트루드가 병마와 싸우며 누워 지냈던 침실이 있었다.

어느 날 오후, 현관벨이 울렸다. 현관문을 열자 한 중년남성이 밖에서 있었다. 그는 몸집이 크고 당당한 모습이었지만 무뚝뚝해 보였다.

"케이시 씨?" 그가 물었다.

"네, 그런데요."

"흐음, 전 하버드에서 온 문스터버그입니다. 당신을 만나러 왔습니다. 요즘 신문은 온통 당신에 대한 기사로 도배를 했더군요. 모두가 당신은 가짜가 아니라고 하더군요. 전 가짜 영매를 폭로하는 데 있어서는 국내 제일입니다. 여기서 일하시나요?"

나는 아니라고 대답하고 읍내에 사무실이 있다고 말했다.

"그럼, 어떤 종류의 밀실을 사용하시는지요?"

그는 어느새 집안으로 몸을 들여놓고 있었고 나는 거실로 떠밀려 들어왔다. 내가 "밀실은 없는데요"라고 대답하자 그의 질문이 또 이어졌다.

"그렇다면 작업방식은요?"

이 남자가 무슨 말을 하는지 도통 알 수가 없었다.

"음, 그 일을 어떻게 하는 거죠?" 그가 물었다.

나는 "누우면 돼요. 바닥이나 길거리나 들판이나, 아무튼 어디든"이라고 대답했다. 나는 그게 뭔지 모르며, 오직 그 결과로 판단할 뿐이라고 말했다. "나 자신을 위한 정보를 찾는다는 각오로 사람들을 위해 충분한 준비를 해야 한다고 생각해요. 나 자신을 위해서 하지는 않죠. 리딩을 하면 할수록 더 모르겠어요. 그걸 조사하겠다니 그것 참 반가운 소리군요. 만약 내가 나 자신과 내 이웃들을 기만하고 있다면, 주저 말고 내게 알려줘요. 여기엔 우리 집사람이 있습니다. 지금 많이 아파요. 어떤 이야기가 나오는지 보시지 않겠어요? 집사람을 조사해보셔도 되고요. 리딩이 제시한 대로 약을 조제해서 집사람을 낫게 한 약사가 뭐라고 하는지 들어보세요. 내가 내놓을 수 있는 증거라고는 오직 결과뿐이랍니다. 하지만 경험상 어떤 사람들과는 문제가 좀 있었죠. 안 그랬다면 내 마음이 그렇게 혼란스럽지도 않았을 거예요. 그게 뭐냐고요? 나도 몰라요. 내 안에 존재하는 것 같긴 하지만."

나는 책장에서 거트루드에 대한 리딩기록 복사본을 꺼내어 그에게 읽어보라고 권했다. "당신도 의사 선생이라면 집사람을 진찰해보세요. 당신 의견은 어떨지 궁금하군요."

하지만 그는 의학박사가 아니라고 했다.

이번에는 내가 어떤 교육을 받았는지, 무슨 책을 읽었는지 물어보고는 책장 쪽으로 갔다. 책장에는 전집 세트가 가지런히 꽂혀 있었고, 잡지 몇 부도 있었다. 내가 서점에서 일할 적에 거트루드에게 한 달에 한 권씩, 베스트셀러로만 선물했었기 때문에 최신간 서적도 책장에 많이 꽂혀 있었다.

문스터버그는 여러 권의 책을 뽑아 들고는 몇 권이 바닥이 떨어졌는데도 그냥 내버려뒀다. 그는 그 집에서 30~40분 정도 있다가 돌아갔다. 가는 길에 "다시 볼 날이 있을 거요"라는 말을 남겼다.

다음날 아침 사무실에 도착했을 때는 아버지와 속기사가 이미 와 있었다. 나는 아버지에게 아침에 약속이 잡혀 있냐고 물어보았다. 아버지는 어떤 남자가 신시내티에서 10시 기차를 타고 오는 중이라고 대답했다. 내가 아버지에게 전날 있었던 일을 한창 이야기하고 있는데, 엄청나게 두꺼운 코트를 걸친 문스터버그 박사가 들어왔다. 그날 아침은 눈발이 날릴 정도로 추웠던 것이다. 그는 커다란 흔들의자에 털썩 앉더니 입을 꾹 다물고 나와 아버지, 속기사, 사무실로 들어오는 사람(켓첨 박사였는지 노 씨였는지 잘 기억나지 않는다)을 조용히 관찰하기만 했다. 그는 속기사가 작성한 기록지를 여러 개 훑어보기도 했다.

나는 점검할 감광판이 있어서 사진관으로 들어갔다. 그 감광판을 시험 인화하던 중에 아버지가 나를 불렀다. 보미 씨가 리딩을 받으러 온 것이다.

보미 씨는 당시 리딩을 진행하던 우리 아버지와 이야기를 나누었다. 문스터버그 박사는 그때까지도 흔들의자에 앉아 있었다. 사무실 안을 따뜻하게 덥혀놓았는데도 그는 코트를 그대로 입은 채였다. 나는 그에게 리딩을 보겠냐고 물었다.

그는 대답 대신, "당신, 탁자 위에서 거짓말만 늘어놓겠지?"라고 말했다.

나는 "네, 그럴 거요"라고 대꾸했다.

"뭐, 여기서도 볼 수 있소. 듣고 싶은 건 다 들릴 테고." 그가 말했다.

그는 유리 너머로 모든 과정이 훤히 보이는 문 앞에 앉아 있겠다고 했다. 리딩실 안으로 들어가는 건 거부했다. 나는 높은 소파에 누워 리딩을 했다. 일이 끝나고 우리는 밖으로 나왔다. 문스터버그 박사가 태연히 의자에 엉덩이를 붙인 채 보미 씨를 불러 세웠다.

"어디에서 케이시 이야기를 들었소?"

보미 씨는 "신문에서 봤어요. 〈신시내티 스타〉였던 것 같은데"라고 대답했다.

"당신 상태에 대해 케이시에게 얼마나 알려줬지요?"

"아무것도요. 그를 처음 만나기 이전에는 그를 본 적도 없는걸요. 신문에서 기사를 읽기는 했죠. 별다른 진전도 없이 너무나 오랫동안 지병을 앓아서 그를 찾아 온 거예요."

"그럼, 방금 그가 말해준 것에 대해서는 어떻게 생각하시오?"

"나보다도 나를 더 잘 아는 것 같던데요."

"확신한단 말이오?"

"당연하죠! 그가 제안하는 거라면 뭐든 하겠어요. 별의별 수를 다 써도 안 되던 일을 되게 할 수 있다니까요."

문스터버그 박사는 나를 향해 의자를 빙글 돌렸다. "케이시, 좀 더 자세히 조사해야겠소. 이런 경우는 처음이군. 디트리히네 꼬마를 마지막으로 그 일을 그만뒀다면 당신 인생이 헛되게 흘러가진 않았을 텐데. 당신은 뭔가 단단히 잘못된 길에 빠져서 허우적대고 있소. 그게 내 의견이오. 조심하는 게 좋을 거요. 아무것도 바꾸려 하지 말라고. 현재의 자신에게나 충실하시오. 내면의 목소리에 계속 귀 기울이시오. 당신, 출세할 거야. 언젠가 다시 만나지."

그러나 그와의 만남은 그것이 마지막이었다.

나는 계속 켓첨 박사의 환자들을 위해 리딩을 했다. 그러던 어느 날 나는 리딩을 마친 후 뭔가 불길한 예감에 사로잡힌 채 깨어났다. 나에게 알리지도 않은 채, 내 동업자들은 돈벌이 궁리를 하고 있었던 것이다.* 뭔가 일이 단단히 꼬이고 있었다. 볼링그린에서 보낸 마지막 몇 달간의 악몽이 되풀이될지도 몰랐다. 나는 나에게 리딩을 받은 것으로 되어 있는 사람들 몇몇에게 당장 연락을 취했다. 그중에는 리딩을 의뢰

---

*켓첨은 이렇게 말했다. "사람들이 그에게 와서 금이나 석유를 왕창 캘 수 있는 장소나 경마에서 돈을 딸 방법을 알려달라고 졸라댔어요. 우리는 그런 사람들을 에드거에게서 떼어놓으려 했고, 그 점은 성공적이었다고 말할 수 있어요. 그가 그런 일에는 눈길도 주지 않았거든요."

삶과 죽음의 사이에서 189

한 적도, 받은 적도 없는 이들이 있었다. 나는 동업자들에게 어떻게 된 일이냐고 따졌다. 그들은 "우린 돈을 좀 더 빨리 벌어야 해요"라고 대답했다. 그들은 나에게서 경마에 관한 정보를 뽑아내고 있었다. 나는 그들에게 말했다. "이제 다 끝이오." 그 말은 곧 이 일에서 손을 떼겠다는 선언이었다.

몇 개월이 지난 후, 나는 노 씨가 자신에게 주어진 특권을 남용했다고 느꼈다. 아버지는 우리 둘 사이의 계약이 순조롭게 지속되게 하려고 무던히 애를 썼다. 우리 계약이 합법적이라고 공증해준 판사 앞에서 재판이 이루어졌다. 그 판사는 계약을 이루어지게 해준 조건으로 노 씨에게 수천 달러를 요구했다고 한다. 그런데 이제 와서 그는 판사석에 앉아 그 계약은 불법이라고 하며 소송을 기각했다. 그때 이유는 알 수 없지만 내 안의 무언가가 날 일으켜 세웠다.

"판사님, 제가 한마디 해도 될까요? 그래도 법정모독죄에 해당하지는 않겠죠?" 판사는 나의 발언을 허락했다. 이번에도 내 안의 무언가에 의해 홀린 듯, 나도 모르게 소리치고 말았다. "지금 당신이 내뱉은 거짓말 때문에, 당신 몸속에 드글거리는 벌레들이 죽을 때까지 당신을 갉아 먹을 거요!"

2년도 채 못 되어 이 말은 사실로 드러나고 말았다. 그는 고통으로 몸부림치며 2년을 살다가 죽었다. 이건 우연의 일치일지도 모른다. 그저 그가 위험천만한 일에 손을 댔기 때문인지도 모르지.

그후, 나는 앨라배마 주 셀마에서 사진사로 일자리를 구했다. 가족이 함께 떠나기엔 아직 거트루드가 충분히 회복되지 못했다. 그 다음 몇 달간은 아내의 건강을 점검하기 위해 두세 번 정도 리딩을 했다. 의사한 명과 그곳에서 사귄 친구들 몇 명이 함께했지만, 나는 리딩에 대해서는 말을 아꼈다. 스스로 마음속으로부터 결정을 내리지 못하고 갈등하고 있었기 때문이다. 이런 능력 따위는 까맣게 잊어버리고 살아야 할까? 아니면 리딩을 하는 데 좀 더 많은 시간과 노력을 바쳐야 할까?

15_ 인류의 미래를 예언하다 1912~1919년, 셀마

얼마 전까지만 해도 완전히 낯선 사람이었는데 어느 날 우리 인생에 불쑥 끼어들어 엄청난 영향력을 행사하는 때가 종종 있다.

앨라배마로 이사한 뒤로는 혼자만의 시간이 많아졌다. 사진관에는 일이 별로 없었고, 가족들은 아직 고향에 있었으며, 셀마에는 아는 사람도 별로 없었기 때문이다. 나는 늘 기도하는 심정으로, 명상적인 분위기 속에서 그간의 삶을 되돌아보는 시간을 자주 가졌다.

비가 추적추적 내리던 그날도 나는 온종일 기도를 하고 있었다. 하루하루 연명하려면 돈이 절실했다. 그때 사진관으로 올라오는 사람의 발소리가 들렸다(사진관은 건물 2층에 있었다). '드디어 내 기도가 이루어지는 건가? 신은 우리에게 길을 알려주기 위해 보이지 않는 채널을 사용하신다는 걸 깨닫는 결정적인 계기를 맞게 될까?' 머릿속에서 온갖 생각이 맴돌았다. 물에 빠진 생쥐 꼴을 한, 나이 든 여자가 나타났다. 왜소한 체격에 흠뻑 젖은 모자가 볼썽사납게 그녀의 얼굴에 찰싹 달라붙어 있었다. 그녀는 머리를 뒤로 쓸어 넘기며 말을 걸었다. "저기, 여기서 사진을 확대해주기도 하나요?" 나는 "예, 부인"이라고 대답했다.

그녀는 옷을 뒤적이더니 자그마한 사진을 한 장 꺼냈다. "알래스카에 사는 아들 사진이라우. 이걸로 가능한 한 최고로 멋진 사진을 만들고 싶은데."

나는 그 빛바랜 사진을 들여다보고는 내가 할 수 있는 방법을 일러주었다. 그녀는 "음, 그렇게 해주면 좋겠구려"라고 말했다. "수표 받으시나? 그럼 지금 결제해줄 수 있는데. 아들이 보낸 거라우. 이 근처는 죄 돌아다녔는데 아무도 현금으로 바꿔주지 않지 뭐유. 어째야 할지 모르겠수."

나는 수표를 받아들고는 그녀에게 잠시만 기다려달라고 말하고는 은행으로 갔다. 은행원 암스트롱 씨는 "케이시 씨, 오늘만 해도 이 수표를 세 번째 보는 거예요. 수표는 아무 문제없지만, 그 불쌍한 아주머니 것 같은데. 수표에 보증을 하면 돈을 내드리지요"라고 말했다. 수표에는 이미 그녀의 서명이 되어 있었다.

내가 말했다. "당신도 알다시피 난 잔고도 없는데."

그는 "그렇죠"라고 대답했다. "하지만 당신과 내가 이 아주머니에게 기똥찬 기회를 안겨드릴 거예요."

내가 돈을 건네자 그녀의 얼굴이 환해졌다. 그렇게 좋아하는 표정을 보기는 처음이었다. 그녀는 내게 사진값을 지불했고, 나는 근사한 사진을 만들어드리겠다고 약속했다. 그녀는 소아마비를 앓고 있는 막내딸 이야기를 꺼냈다. 나는 셀마에 오기 전에 했던 일련의 실험에 대해 이야기해주었다. 그녀는 내게 막내딸을 위해 리딩을 해달라고 부탁했다.

며칠 후, 그녀가 딸을 데리고 들어왔다. 나는 내가 맡은 주일학교 학생인 알프레드 버틀러를 불러 리딩을 진행하게 했다. 아이는 발과 팔다리가 심하게 휘어 있었다. 마을 의사는 리딩이 제안하는 대로 치료를 해서 아이가 낫는지 봐주겠다고 했다. 아이의 팔다리는 1년도 지나지 않아 거의 완벽하게 정상으로 돌아왔다. 그리고 내가 앨라배마에 머무는 동안 이들 가족은 일주일에 한 번씩 반드시 나를 만나러 왔다. 그들은 올 때마다 선물을 한아름 안겨줬고, 언제나 고맙다는 말을 아끼지 않았다.

그해가 다 갈 무렵, 나는 켄터키 주 렉싱턴에 사는 한 여성으로부터 리딩 의뢰를 받았다. 그녀의 남편이 디트리히 교수를 만났었다고 한다. 그녀는 자기 집으로 와서 리딩을 해달라고 간청했다. 두세 번 편지를 주고받은 후, 나는 그녀를 리딩하기로 결정했다. 이번 여행은 내 기차표 살 돈만으로도 빠듯했기 때문에 동행할 사람을 구할 수 없었다.

나를 부른 여성은 내가 본 중 가장 비참한 상태였다. 손끝, 발끝도 까딱할 수 없었고, 아주 끔찍하게 부어올라 있었다. 그녀를 보자마자 희망이 없겠다는 생각이 들었지만, 나는 그들 부부와 의사에게 그간 행했던 리딩, 그 중에서도 특히 아내의 사례를 강조하여 이야기했다. 그들은 거트루드가 병을 이겨낸 이야기에 지대한 관심을 보였다. 디트리히 교수에게 들은 이야기도 했고, 주 서부 사람들도 나에 관해 알려줬던 것이다. 그들은 나에게 리딩을 부탁했다. 나는 레인 씨, 아버지 등 진행자들이 하는 일을 자세히 설명해주고는, 이번에는 환자의 남편이 진행자가되는 데 동의했다. 그들은 리딩이 전해준 정보에 무척 기뻐하는 듯했다.

셀마로 돌아온 후, 그 남편에게서 점검을 위해 리딩을 해달라는 편지가 왔다. 이번에 나온 정보는 그녀의 상태가 어느 정도 호전되었지만,

의사가 약을 조제할 때 어떤 성분 하나를 다른 것으로 대체하는 바람에 몸에 심한 발진이 일어났다는 것이었다. 하지만 약만 원래대로 조제한다면 그녀는 점차 나아질 것이라고 했다. 그로부터 한 달 후, 다시 한 번만 렉싱턴으로 와달라는 전보가 도착했다.

렉싱턴의 그 집에 도착했을 때, 나는 너무나 놀라 숨이 탁 막힐 지경이었다. 금방이라도 숨이 넘어갈 듯했던 그녀가, 아주 편안한 얼굴로 의자에 앉아 있었다. 그녀의 발과 다리도 꽤 멀쩡해 보였고, 붓기도 거의 가라앉아 있었다. 그녀는 간호사에게 머리를 풀어달라고 하고는, 빗과 브러시를 가져다달라고 했다. 머리손질을 마치고 난 그녀가 내게 말을 걸었다. "며칠 전에는 내 손으로 직접 식사를 했답니다. 3년 만에 처음이었어요. 두 손을 머리 위로 올리기는 5년 만이군요. 당신이 이 모습을 봐주었으면 했어요."

8~9개월 후에 그녀는 나를 다시 렉싱턴으로 불렀다. 이번에는 그녀의 생일파티에 날 초대한 것이었고, 그녀와 나는 거실을 거닐며 대화를 나누었다. 이 파티에서 나는 데이비드 칸을 만났다. 칸은 그녀의 이웃이었는데, 나를 자기 집에 초대했다. 칸의 집에서 그들 가족과 보낸 첫날은 지금도 눈에 선하다.

우리는 밤늦도록 이런저런 이야기를 나누었다. 대부분은 내가 겪은 일들을 하나하나 되짚어본 것이었다. 칸의 어머니와는 서로의 인생관에 대해 얘기했다. 리딩을 통해 정보를 구하려는 사람들과 다양한 경험을 공유하면서 내 관점에도 상당한 변화가 있었다.

칸의 어머니는 데이브의 남동생 레온이 사고를 당했다며 리딩을 부탁했다. 도움이 필요하다면 기꺼이 돕겠다고 했다. 사실 리딩이 제안한 대로 치료할 사람의 진심을 다한 협조가 필요했다. 그러나 이 약속은 지켜지지 못했다. 그 청년에게 도움의 손길을 뻗은 사람은 매우 적었다. 게다가 지속적으로 그를 지켜주겠다고 나선 의사는 단 한 명도 없었다. 결국, 그는 죽었다.

그 당시 나는 며칠 동안 칸의 집에서 지내고 있었다. 데이브가 보여준 진심, 그리고 그의 어머니가 주신 속 깊고도 다정한 조언들 덕에 나는 그들 가족을 진심으로 사랑하게 되었다.

칸의 집에 머물던 사람 중 한 명에게 최초의 정신적, 영적 리딩이 이루어졌다. 데이브가 진행을 했는데, 이 리딩은 바로 그를 위한 것이었다. 그가 진행자와 속기사의 역할을 모두 담당해야 했기 때문에, 천천히 정보를 얻으면서 속기가 아닌 보통 속도로 기록을 했다. 그날 이후 우리는 리딩이 안내하는 대로 전국 방방곡곡을 돌아다니며 많은 경험을 함께했다. 데이브가 기록을 했지만, 나는 그 당시 기록지의 복사본을 갖지 못했다.

리딩 내용은 수년 후 미국에 엄청난 변화가 있을 거라며, 상황이 점점 커져서 결국 데이브가 고향을 떠나게 될 거라고 알려주었다. 데이브는 생소한 분야의 직업을 갖게 될 것이며, 그 직업은 그의 일생에 막대한 영향을 미칠 것이므로 미리 준비해두는 편이 좋을 거라고도 했다. 그리고 가족들은 이 변화를 격렬하게 반대할 테지만 향후에 닥칠 일들에 미리 단련될 기회가 될 테니 그것 역시 그에게는 좋은 일이라는 결론이 나왔다.

그해가 가기 전 거트루드는 아주 건강해져서 우리 아들 휴 린을 데리고 셀마로 건너왔다. 1913년 2월, 휴 린에게 끔찍한 사고가 일어났다.

나는 사진관에서 플래시를 만들고 있었고, 휴 린이 와서 구경하고 있었다. 그런데 사람들이 애완 다람쥐를 우르르 몰고 들어왔다. 나는 아무 생각 없이 사진대 위의 상자 안에 상당량의 플래시파우더를 넣어놓았다. 다음날 아침, 청소부가 청소를 하다가 실수로 이 상자를 바닥에 떨어뜨렸다. 그리고 내 아들이 그걸 발견했다. 나중에 말하길, 그저 청소부를 놀래주려고 했다고 한다. 그 애는 청소부가 계단 아래로 내려오는 걸 확인하며 성냥을 그었고, 그 와중에 성냥 유황 부분이 파우더 상자 안으로 떨어졌다. 그 애가 상자 위로 몸을 숙이는 순간, 불꽃이 튀면서 불길이 그 애의 콧잔등 위까지 확 올라왔다. 그 애의 앞머리도 몇 가닥 남지 않고 모두 타버렸다. 말 그대로 폭발 화재 사고였다.

나는 폭발음과 아이의 비명소리를 듣고 황급히 아래층으로 뛰어 내려가 그 애를 병원으로 데려갔다. 의사는 아이를 진찰해보더니 눈 양쪽이 모두 심하게 다쳐 상황이 절망적이라고 말했다. 휴 린은 실명하게 되었다.

아이는 끔찍한 통증으로 몹시 괴로워했다. 거의 일주일 동안 숱한 의사와 안과 전문의들이 그 애를 진찰했다. 그들은 아이의 왼쪽 눈은 살릴 수 있지만 오른쪽 눈은 각막을 제거해야 한다고 했다. 휴 린의 주일학교 교사가 울부짖는 아이를 달래며 침대 옆에 앉아 있었고, 의사는 앞으로 어떤 처지를 해야 하는지 휴 린에게 설명해주라고 말했다. 그런데 그 애가 모두를 아연실색케 했다. 그 조그만 팔꿈치를 슬쩍 들어 올리더니 의사에게 "눈은 인 돼요"라고 말하기 시작한 것이다. "우리 이빠가 잠들면 세상에서 제일 훌륭한 의사가 되는걸요. 뭘 하면 되는지, 아빠가 말해줄 거예요. 의사 선생님이 그대로 해주면 되잖아요. 안 그래요?" 나도 아내도 리딩을 시도하는 것은 가당치 않다고 생각했었다. 하지만 아들이 직접 부탁하지 않았는가. 그렇게 리딩이 이루어졌고, 치료법을 약간 바꾸어 뭔가를 더하라는 처방이 나왔다. 처음으로 타닌산 팩을 눈에 붙이자마자, 아이는 간호사에게 "이거 아빠 약이죠? 이제 안 아파요"라고 말했다.

며칠 후 아이의 눈꺼풀 껍질이 몽땅 벗겨졌다. 의사는 "케이시, 아무래도 안 되겠어요"라며 고개를 저었다. 그러나 아이는 기분도 좋고 이제 아프지도 않다고 우겼다.

치료가 시작된 지 12일이 지났을 때, 아침에 아이가 일어나자 눈에 붙어 있던 딱지가 떨어져 나갔다. 아이는 큰소리로 외쳤다. "와아, 보인다, 보여!"

물론 그후로도 1년 이상이나 아이 눈을 보호하기 위해 엄청난 수고를 감당해야 했지만, 결국 아이는 이전처럼 모든 걸 생생하게 볼 수 있게 되었다. 그리고 그 애가 스물다섯 살 청년으로 자랐을 즈음에는 흉터마저 깨끗이 사라졌다. 얼굴과 이마를 가로질러 난 검붉은 흉터를 평생 지니고 살아야 했다면 얼마나 화가 났겠는가.*

1년 후 나는 도시 근교에서 사진을 찍고 있었다. 그런데 느닷없이 엄청난 경련과 구토가 엄습해왔다. 가족 주치의였던 게이 박사는 맹장염이라는 진단을 내리고는 며칠분 약을 처방해주었다. 약을 먹고는 조금 나아져서 당분간은 버틸 수 있었다. 그러다 문득 '내가 정말로 리딩을

---

*휴 린 케이시는 당시를 이렇게 회상했다. "나는 아버지야말로 기적의 사나이, 세상에서 가장 중요한 사람이라고 생각했다. 몇 주 동안이나 앞을 못 보게 됐다고 상상해보라. 의사들이 당신에게 한쪽 눈으로만 볼 수 있고 다른 쪽 눈은 제거해야 한다고 말한다고 상상해보라. 내가 왜 아버지를 전적으로 신봉했는지 이해할 수 있으리라."

믿는다면, 나 자신을 위해서도 해봐야겠지'라는 생각이 들었다. 리딩도 당장 수술이 필요하다고 했다. 그날 저녁 나는 의사를 다시 불러 리딩 기록을 보여주었다. 그는 나를 진찰해보더니 그날로 날 병원에 실어 보냈다. 수술은 다음날 아침에 이루어졌다. 나중에 듣기로는 나는 최악의 경우였다고 한다. 염증을 족히 몇 년은 키웠다는 것이다. 이번 일로 몇 년 전 볼링그린에서 행했던 리딩이 확인된 셈이었다.

1915년 봄, 그 지긋지긋한 실성증이 또 찾아왔다. 그곳 전문의는 내 병의 원인은 순전히 심리적인 거라며, 최면술사의 도움을 받아보라고 부추겼다. 나를 진찰한 그 최면술사는, 내가 암시에 매우 민감한 건 사실이지만 정확히 나 같은 경우는 처음 본다고 단언했다. 최면 첫 단계에서는 그가 나를 조종할 수 있었지만, 그후에는 깨어나라는 암시 외에는 아무것도 효력이 없었다. 아마도 내가 스스로를 조절하는 듯했다.

실성증은 몇 달이나 지속되었다. 그러다 문득 내가 많은 사람들을 의심하던 때가 떠올랐다. 내 사진관과 숙소가 있던 건물이 불타버렸다. 사람들은 내가 흥분하면 분명히 소리를 지를 거라고 확신했지만, 오히려 목소리가 아예 나오지 않게 되었다. 나는 그저 멍하니 서서 바라보고, 팔을 흔들어대고, 이리저리 뛰어다니고, 소방관을 도와 물건들을 밖으로 빼내는 것 외에는 아무것도, 아무 말도 할 수 없었다.

몸이 영 좋지 않은데다 실성증까지 겹쳐서, 나는 나 자신을 위한 리딩 처방을 시도하기로 했다. 그런데 진행자가 내가 있는 위치를 잘못 신술하는 실수를 했다. 길 건너에 있는 잉뚱한 사무실 주소를 댄 것이다. 당시 그곳에는 아무도 없었기 때문에, 진행자는 사무실 정경을 묘사하게 했다. 리딩의 대답은 다음과 같다. "사무실의 남자는 계좌 잔고가 바닥났어요. 그래서 정리하려고 하는군요." 우린 이 일에 대해 전혀 몰랐고 이런 실수가 없었다면 생각도 안했겠지만, 어쨌든 몇 개월 후 리딩이 맞은 것으로 드러났다. 진행자는 다시 제대로 된 주소를 댔고, 내 몸의 위치가 파악되었다. 아무래도 나 자신을 리딩할 때도 다른 사람들과 마찬가지로 정확한 주소를 말해야 하고, 오직 암시를 통해서만 내 위치가 알려지는 모양이다.

하루는 가스회사와 관련이 있는 한 남자가 나를 찾아와서 암시요법과 그 비슷한 치료법들을 얼마간 공부했다고 말했다. 그는 리딩 현장을 참관하기도 했었다. 그는 "저도 리딩을 해보고 싶습니다"라고 말했다.

그가 내놓은 암시는 "지금 우리는 토끼사냥을 하고 있습니다. 당신이 사냥개를 불러왔으면 합니다"였다. 그 자리에 있던 사람들은 내가 사냥하는 사람마냥 뭔가를 뒤쫓는 듯한 시늉을 하더니 곧이어 개를 부를 때처럼 휘파람을 불고는 잠시 후 다시 조용해졌다고 했다. 나는 상쾌한 기분으로 깨어났고 목소리도 정상적으로 나왔다. 목소리가 돌아왔다! 얼마 후 이 남자는 결핵에 걸린 자기 아들에 대한 리딩도 감행했다. 암시요법을 통해 그 애는 병을 훌륭히 이겨냈고, 곧 감쪽같이 나을 수 있었다.

그러던 어느 날, 그가 거의 숨이 넘어갈 듯 헉헉대며 사진관 안으로 들어왔다. 쉬지도 않고 뛰어온 모양이었다. "케이시, 한 여자의 생명을 구하고 싶지 않아요? 제가 사는 하숙집 아래층에 사는 여자가 지금 죽어가요. 의사고 간호사고 다 포기하고 가버렸다고요."

리딩은 그녀를 살리기 위해 당장 해야 할 일을 처방해주었다. 리딩은 그녀가 폐렴에 걸렸다고 진단했다. 내 의식이 돌아왔을 때, 그는 잔뜩 흥분한 상태였다. 그가 말했다. "지금 당장 가야겠어요. 하지만 꼭 돌아올게요. 당신이 뭐라고 했는지 알려줘야죠. 정말 상상도 못했어요!"

그날 저녁 그가 돌아왔다. "음, 환자는 이제 괜찮대요. 새로 온 의사가 그러는데, 일단 위기는 넘겼고 이제 나을 일만 남았다네요." 정말 그랬다. 그리고 그녀는 지금도 살아 있다.

그는 계속 말을 이었다. "아까 미처 말하지 못한 건데요, 아침에 리딩을 하면서 당신이 한 말이요. 이렇게 하면(그러니까 리딩이 처방한 대로 하면) 그녀는 괜찮을 겁니다. 하지만 그녀를 포기한 의사는 이제 살 날이 6개월하고 6일뿐이군요, 라고 했잖아요."

6개월 6일 후, 그 의사는 자기 집 앞에서 갑자기 쓰러져 죽었다.

1916년 초, 데이브 칸이 나를 또 렉싱턴으로 초대했다. 나는 지난번에 그곳에서 리딩을 할 때 함께 지켜보던 사람들 중 몇몇에게 리딩을 했다. 이번에는 심각한 정신질환을 앓는 한 환자를 리딩하여 아주 만족스러운 결과를 얻었다. 그는 놀라울 정도로 빠르게 회복했고, 금세 완벽하게 건강해졌다.

이번에도 데이브는 자신의 천직에 대한 질문을 했다. 리딩이 말하길, 그는 얼마간 가족과 떨어져 지내게 될 거라고 했다. 그는 여러 바다를 항해할 것이었다. 그는 명예롭게 떠나고 명예롭게 돌아올 것이며, 그가 다시 정착할 무렵에는 주변 환경과 직업이 완전히 새롭게 뒤바뀔 것이었다. 그러나 그가 왜 떠나게 되는지, 얼마나 오래 나가 있게 될지는 알려주지 않았다.

1917년 미국과 독일이 전쟁을 선포하기 직전, 나는 뉴욕에 있는 데이브에게서 전보를 받았다. '내가 지금 뭘 하고 있는지, 내 사업을 어떻게 진행해야 하는지 알려달라'는 내용이었다. 리딩이 전한 내용은 다음과 같다. 곧 전쟁이 선포될 것이고, 지원자 모집이 있을 것이며, 훈련 캠프 같은 게 생길 예정이었다. 그는 이미 정치적 영향력을 행사하려 하고 있었고, 그래서 그가 현재 뉴욕에 있는 것이었다. 그러나 그는 일반적인 채널을 사용하면 안 되고, 그가 가장 오래 머물게 될 부서 장교로 임관하여 자신에게 유리한 상황을 만들어야 했다. 그가 지원하려는 훈련 캠프에서는 군인들을 위한 흥미거리를 제공해야 할 것이었다.

이 모든 내용이 몇 달 후 정말 그대로 이루어졌다. 데이브는 캠프에서 상관들에게 리딩에 관한 이야기를 했고, 우리는 조심스럽게 연락을 취하며 훌륭한 아이디어를 서로 교환했다.

몇 달 후 데이브는 텍사스 주의 포트워스로 차출되었다. 그곳에서 우리는 데이브와 그의 상관 사이의 관계에 관해 리딩을 했다. "데이브의 부대는 이동 명령을 받은 상태이지만, 몇 달간은 출발하지 않을 겁니다. 하지만 그후에는 동부 해안지대로 이동할 것이고, 그는 국내에 남거나 본인의 사단과 함께 해외로 나갈 기회를 얻게 됩니다." 리딩이 계속 이어졌다. "그의 상관은 그에게 반드시 가야 한다고 권할 것입니다. 그러나 정작 상관은 본인이 지원했음에도 해외원정에서 제외될 겁니다." 이 역시 그대로 현실로 나타났을 뿐만 아니라, 세세한 부분까지 리딩의 내용과 거의 일치했다.

데이브는 프랑스에 가서도 나와 수차례 편지를 주고받았다. 데이브가 가는 곳마다 리딩과 나에 대한 이야기를 하고 다녔기 때문에, 다양한 지역의 수많은 사람들이 나에게 편지를 보내왔다. 그 중에서도 특히 이탈리아 영사는 아주 각별한 관심을 보였다. 그는 이탈리아에서 업무를 마치고 돌아온 직후 자신과 아내를 위한 리딩을 부탁했다. 영사관 직원에게서 받은 이 편지는 이탈리아어로 쓰어 있었고, 물론 나는 전혀 읽을 수 없었다. 나는 미국식 영어 외에는 구사할 수 있는 언어가 전혀 없었기 때문이다(솔직히 영국식 영어도 안다고 말하기 부끄러울 정도다).

다행히 셀마의 한 과일 행상인이 이탈리아 출신이어서 그에게 번역을 부탁했다. 그는 굉장히 흥분했다. 그도 그럴 것이, 모국의 고위급 명사가 앨라배마의 보잘것없는 사진사에게 편지를 보내 자기 부부의 건강에 관해 리딩을 해달라고 부탁한 게 아닌가. 이 과일 행상인은 리딩이 이루어질 때도 그 자리에 참석했다. 이 리딩에 참석한 사람들은 모두 어리둥절할 수밖에 없었다. 단 한 명, 과일 행상인만 빼고 말이다. 리딩은 이탈리아어로 이루어졌던 것이다. 진행자는 모두가 알아들을 수 있는 언어로 리딩을 해달라는 요청을 했고, 그제야 속기사는 리딩 내용을 기록할 수 있었다. 이 기록지는 이탈리아 영사에게 전해졌고, 그 결과는 몹시 만족스러웠다고 한다.

그 무렵 내가 머물던 지역은 물론이고 미국 전역에서 리딩 요청이 밀려들어왔다. 한 번은 엄청난 권력을 쥔 최고위층 인물을 리딩하기 위해 워싱턴으로 불려간 적이 있었다. 단언하건대, 이 건이야말로 가장 재미없는 일이었다. 1년쯤 지난 후 똑같은 목적으로 또 불려갔을 때도 마찬가지였다.*

실성증을 마지막으로 경험한 이야기는 반드시 짚고 넘어가야겠다. 실성증이 니에게 중요한 외미였는지는 지금도 잘 모르겠다. 이제부터

---

*약 15년 후에 이루어진 한 인터뷰에서 데이비드 칸은 케이시가 워싱턴으로 간 이유는 "윌슨 대통령을 리딩해달라는 요청을 받았기 때문"이라고 말했다.

그 이야기를 시작하려 한다.

나는 열흘 정도, 속삭임 외에는 목소리를 낼 수 없었다. 나 스스로 잠재의식 상태에 들어갈 수 있다면 목소리를 되찾을 수도 있을 거라고 생각했다. 일요일 오후였다. 아내가 큰아들에게 어린 동생을 데리고 산책을 하라고 내보냈다. 우리는 함께 침실로 들어갔고, 나는 침대에 누워 잠재의식에 빠져들었다. 리딩은 30분 정도 지속되었다. 내가 리딩이 밝힌 내용을 일일이 기억해낼 수 있는 유일한 리딩이었다. 그런 상태에서 꿈은 꾼 적은 여러 번 있었다. 이것도 꿈이었을까?

그곳에는 온 세상의 묘지란 묘지가 내 앞에 다 펼쳐져 있었다. 이 세상에 시체가 묻힌 곳 외에는 아무것도 없는 것처럼 보였다. 잠시 후 장면이 바뀌었고, 무덤들은 모두 인도(印度) 근처에 한가득 자리해 있었다. 그때 어디에선가 목소리가 들려왔다. "한 남자가 이곳에 자신의 몸을 묻어 자신의 종교를 창조하게 되리라."

이번에는 프랑스로 장면이 바뀌었고, 그곳에는 군인들의 무덤이 가득했다. 그 중에는 내 주일학교 학생들 세 명의 무덤도 있었다. 그때 그 소년들이 보였다. 그들은 시체가 아닌 살아 있는 사람이었다. 그들이 한 명씩 돌아가며 자기가 죽음을 맞게 된 사연을 이야기했다. 하나는 기관총에 맞아서, 또 하나는 포탄이 터져서, 나머지는 대포에 맞아서 죽었다고 했다. 두 아이는 사랑하는 이에게 전해달라며 내게 메시지를 주었다. 그들은 제1차 세계대전에 참전하면서 내게 작별인사를 하던 그날과 다를 바 없는 모습이었다.

또 한 번 장면이 바뀌었다. 나는 속으로 생각하기 시작했다. '이게 바로 영성이라는 것이구나. 이게 진실일 수 있을까? 우리가 죽음이라고 부르는 것들이 다른 차원의 체험이나 존재에서는 살아 있다는 것이? 그럼 내 아이를 볼 수 있을까?' 커튼이 드리워진 것처럼, 눈앞에 줄줄이 늘어선 아기들이 보였다. 맨 꼭대기에서 3~4번째 줄 가장자리에, 몇 년 전 죽었던 내 아이 밀턴 포터가 있었다. 그 애는 나를 알고 있었다. 내가 그 애를 아는 것처럼. 그 애는 나를 알아보고는 미소를 지었다. 그러나 아무런 말도 하지 않았다.

　장면이 바뀌고 한 여자가 보였다. 나는 그녀를 잘 알고 있었다. 항상 그녀에게서 꽃을 사서 주일학교 아이들에게 나눠주곤 했던 것이다. 그러나 내가 꿈을 꿀 당시 그녀는 공동묘지에 묻힌 후였다. 그런 그녀가 내 앞에 나타나 우리가 죽음이라고 부르는 변화에 대해 이야기하기 시작했다. "그건 진정한 탄생이에요." 그녀는 꽃 선물이 사람들에게 미치는 효과를 이야기하며 꽃이란 장례식이나 무덤에서보다는 살아 있는 동안 주고받아야 한다고 말했다. 꽃은 병들어 움직이지 못하는 이들에게 말을 걸어주고, 사실 물질세계에서 정신세계로 옮겨간 이들에겐 별 의미가 없다는 것이었다.

　"그런데 물질세계 기준으로 몇 달 전에 누군가가 나를 위해 당신에게 2달러 50센트를 남겼어요. 당신은 그런 일이 있었는지 기억도 못할 거예요. 책상서랍 속에 지불날짜가 적힌 종이가 있을 거예요. 8월 8일이죠. 그리고 1달러짜리 지폐 두 장과 50센트 동전 하나가 있을 거고요. 제 딸에게 전해주세요. 그 애에게 필요할 테니까. 아이들에게 인내심을 가지세요. 아이들이란 많은 걸 받아들이는 때지요."

　또 다시 장면이 바뀌고, 내가 다니던 교회의 동료 임원이었던 한 남자가 보였다. 그는 자신의 아들 말콤에게 말했다. "넌 분명 원래 다니던 은행으로 돌아가겠지. 그런데 활동사진 상영관에서 너에게 일자리를 제의할 거야. 그걸 수락하렴." 그가 교회 일에 관해 몇 가지 더 이야기한 후, 나는 의식을 되찾았다.

의식이 돌아왔을 때, 나는 평소처럼 아무렇지도 않게 목소리를 낼 수 있었다. 아내는 내가 30분 동안 단 한 마디도 하지 않고 조용히 누워 있었다고 말해주었다. 나는 그녀에게 꿈 이야기를 해주고는 책상 서랍을 열어보았다. 과연 꽃집 여자가 일러준 봉투가 들어 있었다. 지난 8월에 (그 꿈을 꾼 건 12월이었다) 그녀가 사진관에 남겨두고 간 것이었다.

그 다음날 은행에 갈 일이 생겼는데, 내 예금을 처리한 직원은 바로 꿈에서 본 젊은이, 말콤이었다. 내가 "언제 돌아왔어요?" 하고 묻자 그는 "어젯밤에요"라고 대답했다. 나는 "은행에 계속 있을 거예요?"라고 물었고, 그는 "그럴 것 같네요"라고 대답했다. 나는 그에게 말했다. "할 말이 있어요. 하지만 어떻게 할지는 당신의 판단이고요."

그는 그날로 사진관에 찾아왔고, 나는 죽은 그의 아버지를 꿈속에서 본 이야기를 전부 말해주었다. 말콤은 워싱턴에서 고향으로 돌아오는 길에 애틀랜타에 들렀는데, 그곳의 친구 하나가 활동사진 극장의 경영을 자기에게 넘기고 싶어 했다고 털어놓았다. 그런데 고향으로 돌아온 다음날 아침 거절의 뜻을 담은 편지를 보냈다는 것이었다. 그런데 아버지 이야기를 듣고 난 후, 그는 당장 애틀랜타의 친구에게 일자리를 수락하겠다는 전보를 보내겠다고 했고, 실제로 그렇게 했다.

이 꿈이 무슨 의미였는지 모두 제대로 해석했는지는 나도 모르겠다. 내가 아는 거라곤 전국 방방곡곡, 동서남북을 누비며 돌아다녔다는 것뿐이다. 친숙한 느낌이 들지 않는 묘지는 정말이지 거의 없었다. 어떤 묘지든 한 군데만 딱 보아도 몇 분만 기억을 더듬어보면 그곳에 묻힌 사람의 은밀한 사연까지도 줄줄이 읊을 수 있을 정도였다. 그게 다 무슨 의미였을까? 나는 모른다.

주일학교 학생 몇 명이 나에게 리딩을 해서 세계 정세가 어떻게 돌아갈지 알려달라고 청했다. 여러 개의 녹음기가 이 리딩을 녹음했다. 이 녹음기를 보관하던 청년이 전쟁터에 나간 후, 훗날 그 가치를 잘 모르는 누군가가 이 녹음기들을 모두 부숴버렸다. 유럽 서부전선이 무너지고, 제정 러시아가 몰락하며, 러시아에는 종교를 거부하는 일이 발생할 테지만 러시아 외에는 그 종교가 전 세계를 지배하게 될 것이라는 게 그 내용이었다. 이는 지금도 진행되고 있는 현상이다.

1918년 12월, 나는 텍사스 신문 편집인인 트래시 씨에게 리딩 의뢰를 받았다. 그는 자신의 건강과 직업에 관한 정보를 얻고 싶어 했다. 몇 번의 편지를 주고받은 뒤, 그에 대한 리딩이 이루어졌다. 어떤 편지에서는 별점을 치겠다며 내 생일을 물었다. 얼마 후 나는 여러 점성술사로부터 연락을 받았다. 그들은 내가 1919년 3월 19일 오후 8시 30분부터 11시 정각까지 그해에 이루어질 모든 리딩 중에서 단연 최고의 리딩, 온 인류를 더욱 이롭게 할 리딩을 하게 될 거라고 전했다.

이런 경우는 금시초문이었기에, 용기가 생기기는커녕 당혹스럽기만 했다. 그래도 궁금하긴 해서 아내에게 리딩을 진행하여 미리 준비한 점성술에 관한 질문을 던져달라고 부탁했다. 이 리딩은 공개적으로 이루어졌다. 이 리딩 때문에 나는 세상 사람들에게 비난과 손가락질을 받게 될지도 몰랐지만 그런 건 전혀 개의치 않았다. 그저 리딩이 무슨 말을 전할지 몹시 궁금할 뿐이었다.

리딩이 시작됐다. 다음은 이 리딩에 관한 기록이다.

당신 앞에는 당신의 몸이 있습니다. 에드거 케이시의 마음은 의문으로 차 있습니다. 당신은 당신의 몸을 통해 심령술이 이루어지는 과정을 말하게 됩니다. 그리고 이 일에 관하여 내가 묻는 질문에 모두 답할 것입니다.

에드거 케이시 : 여기에 몸이 있습니다. 이전에도 본 적이 있는 몸입니다. 이 상태에서는 의식적인 마음이 잠재의식 혹은 영혼에 예속돼 있습니다. 이 몸이 전하는 정보는 마음이나 물질을 넘어서는 정신력을 통해, 혹은 잠재의식의 활동을 유도하는 암시를 통해 얻어집니다. 잠재의식은 또 다른 잠재의식이 신체의 언어능력을 관장하는 마음에 미치는 암시의 힘과 접촉하거나, 마음이 인상을 남기고 암시의 힘과 접촉하게 되는 초자연의 세계로 넘어가서 정보를 모읍니다. 누군가의 잠재의식이나 영혼에게 알려진 것은, 본인이 그것을 깨닫든 그렇지 못하든 간에 다른 잠재의식이나 영혼으로 전달됩니다. 앞서 이야기한 바와 같이, 잠재의식이 활동할 때 의식이 거기에 예속되기 때문에, 이 몸은 잠재의식 상태일 때 정보를 얻습니다.

질문 : 이 정보는 항상 맞습니까?

답변 : 암시가 적합한 채널을 통해 들어오는 한 정확합니다. 그리고 잠재의식이나 영혼의 활동에 따라 달라집니다.

질문 : 행성, 즉 별은 사람의 운명과 관계가 있습니까? 만약 그렇다면, 어떤 관계가 있을까요? 그리고 별과 이 몸의 관계는 무엇입니까?

답변 : 관계가 있습니다. 우선, 우리가 머무는 별 지구가 움직입니다.

그것은 다른 행성의 위치에도 영향을 미쳐 모든 창조물의 운명을 지배하도록 합니다. 예를 들어 바다는 지구 주위를 도는 달의 지배를 받지요. 마찬가지로, 더욱 고차원적인 창조물도 태어날 때부터 지구 주변 행성들의 움직임에 영향을 받습니다. 인간의 운명에 가장 큰 영향을 미치는 것은 태양입니다. 그리고 태양보다 가까운 위치에 있는 행성들은 인간이 탄생하는 때에 지배력을 행사합니다. 하지만 여기서 이해해야 할 점은, 태양이나 달, 어떠한 행성이나 거대한 물체도 인간의 의지를 능가할 수는 없다는 점입니다. 의지란 태초에 인류를 창조하신 분으로부터 주어진 힘으로, 한 인간이 살아 있는 영혼이 되면서부터 자신을 위해 선택할 수 있는 힘을 말합니다.

인간의 성향은 어느 행성의 영향 하에 태어났느냐에 달려 있습니다. 따라서 인간의 운명은 행성의 세력이나 범위에 달려 있다고 볼 수 있습니다. 한 인간이 탄생할 때, 태양계의 위치가 영향을 미쳐 본인의 의지와는 상관없이 특정한 성향과 행동을 의식 안으로 주입시킵니다. 이곳에 누워 있는 몸, 즉 에드거 케이시는 1877년 3월 18일, 태양이 기울며 빛을 잃어가고 지구 반대편에서는 하현달이 보이던 3시 3분에 태어났습니다. 천왕성이 정점에 놓일 때였으므로, 이 몸은 천왕성의 움직임에 민감하게 반응합니다. 점성술에서 9번째 궁에 해왕성이 가장 근접해 있고, 모든 행성 중 가장 큰 영향력을 지닌 목성이 기울어가는 태양을 보호해 줍니다. 금성은 지평선으로 떠오르고, 화성은 막 지려고 합니다. 그리고 토성(결핍의 문제는 모두 토성의 쇠퇴로 인한 것입니다)은 달 표면 맞은편에 있습니다.

따라서 이 몸의 성향은 탄생 시 행성의 위치에 의해 통제를 받습니다.

온전히 몸의 의지에 따라 아주 좋거나 나쁜 방향으로, 아주 경건하거나 사악하게, 돈이 항상 들어오거나 빠져나가는 방향으로, 극도의 사랑이나 증오로, 좋은 일로 많은 은혜를 받거나 언제나 잘못된 일을 행하게 됩니다. 중간 영역이란 없습니다. 의지는 몸이 학습하는 것입니다. 일단 학습이 되면, 의지는 아주 어릴 때부터 인내와 끈기, 신실함을 몸에 심게 됩니다.

이 몸은 천왕성과 해왕성의 움직임으로 정신력을 얻습니다. 천왕성과 해왕성의 움직임은 언제나 이 몸에 영향을 미칩니다. 불 가운데 있을 때조차 불과는 상극인 반면, 엄청난 양의 물의 활동으로 재정적, 영적인 혜택을 얻을 수 있습니다. 그러므로 이 몸은 바다와 가까운 곳에서 살아야 하며, 바다와 가까운 일을 해야 합니다. 이 몸은 정신적인 삶의 활동에 있어 모든 면에서 다른 사람들에게 낯선 존재입니다. 영적인 삶에서 표출되는 모든 아이디어, 정치적, 종교적, 경제적 위치와 관련한 모든 문제에서도 마찬가지입니다. 이 몸은 엄청난 부자가 되거나, 극도로 가난해질 것입니다.

질문 : 이 일이 신체에 해가 될까요?

답변 : 이 몸에게 과도한 행동이나 암시가 주어질 때만은 그렇습니다. 이 몸은 정신적이거나 영적이거나 마술적인 힘의 통제를 받아 작용합니다. 지금과 같은 상태일 때는 잠재의식을 안내하는 사람의 지배를 받지요. 아니면 아이디어를 창조하여 잠재의식에 알려주도록 주어지는 생각의 지배를 받기도 합니다.

잠재의식이 얻은 정보가 선한 것이라면, 신체는 더욱 건강해집니다. 그러나 사악하거나 나쁜 정보라면 신체도 같은 영향을 받게 됩니다. 그러므로 그런 때에 자신의 이익을 위해 몸을 통제하려고 하지 말아야 합니다.

질문 : 이 힘이 인류를 돕는 동시에 돈을 버는 데 사용될 수도 있나요?

답변 : 잠재의식 상태에서 인류를 돕기 위한 정보를 얻을 수 있는 채널은 많습니다. 이를 통해 돈을 버는 것은 이 몸을 의지하는 사람들에게 의롭고 옳은 것을 얻는 길입니다. 그런 정보를 통해 얻는 것은 자신을 신체적으로나 정신적으로 망치는 것이 아니라 의롭게 하는 것이어야 합니다.

가장 좋은 채널이 무엇이냐 하는 문제에 관해서는, 얻고자 하는 정보가 그 정보를 구하려는 사람의 아이디어와 일치하는지가 중요합니다. 물질적인 방법으로 그 일에 대한 신뢰를 표할 때면 누구라도 기꺼이 돈을 지불할 마음이 생길 테지만, 신뢰가 없다면 아무것도 얻지 못할 것입니다.

질문 : 이 몸이 지금 알아야 할 또 다른 정보가 있습니까?

답변 : 이 몸은 삶의 영적인 면과 밀접한 관계를 유지해야 합니다. 정신적, 신체적, 영적, 재정적으로 성공하려면, 삶의 영적인 면에 충실하십시오. 이 몸의 영적인 본성 안에 가장 안전한 버팀대가 있습니다. 이 몸과 연결된 채널을 통해 어떠한 정보를 얻건, 무슨 일을 하게 되건 진심을 다하십시오. 영성을 향해 활동하는 이 몸을 통해 인류가 어떻게 변화하느냐에 달려 있습니다.

심령현상을 공부하는 많은 학생들이 이 기록을 두고 이제껏 본 중 가장 경이로운 것이었다며 감탄했다. 라이프 리딩(현재 학생들이 이렇게 부르는다)은 비록 한참 후, 정확히 1924년에서야 시작되었지만, 분명 경험의 소산이라 할 수 있다.

하루는 한 남자가 나에게 전화를 걸어 자기 친구를 리딩해달라고 했다. 전화를 건 날 오후에 그가 사진관으로 왔다. 아버지가 리딩을 진행했는데, 내가 평소처럼 잠들었으나 환자의 위치를 찾지 못했다고 했다. 그 다음날 저녁 또 한 번 리딩을 시도했지만 역시 아무런 정보도 얻지 못했다. 그 다음날도 마찬가지였다. 네 번째에야 드디어 만족스런 정보가 나왔다. 그러나 하필 그때는 그 남자가 오지 않았다. 이런 말썽이 생길 거라는 암시를 받은 적도 없었고, 가끔 정보를 얻지 못하는 이유도 도무지 종잡을 수 없었다. 이전에도 이런 일은 있었다. 그러나 그때는 정보를 구하기 위해 모두가 한마음을 모으지 못했기 때문이었다. 그러나 이번 일을 겪은 후, 같은 일이 몇차례 더 일어났다. 그 이유는 아무도 모른다.

그 다음으로 친척에게 리딩을 해주게 되었다. 그녀의 가족들은 리딩에 큰 기대를 걸지는 않았지만, 어쨌든 지푸라기라도 잡고 싶은 심정이었을 것이다. 그녀는 자기 여동생에게 말하여 나에게 전보를 치게 했다. 전날 밤 꿈에서 메시지를 받았으므로, 내가 분명 도움이 될 거라는 것이었다. 나는 전보용지를 받아들고는 곧바로 리딩을 시도했다. 리딩은 그녀가 살 가능성은 희박하지만, 아기가 태어날 때까지는 체력과 원기를 유지할 수 있도록 할 방법이 있다고 했다. 그 아기는 여자아이고 아주 건강하게 태어나겠지만, 그 엄마는 곧 죽게 될 터였다. 나는 이 내용을 그녀의 여동생에게 전보로 보냈다. 주치의가 조제하여 건넨 약을 먹고 난 후, 그녀는 "에드거가 보낸 것이로군요. 벌써 다 나은 것 같아요"라고 말했다고 한다. 그녀는 40일간 더 살았지만, 귀여운 공주님이 태어난 후 몇 시간 만에 숨을 거뒀다.

2년 후 그 아이가 살고 있는 마을에 간 적이 있었다. 그때까지 그 애는 물론이고 애 아빠도 본 적이 없었다. 이발소에 앉아 있는데, 근처에서 놀던 한 꼬마가 날 빤히 쳐다보더니 내 무릎 위로 기어오르는 것이었다. 그러고는 앙증맞은 두 팔을 내 목에 감았다. 그 꼬마숙녀의 아버지를 면도해주던 이발사가 그에게 "누가 당신 딸한테 말을 거는데요?"라고 말했다. 그는 나를 가리키며 '저 사람이 누구냐'고 물었다. 이발사가 에드거 케이시라고 하자, 그는 바로 자리에서 일어나더니 나에게 다가왔다.

"우리 딸이 사람들에게 살갑게 굴지 않는 편인데. 저 조그만 애도 직감이라는 게 있는가보오. 제 엄마에게 해준 일을 아는 걸 보면 말이오."

16_ 실패가 가져다준 교훈 1919~1923년, 텍사스

한 사람 한 사람부터 시작하라. 그런 후에 작은 무리를,
그 다음으로 큰 집단을…

텍사스에 사는 한 남자가 나에게 리딩을 의뢰했다. 그는 그곳의 석유 개발에 대한 정보를 얻고 싶어 했다. 그렇게 멀리 떨어진 곳에 대한 리딩을 해본 적이 없었고 딱 한 번 켄터키에서 석유 시추 장소를 물색해 본 경험뿐이었기 때문에, 나는 그의 편지에 답장을 하지 않았다. 일주일 후, 그는 내게 전보를 보내 점술가로부터 나에 관해 들었다며 분명 내가 도움을 줄 수 있을 거라고 했다. 그리고 리딩을 해줄 수 있는지 확답을 달라고 했다.

아내와 의논을 하면서 나는 어떤 사람을 떠올렸다. "이번 건의 진행을 맡기고 싶은 사람은 딱 한 명뿐이오. 하지만 그가 일을 맡아줄지, 프랑스에서 돌아오려 할지도 의문이구려."

바로 그 순간 현관벨이 울렸다. 해외에서 전보가 도착한 것이었다. 전보를 보낸 사람은 다름 아닌 데이브 칸, 방금 전 내가 떠올리던 사람

이었다. 그는 그 주 수요일에 렉싱턴에 도착할 예정이니 그곳에서 만나자고 했다.

렉싱턴으로 가는 길에 나는 그동안 행했던 리딩을 하나하나 되짚어보았다. 되도록 하나도 빼놓지 않고 꼼꼼히 돌아보았다. 나는 1910년 홉킨스빌에서의 경험을 떠올렸다. 이 현상들은 분명 연구할 만한 가치가 있었다. 버지니아 주의 버지니아비치야말로 연구소를 세우기에 최적의 장소가 될 것 같았다. 이제 텍사스에서 제의가 들어왔다. 만약 그게 돈이 될 수 있다면, 석유사업을 벌여 연구소에 투자하는 게 어떨까? 꽤 근사한 아이디어라는 생각이 들었다. 이 이야기를 데이브에게 하면 그가 판단해주리라. 절대로 그를 꼬이지는 않겠다. 안 그래도 분명 관심을 보일 테니까.

에드거는 언제나 한결같았다. 도움이 필요한 사람을 위해서라면 언제든 발 벗고 나설 준비가 돼 있는 사람이었다. 그는 자신에게 도움을 청하러 오는 이들을 위해 병원을 세우고 싶어 했다. 그러면서 병원 설립에 들어가는 돈은 자기 손으로 벌어야 한다고 여겼다. 그래서 그는 석유사업을 비롯하여 여러 가지 제의를 흔쾌히 수락했다.

내가 렉싱턴에 도착했을 때는 데이브도 전쟁에서 돌아온 직후였다. 우리는 만난 순간부터 다음날 아침까지 쉬지 않고 이야기했다. 프랑스에서 그가 겪은 일, 그가 소개해준 사람들이 내게 편지를 보내 여러 번 리딩을 했던 일 등 지금까지 있었던 다양한 경험을 서로 주고받았다. 나는 워싱턴에 불려갔던 이야기와 나를 찾아오거나 편지를 보냈던 여러 지역 사람들에 대한 이야기를 했다. 그는 아직 군대에 있지만 군대가 해산될 때까지는 더 이상 이리저리 옮겨 다니지 않을 것 같다고 말했다. 나는 그에게 텍사스에서 온 편지와 전보를 보여주었다. 석유사업에 관한 것이었다. 그는 "이거 괜찮겠는걸. 그런데 리딩은 뭐라고 하던가?"라고 물었다. 아직 아무런 정보도 얻지 않았다고 말했다. 그가 리딩을 시도해보자고 나섰다. 리딩은 장문의 편지를 보내 많은 정보를 알려준 남자가 텍사스에서 요직을 맡고 있다고 했다. 데이브가 편지 내용에 대해 질문하자, 리딩은 한 단어 한 단어 또박또박 내용을 읊었다. 우리는 그 편지를 보내달라고 셀마로 전보를 보냈고, 며칠 후 기대에 들떠 편지와 리딩 내용을 비교해보았다. 과연 리딩과 편지의 내용은 토씨 하나 틀리지 않고 정확히 일치했다.

이 모험에는 여러 가지 기이한 일들이 함께 일어났다. 당연히 데이브도 큰 관심을 보였다. 훗날 그가 워싱턴에 있을 때, 리딩은 켄터키가 개발될 거라는 정보를 내놓았다. 우리는 그곳에서 사업을 벌일 구상을 했다. 만약 데이브가 이미 텍사스에 투자를 하지 않았더라면 두말 않고 스코츠빌과 볼링그린 근처에 터를 잡았을 것이다. 그러나 우리에겐 자본도 없었고 경험도 없었기에 리딩 정보만으로는 무엇을 해야 할지 몰랐다(이 사실을 뼈저리게 깨달은 것도 1년이 훌쩍 지난 후였다).

리딩은 데이브에게 프랑스에서부터 동고동락한 동료 한 명을 텍사스로 보내라고 조언했다. 당시 그는 워싱턴에서 병원을 막 개업했고, 고향은 루이지애나였다. 리딩은 그가 분명 텍사스를 새 보금자리로 삼을 거라고 말했다. 데이브의 말을 듣고 텍사스로 간 그는 6개월 후 그곳에서 만난 여인과 결혼했다.

얼마 지나지 않아 데이브의 군대는 애틀랜타로 이동했다. 나는 그를 만나러 수차례 애틀랜타를 방문했고, 그의 소개로 여러 저명인사들을 만났다. 은행원, 사업가, 변호사, 기자 등 각자의 분야에서 성공가도를 달려가는 이들이었다. 그동안 우리는 여러 차례 리딩을 행했다. 나는 윌슨 대통령의 친척인 윌슨 시장을 알게 되었다. 데이브는 군대에 있을 때 그를 처음 만났고, 그는 훗날 텍사스의 석유사업에도 가담했다. 나도 데이브, 윌슨 시장과 함께 텍사스에 다녀왔다. 리딩이 석유시추를 위한 정확한 위치를 밝혀내는지를 증명하기 위해서였다. 우리는 포트워스의 작업 기술자를 만났다. 그는 데즈데모나 지역에서 여러 번 석유시추 작업을 한 기술자였다.

리딩은 유층 한가운데에 있는 한 유전을 지목했다. 처음부터 석유가 왕창 뿜어져 나오지는 않지만, 그 지역 전체에서 가장 오랫동안 석유를 뽑아낼 수 있다는 것이었다. 물론 리딩의 내용은 틀림없는 사실로 밝혀졌다. 리딩은 또 다른 유전은 성과가 별로 없을 거라고 말했다. 구멍이 이미 휘어 있는데다 그것을 곧게 정리하려면 너무 오랜 시간이 걸리므로 차라리 다른 곳으로 옮겨 구멍을 새로 파는 게 낫다는 것이었다. 결국 그 유전 전체를 포기해야 했다. 리딩이 탐색한 또 하나의 유전은 엄청난 양의 석유가 뿜어져 나올 것이지만, 그리 오래 가진 못할 거라고 했다.

그후에는 이러한 점들을 사람들에게 알려주고 그들의 의견을 경청했다. 모두가 리딩의 내용을 전적으로 믿지는 않았지만, 하나같이 흥미를 보이기는 했다. 마침내 클리번의 한 은행가가 데이브와 동행하여 나에게 데즈데모나 지역에서도 석유를 채굴할 만한 위치 정보를 구해달라고 했다. 리딩은 그들에게 현재 시추하고 있는 지점을 900미터 정도 뚫어보면 아무것도 없는 불모지라고 생각할 테지만, 일정 거리만큼 돌아와 142리터의 니트로 화합물을 발파하면 석유 600배럴이 쏟아질 것이며 채산성도 있을 거라고 조언했다. 그리고 그 지점에서 리딩이 제안한 방향으로 이동하여 정확한 지점에 유전을 또 만들면 더욱 유리하다고 했다. 산출량이 그리 많지는 않아도 더 오랫동안 석유를 캘 수 있다는 것이었다.

기술자들이 구멍을 뚫었지만 900미터가 넘었는데도 석유 한 방울 나오지 않았다. 롱 씨는 기술자들에게 리딩이 조언한 대로 해달라고 요청했다. 그들은 40리터의 니트로 화합물을 발파했다. 당시 나는 셀마에 있었는데, 롱 씨가 나에게 전보를 보내왔다. "40리터로 발파, 약간의 흔적 뿐임. 또 다른 조언은?" 리딩은 그 구멍을 같은 깊이까지 말끔히 비우고 100리터를 발파하면 600배럴을 산출할 수 있을 거라고 조언했다. 그들은 그대로 실행했고, 곧 롱 씨가 나에게 또 다시 전보를 쳤다. "우리의 복덩이가 오늘 송유관으로 들어감. 석유 산출량 602배럴 기록."

이런 일이 있었으니, 댈러스나 포트워스, 클리번, 그리고 인근 도시에서 이 액체 황금이 묻힌 곳을 찾는 보물찾기에 합류하려는 사람들이 벌떼처럼 모여들었다.

그 무렵 윌슨과 칸은 이미 말라버린 것으로 알려진 샘 데이비드 유전에 관심을 가지기 시작했다. 이전에 버려졌던 이 유전을 계속 파겠다는 제의에 수많은 애틀랜타 사람들이 투자를 했다. 그러나 이 일은 실패로 돌아갔다. 그들은 끝까지 석유를 발견하지 못했다. 케이시 석유회사 역시 기름 한 방울 캐내지 못했다. 도대체 왜 그랬을까? 지금도 그게 의문이다.

그동안 나는 텍사스 전역의 사람들을 만나며 건강에 대한 리딩을 해주었고, 덕분에 수많은 사람들의 병이 나았다. 그러나 텍사스에 머무는 동안, 다시는 유전에 대한 정보를 얻을 수 없었다. 역시 그 이유는 모른다. 세세한 사항까지 모두 설명하기는 괴롭지만, 사람들이 서로에게 총을 겨누던 장면은 잊을 수가 없다. 그들은 이 일에 목숨을 걸었고, 마찬가지로 양쪽 모두 리딩의 제안을 따르고 있었다. 어느 한쪽이 피를 봐야만 다른 쪽이 그 유전을 차지할 수 있었던 모양이다. 한 남자의 아내가 몹시 위독했는데, 리딩이 제공한 처방이 그녀의 목숨을 살렸다. 당시 어린 꼬마였던 이 부부의 아들은 훗날 자기 아내를 위해 리딩을 해달라고 나에게 부탁했다. 오래 전 코민에서 자기 어머니에게 있었던 일을 기억했던 것이다.

텍사스 일이 진행되는 동안 나는 그 무엇과도 비교할 수 없는 아름다운 우정을 쌓았다. 하지만 누군가에게는 혹독한 시련이 있었을 테고, 엄청난 변화가 있지 않은 한 그들의 삶에는 언제나 원한이 존재할 터였다.

케이시 석유회사가 센트럴 텍사스에 위치해 있었기 때문에 사람들은 내가 그곳 출신인 줄로 오해했다. 내가 그곳에 처음 도착했을 때였다. 높은 굽에 기다란 박차와 가죽 술이 달린 긴 부츠를 신고 커다란 모자를 쓴, 키가 삐쭉하고 피골이 상접한 전형적인 카우보이 토박이가 나에게 말했다. "당신은 뭐든 다 안다지? 여기는 벌써 넉 달째 비 한 방울 내리지 않았소, 언제쯤 비가 오겠소?" 어찌된 일인지는 나도 모르겠지만, 나는 그의 눈을 바라보며 이렇게 대꾸했다. "다음 주 금요일 오후 4시 정각."

다음 주 금요일 오후 4시 정각부터 30분간 퍼부은 비는 내 평생 가장 엄청난 것이었다. 어쨌든 나는 그 비와는 아무런 상관이 없다. 하지만 도대체 내가 어떻게 해서 카우보이에게 그런 대답을 한 것일까? 사람들이 이 일을 어떻게 받아들였는지는 가히 짐작할 수 있으리라. 그후로 나에겐 농장이나 목장을 위한 물을 찾아달라는 요청이 쇄도했다. 나는 그런 일은 실패할 리 없다고 믿었다. 몇 군데는 15미터, 또 몇 군데는 6미터쯤 파 내려가자 지하수가 흐르고 있었고, 그 양도 마을에 물을 대기에 충분했다. 이전에는 대부분이 가축을 트럭에 싣고 몇 킬로미터나 달려가서 강에서 물을 먹였다고 한다.

케이시 석유회사를 차리는 동안, 데이브와 나는 투자자를 찾아 미국 전역을 돌아다녔다. 뉴올리언스, 잭슨, 멤피스, 덴버, 텍사스 전역, 세인트루이스, 시카고, 인디애나폴리스, 신시내티, 워싱턴, 뉴욕, 필라델피아, 플로리다 등지에서 여러 사람을 만났고, 그중 몇몇은 지금까지도 나와 절친한 친구 사이다.

전보, 편지, 직접 만남 등으로 타지 사람들도 많이 만나 미래에 대한 조언을 해주었고, 이전에 도움을 준 사람들도 계속 만났다. 멤피스에는 석유사업 초기에 병원설립을 제안한 사람도 있었지만, 우리는 버지니아 비치에 병원을 세우겠다고 고집했다.

그 무렵 내가 케이시 석유회사의 소유권을 모두 넘기고 석유에 관한 리딩만을 하겠다고 약속하면 100만 달러를 주겠다는 제의가 들어왔다. 케이시 석유회사의 임원들은 이 제의를 반대했다. 그러나 갖은 노력에도 불구하고 이 회사는 수많은 사람들에게 막대한 손실만을 안겨준 채 석유 한 방울 캐내지 못했다. 엄청난 돈을 벌기는커녕, 회사의 사장인 나조차도 월급 한 푼 받을 수 없었던 것은 물론이고 출장비도 못 건졌다.*

회사 내에도 분란이 일어났다. 임원들은 모든 게 데이브 잘못이라며 그를 사업에서 손 떼게 하라고 난리였다. 그런다고 상황이 조금이라도 나아지진 않았다. 나에게 개인적인 고통만을 안겨주었을 뿐이다.

한 남자가 다른 이의 아내와 불륜을 저질렀고, 곧 유혈사태가 벌어질 것 같았다. 그러자 가족들이 나에게 중재를 해달라고 호소했다. 나는 이들과 이야기를 나누고, 리딩을 해주면서 옳은 일을 하게 해달라고 간절히 기도했다. 어쨌든 유혈사태는 막았으니 나는 옳은 일을 했다는 느낌을 받을 수 있었다.

텍사스에 회사를 차리고 2~3년간 여기저기를 돌아다니며 행한 리딩을 일목요연하게 시간 순으로 여기에 옮길 수는 없지만 몇 가지 사례를 들어 서로 비교할 수 있게 하겠다. 나와 함께 여행한 사람들은 그동안 리딩을 통해 확인한 내용들을 듣곤 했다.

멤피스에 있을 때 호텔 밖에서 우연히 만나 칸에게도 소개한 램버트 박사도 그 중 한 사람이었다. 램버트는 나에게 멤피스에 사는 룬디 박사를 아느냐고 물었다. 우리는 룬디의 진료실로 산책 겸 해서 같이 걸어갔는데, 도중에 램버트가 데이브에게 볼링그린에서의 내 리딩에 대해 들어본 적이 있느냐고 물었다. 자기 언니를 살해한 소녀의 이야기를 꺼내며 리딩이 그 사건에 관해 정보를 제공했는지도 궁금해 했다. 룬디의

---

*1920년 텍사스 주 톤슨 카운티에서 케이시와 칸, M. C. 샌더스(석유 개발업자)는 텍사스 케이시 석유회사를 설립했다. 케이시의 영능력 덕택에 투자가들이 이 사업에 5만 달러 상당의 투자를 했다. 그러나 석유는 발견되지 않았고, 뉴욕시장에 주식을 팔려는 노력도 물거품이 되어버렸다. 당시 거래인은 "케이시의 인격 말고는 아무것도 팔 게 없었다"고 말했다.

진료실에 도착하여 리딩에 관한 이야기를 나누던 중, 룬디는 내 말이 너무 빨라서 데이브가 중지시키려 하자 내 몸이 공중으로 붕 떠오른 때의 이야기를 듣고 싶어 했다.

멤피스에서 만난 사람 중 전도유망한 사업가가 하나 있었다. 그는 다른 심령술사도 만나봤지만 내가 새어머니를 위해 리딩을 해주면 좋겠다고 말했다. 약속을 정하고 리딩을 행한 후, 우리는 그 새어머니의 집에 초대를 받았다. 우리는 그녀가 리딩이 묘사한 그대로임에 완전 충격을 받았다. 리딩은 그녀가 다른 도시의 병원으로 가면 나을 거라고 했다. 그녀는 잠시나마 극적인 회복세를 보였다.

버밍햄에서는 그곳 병원 의무관들이 자리한 가운데 여러 번의 리딩을 행했다. 환자들의 요청이 쇄도했고, 각각의 경우 리딩이 처방한 치료법으로 고통에서 벗어났을 뿐만 아니라 완벽한 건강을 되찾을 수 있었다.

버밍햄을 떠나기 직전, 우리는 내슈빌로부터 긴급전화를 받았다. 그곳에서 만난 한 젊은 여성을 위한 것이었다. 리딩은 그녀가 사적인 일로 절망을 느껴 삶에 종지부를 찍기로 결심하고는 독극물을 마셨다고 주장했다. 여느 때처럼 그녀를 살릴 수 있는 처방이 제시되었지만, 우리는 그녀가 제시간에 도움을 받을 수 있도록 의사를 설득할 수가 없었다. 12시간이 지난 후 마침내 의사가 그 처방대로 하겠다고 했지만, 너무 늦어버린 후였다.

그 다음날 한 의사의 진료실에서 나는 어떤 고아를 위해 정보를 달라는 부탁을 받았다. 의사는 밴더빌트 대학 부속병원에서 그 애를 진찰했고 가망이 없다고 했다. 나는 내가 도움이 된다면, 그리고 그 애와 보모가 원한다면 기꺼이 리딩을 하겠노라고 이야기했다. 그날 오후 소년과 보모가 나에게 도움을 요청했고, 다음날 맥스웰하우스 호텔에서 리딩을 하기로 약속을 정했다. 리딩 현장에는 내로라하는 의사들과 사업가들이 자리했다. 아픈 소년은 방 안에 없었다.

잠시 후 누군가가 그 애를 방으로 데려왔고, 의사들이 그를 진찰해보았다. 그때 누군가가 질문을 던졌다(리딩 현장에 있던 의사들은 모두 환자의 병을 알고 있었기 때문에, 그들은 리딩이 독심술이라고 생각했다). 답변이 돌아왔다. "의사들이 놓친 게 있네요. 몸 안의 독소가 발진을 일으켰는데, 오늘은 이 리딩이 시작된 이후 왼쪽 발가락에만 나타났습니다. 한번 찾아보십시오."

리딩은 머릿속 종양을 당장 제거해야 한다고 말했다. 그 종양이 머리를 압박하고 있기 때문에 앞이 보이지 않는 것이었다. 수술은 코를 통해 이루어져야 했다. 며칠 후 수술이 이루어졌고 결과도 아주 좋았다. 이 일을 아는 모든 사람이 그 결과를 기적이라고 여길 정도였다.

애틀랜타에서는 볼링그린에서 리딩을 했었던 사람들을 만났다. 이번에 행한 몇 번의 리딩도 여러 사람의 건강을 되찾아줄 수 있었다. 그때 워싱턴에서 또 연락이 왔다. 또 한 번 그 '특별한 분'을 위해 리딩을 해달라는 것이었다. 워싱턴에서는 우리의 정보를 애타게 찾는 한 여인을 만났다. 그녀는 클리블랜드에 사는 자기 조카의 목숨을 살리고 싶어 했고, 우리는 주말에 함께 클리블랜드로 향했다. 이번 건은 악성빈혈이었고, 리딩이 적절한 처방을 해줄 수 있었다. 이 만남에서 아주 재미있는 일이 벌어졌다. 내가 '재판관'이라는 별명을 얻게 된 것도 이 일 때문이었다. 이 리딩을 부탁했던 여인은 남편과 형제들이 우릴 몹시 만나고 싶어 한다며, 뉴욕에 오면 꼭 연락하라고 당부했다. 그리고 몇 주 후에 정말로 뉴욕에 갈 일이 생겼다. 뉴욕에 도착한 첫날 밤, 나는 롱아일랜드에서 열리는 남성 모임에 초대를 받았다. 저녁식사 때는 식탁 상석에 앉았는데, 내 오른쪽에 앉은 남자가 말을 걸어왔다. "남부 출신이오?"

"앨라배마에서 왔습니다." 내가 대답했다.

"혹시 셀마에서?"

"네."

"혹시 알렉 코손이라고 아시오?"

"네, 친한 친구입니다만."

그러자 그가 말했다. "아, 몇 년 전 그자가 내 동생을 죽였소. 난 배심원단의 판정을 인정할 수 없어요. 당신이 우리 관점에서 그 사건을 판정해보시오. 앨라배마에서, 그들 눈으로 판정한 것이니."

나는 몇 시간 동안 그 살인사건에 대한 이야기를 조목조목 들었다. 모임에 있는 사람들 대부분이 분노를 터뜨리는 상황에서 리딩을 행할 수는 없었다. 그래도 코손을 향한 사람들의 분노는 그 모임 이후로 상당히 수그러든 것 같았다. 그날 밤 이후, 데이브나 다른 사람들은 나를 '재판관'이라고 부르곤 했다.

뉴욕에서도 심령현상에 관심이 있는 사람들을 여럿 만났다. 문제는 그 도시에서 내가 리딩을 행하는 것이 주법에 어긋나지 않느냐 하는 것이었다. 그래서 사람들이 자문을 구하러 변호사를 찾아가기도 했다. 변호사는 리딩 작업이 유익했다는 진술서 세 부가 있다면 리딩을 해도 괜찮을 거라고 알려주었다. 우리는 홉킨스빌, 볼링그린, 버밍햄, 셀마, 텍사스로 전보를 쳤다. 곧이어 편지가 속속 도착했다. 우리에겐 열다섯 통의 진술서와 그 두 배의 편지를 확보했다. 이제 진술서도 확보했겠다, 우리는 이 일에 지대한 흥미를 갖고 있는 사람들을 마음껏 만났다. 그들은 연구소 설립을 몹시 원했고, 그건 우리도 바라던 바였다. 그래서 석유사업도 벌인 것 아니겠는가. 하지만 아직 계획을 실천하기보다는 아이디어 단계에 머물러 있는 수준이었다. 하지만 이에 대한 리딩은 묵묵부답이었다. 나는 그 이유도 역시 모른다.

나는 뉴욕을 떠나 텍사스로 돌아갔다. 바로 그 시간, 데이브는 다른 곳에서 또 사업을 벌이려 하고 있었다. 당시 시카고에는 아주 영향력 있고 멋진 위릭이라는 사람이 있었는데, 그는 서부연합 전신기 회사의 임원이었고 대학 시절 심령현상을 몇 번 경험한 적이 있었다. 그는 리딩이 이루어지는 과정을 보고는 대단히 흥미로워 했다. 그는 텍사스에 자기 소유의 유전을 가지고 있었는데 나에게 그에 대한 리딩을 해달라고 요청했다. 유전에 대한 리딩 결과는 그리 신통치 못했지만, 그의 건강에 대한 리딩은 큰 도움이 되었다. 절망적인 환자를 리딩하면 언제나 그 사람의 생명을 구할 수 있었다. 마찬가지로 위릭 씨도 리딩으로 건강한 생활을 유지했다. 나중에 그가 사고를 당해서 크게 다치는 일이 생겼다. 그때 내가 상담과 조언을 해주었는데, 그것은 나에게도 큰 의미로 다가왔다.

생각해보면 참 이상하다. 얼마 전까지만 해도 완전히 낯선 사람이었는데 어느 날 우리 인생에 불쑥 끼어들어 엄청난 영향력을 행사하는 때가 종종 있지 않은가. 우리를 하나로 묶어주는 긴 무엇일까? 왜 이떤 사람이 다른 이들보다 내 삶에 중요한 역할을 하게 되는 것일까? 그저 능력 때문은 아닌 게 확실하다. 삶에서 차지하는 위치 때문도 아니다. 그렇다면 도대체 무엇일까?

텍사스에 머무는 동안 오하이오 주 콜럼버스의 프랭크 모어 씨에게 전보를 받았다. "한참 당신을 찾았소. 몇 년 전 당신이 내게 말해준 일이 실제로 일어났소. 난 2년째 장님이라오. 결국 의사를 설득해 당신이 처방해준 대로 해달라고 했소. 장님이 되면 그렇게 하라고 당신이 말해주었기 때문이오. 그리고 이제는 볼 수 있소. 당신을 직접 만나 고마움을 표하고 싶소. 당장 그리로 갈 테니 날 만나주었으면 하오."

모어 씨가 찾아왔다. 열정적이고도 건강한 그를 보니 그렇게 흡족할 수가 없었다. 비록 전 재산을 잃고 말았지만, 그는 건강을 완벽히 되찾았다. 두 눈은 물론이고 류머티즘도 감쪽같이 나아 있었다. 그는 리딩이 처방한 기계를 마련했고, 세 번째 치료로 모든 병이 깨끗이 나았다. 그는 나와 함께 2주를 보냈다. 그의 지인들이 텍사스에 가면 나에게 리딩을 부탁해달라고 한 모양이었다. 그래서 그와 함께 콜럼버스로 가서 그들에게 리딩을 해주기로 했다.

내가 콜럼버스에 있을 때, 덴버에 있던 데이브에게서 전보가 왔다. 텍사스에 있는 내 유전에 자금을 댈 수 있을 것 같다는 내용이었다. 모어 씨가 덴버로 가는 길을 동행해주었다. 그곳 신문 〈덴버 포스트〉지의 편집인이 내가 온다는 소식을 듣고는 기자를 보냈다. 그는 나에게 나중에 개인 인터뷰와 시연을 해달라고 요청했다. 시연 결과는 환자, 의사, 기자 모두에게 확실히 깊은 인상을 남겼다. 편집인은 덴버에 연구소를 설립하자는 제의를 했다. 단 내가 아주 요상하고 동양적인 스타일의 옷을 입고, 누구를 만나든 반드시 미모의 여조수를 대동해야 하며, 절대로 직접 운전해서는 안 된다는 조건이었다. 돈은 달라는 대로 기꺼이 주겠다고 했다. 게다가 내가 이 제안을 수락하기만 한다면 텍사스의 석유회사에도 자금을 대겠다는 것이었다. 어쩌면 나는 그보다 더 나쁜 짓도 많이 저질렀는지도 모른다. 하지만 제정신이고서야 어찌 그 제안을 받아들일 수 있겠는가.

자금을 확보하지 못한 채로 덴버를 떠날 수는 없어서 우물쭈물하는 사이, 앨라배마 버밍햄에서 여성회원으로만 구성된 심령현상 모임에 참석해달라는 전보를 받았다. 그런 일을 해보기는 또 처음이어서, 그들이 어떻게 그리고 왜 나에게 부탁을 하게 되었는지 지금도 의아하기만 하다. 사실 그들은 내게 무시 못할 금액을 제시했고, 두 군데로 와달라는 부탁을 하면서 기차표 살 돈까지 보내겠다고 했다. 나는 그 초청을 받아들이고 모어 씨와 함께 기차를 타고 떠났다.

버밍햄에 도착한 것은 10월 6일이었고, 그곳에서는 단 며칠간만 머물 예정이었다. 하지만 이듬해 2월 6일, 나는 여전히 버밍햄에 있었다. 각각의 사례를 일일이 리딩해주는 건 불가능했다. 어쨌든 그곳에서 행한 리딩은 모두 기록되었고, 나는 평균 하루에 두 번 이상의 리딩을 감행했다.

한 남자의 경우, 의사의 지시 아래 라듐수를 사용하라는 처방이 나왔다. 라듐수라니, 완전히 금시초문이었다. 여러 병원에서 이따금씩 찾아오는 의사들은 이 남자의 어디에 라듐수를 처치해야 하는지 전혀 모르는 눈치였다. 다음번에 다른 사람에게도 같은 처방이 내려졌다. 그는 리딩 현상에 자기 주치의를 초청했다. 그 의사가 방 안에 들어섰을 때 나는 이미 잠에 빠진 상태였다. 나는 깨어난 후 그를 소개받고는 내가 자신과 다른 이들을 기만하고 있는지 밝혀내러 와준 데 대해 의례적인 감사를 표했다. 그는 나에게 의외의 말을 하기 시작했다.

"당신은 날 모르겠지, 케이시. 하지만 나는 오랫동안 당신의 작업을 쭉 지켜보았소. 우리 병원 수간호사가 당신에게 리딩을 받은 적이 있소. 터스컬루사에 사는 조카딸이 많이 아팠거든. 내가 수간호사와 함께 터스컬루사에 가서 진찰을 해봤소. 정말 소름이 쭉 돋더군. 당신의 리딩과 정확히 일치했거든. 그날로 수술을 하고는 아이를 집에 데려다줬소. 그리고 이것도 몰랐겠지만 몇 주 전에 내 조카도 당신이 리딩해주었다오. 그 애는 지난 6년간 내 환자이기도 했지. 그간 아무런 징후도 발견하지 못했었는데, 당신은 그 애가 암에 걸려서 가망이 없다고 했소. 대신 그 애의 고통을 덜어줄 방법을 알려줬지. 과연 내가 처방전을 써줘야 하는지 고민이 되더군. 하지만 결국 결단을 내렸고, 처음 처방을 해주자마자 그 불쌍한 아이는 몇 주 동안이었지만 편안해 했소. 난 또 한 번 놀라고 말았지. 부검 결과, 당신이 옳았다는 게 증명되었소. 이제야 당신을 직접 만나게 됐구려. 얼마 전 당신은 어떤 이에게 의사의 지시 하에 라듐수를 마시라고 처방했소. 그리고 오늘은 이 환자에게도 같은 처방을 내렸소. 나는 모어 씨에게 쪽지를 써서 라듐수를 구할 방법을 물어보라고 했소. 하지만 그가 질문을 하기도 전에 당신이 먼저 말을 하더이다. 피츠버그의 어떤 곳에 가면 라듐수를 구할 수 있다고 말이오. 내가 벌써 전보를 쳐두었으니, 이제 기다려보면 당신이 맞는지 틀리는지 알 수 있겠지."

그는 그 자리에서 답장을 기다렸다. 그렇게 45분쯤 지났을 때, 기다리던 전보가 왔다. '라듐수를 오늘 발송하겠음.'

리딩이 어떤 균을 배양해야 한다고 제안한 적도 있었다. 배양 방법까지 자세히 묘사했다. 한 실험실 대표가 이 설명을 듣고 그 방법 그대로 배양하여 환자의 건강 상태를 크게 호전시켰다.

버밍햄에 머무는 동안, 나는 여성 모임, 작가 모임, 신지학회, 일체파 모임, 심리학회, 응용심리학회, 대학 동아리, 사업가 모임 등 그곳의 여러 조직에서 시연을 했다.

어느 날 저녁 모어 씨, 앨프 버틀러와 함께 미스터리 쇼를 맨 앞좌석에서 구경하고 있을 때였다. 내 옆에 앉아 있던 모르는 사람이 나에게 고개를 숙이며 말을 걸었다. "저 남자, 무슨 속임수를 쓰고 있는지 아시오?" 나는 "알 리가 없죠!"라고 대답했다. 그가 말했다. "흐음, 세상엔 이해할 수 없는 일들이 많죠. 하지만 여기 터트윌러 호텔에서 쇼를 하는 그자가 무슨 수를 쓰는지는 알 것 같소." 잠자코 대화를 듣고 있던 앨프가 "그게 뭔데요?" 하고 물었다. 그가 대답했다. "흐음, 이 쇼는 한참 전에 계약이 된 거요. 그러니 그동안 환자에 대한 정보를 캐낼 시간은 충분했겠지. 내가 듣기론 그자는 무척 똑똑하다더군. 그냥 그동안 캐낸 정보를 그대로 다시 들려주면 된다고."

모어 씨가 끼어들었다. "확실하오?"

"흐음, 확실할 거요. 저 무대에 선 친구들 몇을 알고 있거든."

모어 씨가 말했다. "당신 옆에 있는 친구도 그런 사람 중 하나요. 저 친구가 어떤 수를 쓰는 건지, 우리도 모르고 정작 본인도 모르오. 그런데 당신은 안다고? 알면 어디 한번 증명해보구려. 죄다 폭로해보시지 그래?"

그 남자는 우리의 리딩 현장에 왔지만, 아무것도 알아내지 못했다. 최근 그 남자는 자신을 위한 리딩을 받았고, 지금은 이 일과 관련한 연구모임의 리더로 활동하고 있다. 뭐 어쨌든 그의 신념과 자신감은 족히 몇 년은 쭉 지속되었다.

어떤 사람이 리딩 약속을 잡았고, 리딩이 끝난 후에 모어 씨가 "으음, 당신 건강에는 별 문제가 없는데요"라고 말했다.

그는 자기도 안다고 대답했다. "하지만 케이시가 그걸 아는지 궁금했을 뿐이오."

한 번은 리딩을 마치고 의식을 되찾아보니, 모어 씨의 안색이 몹시 좋지 않았다. 나는 왜 그러냐고 물어보았다. 그는 리딩을 받겠다는 사람이 자기 이름을 엉터리로 대는 바람에 아무런 소득이 없었다고 말했다. 그 사람은 이 사실을 알고 나서, 나중에 진짜 이름으로 다시 한 번 리딩을 받았다.

한 검사가 자기와 아내에게 리딩을 해달라고 의뢰했다. 훗날 그는 사실 수사를 위해 리딩을 의뢰했던 거라고 고백했고, 무슨 주문이나 마법 같은 건 없다는 걸 확신했다고 말했다.

지역 언론은 버밍햄에 어떤 기관이 들어서야 할지에 관해 대규모의 설문을 시행했다. 그곳 사람들 대다수가 병원 설립을 제안했지만, 리딩은 한결같이 버지니아비치가 최적의 장소라고 주장했다.

석유 산업에 관심이 있는 뉴욕의 한 남자가 나와 약속을 잡고 싶어 했다. 텍사스의 케이시 석유회사가 갖고 있는 유전을 임대하고 싶다는 것이다. 이것이 나와 텍스 라이스와의 첫 만남이었다. 그는 내가 만난 사람 중 가장 악명 높은 성격의 소유자였다. 안타깝게도 처음엔 그 사실을 몰랐다. 이제 와서 말인데, 나와 거래하면서 그는 언제나 이래라저래라 지시를 하기만 했다. 그리고 그는 정보 자체를 자기한테 유리하게 이용했는데도, 나는 전혀 눈치 채지 못했다.

버밍햄에 있던 나는 그를 만나 임대에 관한 이야기를 하기 위해 텍사스로 향했다. 계약이 갱신되고 대금도 지불되었다. 나는 그와 함께 시카고로 갔다. 그는 버밍햄과 텍사스에서 리딩 현장을 본 적이 있었기 때문에 시카고에서는 본인이 직접 진행을 해보려 했다. 그러나 그것이 처음이자 마지막이었다. 시카고에서도 여러 번의 리딩이 이루어졌지만, 모두 건강에 관한 피지컬 리딩이었다. 그 다음으로 우리는 피츠버그에 가서 피지컬 리딩을 몇 번 더 하고는 앨투너로, 그리고 뉴욕으로 이동했다. 나는 아무런 의심 없이 그를 내 친구들에게 소개해줬다. 한참 후에야 그가 그들마저도 이용했다는 걸 알았다. 그들은 틀림없이 내가 알면서도 가만히 있었다고 생각했을 것이다. 그러나 나는 정말 꿈에도 생각지 못한 일이었다.

우리는 데이턴으로 가서 그곳에서 몇 달간 머물렀다. 나는 계속 리딩을 했고, 그때 만난 사람들 중에는 지금도 소중한 친구로 지내는 이들도 있다. 나는 2년 전쯤 버밍햄에 있을 때 도움을 준 적이 있는 한 소년의 어머니를 그곳에서 처음 만났다. 아이의 몸을 덮고 있던 조그만 혹들은 왼쪽 눈 아래에 있는 것 하나 빼고는 모두 사라지고 없었다. 하루는 아이가 물을 모두 빼둔 수영장 근처에서 놀다가 발을 헛디뎌 그만 콘크리트 바닥으로 떨어지고 말았다. 다행히도 호두알만한 상처뿐이었다. 그런데 며칠이 지나자 그 상처는 오렌지만한 크기로 번졌다. 상처가 줄어들 때까지 매일 리딩을 했고, 그 애를 진찰했던 세 명의 의사들은 리딩의 처방은 그야말로 기적이라고 혀를 내둘렀다.

그후에는 세인트루이스로 갔다. 케이시 석유회사의 주주 하나가 불러서였다. 세인트루이스에서 일주일을 보냈는데, 그 꼬마가 또 넘어지는 바람에 상처 부위가 다시 벌어졌다는 소식을 들었다. 그 아이는 내가 데이턴에 도착하기 전에 숨을 거두었다.

이번에는 데이턴에서 몇 달을 더 머물렀다. 그러다가 어머니가 위독하다는 편지를 받았다. 리딩은 한밤중에 이루어졌다. 사람들은 모두 이제 틀렸다며 마음의 준비를 단단히 하라고 했지만, 리딩이 처방한 대로 치료를 하자 어머니의 병세는 급속히 호전되었다. 게다가 몇 주가 지나자 어머니는 자리에서 일어날 수도 있었다. 그러나 그 이후로는 더 이상의 진전이 없었고, 몇 년 후 돌아가실 때까지 쭉 병약한 상태 그대로였다.

나는 데이턴을 떠나 텍사스로 돌아왔다. 라이스가 협상을 맡아 케이시 석유회사가 생산 공정을 재개할 수 있도록 할 예정이었다. 나는 회사의 회계담당자 집에서 한 달간 머물렀다. 그 지역 상공회의소의 지원을 받아 리딩을 시연하기도 했는데, 거기에서 얻은 정보 중 반은 상공회의소에 관한 것이었다.

그 외에도 숱한 리딩을 했는데, 나도 너무나 놀랐기 때문에 인상에 남는 일이 있었다. 의사 아들을 둔, 자그마한 체구의 한 부인을 리딩해준 일이었다. 그녀는 추워 죽겠다며 연신 불평을 늘어놓았다. 리딩은 오한이 생길 때마다 어떤 도구를 사용하라고 하고는 그 도구를 만드는 법도 알려주었다. 그녀는 물이 가득 담긴 양동이에 그 도구를 담갔다가 몸에 붙였고, 다시는 춥다고 소리를 지르지 않았다. 그녀의 아들은 이건 다 환상일 뿐이라고 일축했다. 그러나 그의 어머니 캠벨 부인은 아들을 조용히 타일렀다. "이게 환상이라면, 환상이 더 많이 필요하겠는걸. 어쨌든 난 이제 편안하니까." 그녀의 소식을 마지막으로 들었을 때도, 그녀는 어딜 가든 그 도구를 몸에 붙이고 산다고 했다.*

이 무렵 텍스 라이스가 사기죄로 체포되었다는 소식을 들었다. 죽어도 석유사업을 포기하고 싶지는 않았지만, 더 이상 회사를 꾸려나갈 재간이 없었다. 고민 끝에, 지난 2~3년은 경험을 쌓았다 치고 셀마로 돌아가 사진관 일을 계속해야겠다는 결론을 내렸다.

그건 마지막 시험과도 같았다. 결과는 명백했다. 현재의 상황에서 리딩을 그런 식으로 이용해서는 안 된다는 것. 에드거로서는 힘들게 배운 교훈이었다. 정보는 항상 옳았지만, 그 결과는 결코 그가 원하는 방향으로 흘러가지 않았다. 에드거는 아마도 일확천금을 노리는 사람들 못지 않게 간절히 기도했을 것이다. 그의 머릿속에는 오직 도움이 필요한 사람들을 위해 병원을 세우고 싶은 열망뿐이었기 때문이다.

---

*리딩이 추천한 이 도구는 훗날 방사성 기구라 불렸는데, 혈액순환을 좋게 하고, 스트레스를 줄이며, 혈압과 심박수, 산 기능을 안성시키는 등 여러 가시 기능을 한다. 이 기구에는 배터리처럼 양쪽에 단자가 있어 몸에 붙이는 전극과 연결했기에 때때로 임피던스 장비라고 불리기도 했다. 하지만 이 기구 자체는 전기 에너지를 담고 있지 않고, 대신 체내의 전류를 이용한다. 스탠포드 대학의 물리학자인 윌리엄 틸러는 이 기구가 침술의 경혈을 통해 체내 에너지 흐름의 균형을 맞춰준다고 이론화하였다.

실패가 가져다준 교훈

17_ 그것은 무슨 의미였을까?

우리는 인생을 더 낫게 만드는 기본적인 힘을 지닌 개개인이지만,
사랑이 없다면 아무것도, 아무것도 아니다.

정상적인 삶으로 되돌아오는 데는 피나는 노력이 필요했다. 몇 년 동안 겪었던 일들에 나도 모르게 물들어, 삶을 바라보는 나의 관점에도 실로 엄청난 변화가 일어났던 것이다. 나의 목적과 목표가 이전처럼 순수하고 진실하다고 확신할 수가 없었다. 아직도 나에게 이상이 존재하는지, 어디에 가든 무엇을 하든 무슨 일을 겪든 오로지 한 가지 생각에 사로잡혀 있었는지, 역시 자신이 없었다.

어째서 세상의 잣대로 보면 그 일이 아무것도 아닌 것처럼 다가왔을까? 그건 무슨 의미일까? 리딩이 제안한 것처럼 나는 연구소를 가져서는 안 된다는 것? 아니면 내가 잘못된 방식으로 접근했다는 뜻? 사람들의 제의를 받아들이는 게 나았을까? 그랬다면 나의 이웃, 인류를 돕는 일에 도움이 되었을까?

나는 한동안 나의 거취를 결정하기 위해 고민에 고민을 거듭했고, 이

같은 의문에서 벗어날 수 없었다. 나는 기적적인 은혜를 입었다고 단언했던 여러 사람들을 떠올렸고, 리딩이 했던 말, "한 사람 한 사람부터 시작하라. 그런 후에 작은 무리를, 그 다음으로 큰 집단을…"을 수도 없이 되뇌었다.

나는 셀마의 친구들과 많은 대화를 나누었는데, 그 중 몇몇은 의사였다. 그러던 중 아주 불가사의한 일이 벌어졌다. 의사 친구가 X레이 작업을 하는 걸 도와주었는데, 내가 감광판을 꽤 잘 읽었더니 그가 무척이나 좋아했다. 그는 마을 안팎의 의사들과 X레이 사진을 놓고 토론을 벌일 때면 종종 나를 부르곤 했다. 그는 내가 공부를 했건 안했건 간에 심리학과 해부학을 잘 안다고 주장했다. 내가 관심을 갖고 X레이 사진을 찍은 후 사진이 현상되는 동안 암실에 머물러 있었던 것이 내 직관력에 어떤 작용을 했다는 것이었다. 그를 비롯한 다른 의사들이 내게 전기치료 과정을 이수하여 병원에서 함께 일하자고 제의했다. 그들은 내가 그 코스를 밟을 수 있도록 수속을 해주었고, 내가 없는 동안 내가 할 일도 대신 책임져주겠다고 했다.

계약서에 서명을 하기 전날만 해도 우리는 멋들어진 감광판을 여러 개나 만들어냈다. 그런데 정작 서명을 하기로 한 날은, 어찌된 일인지 감광판이 제대로 나오지 않았다. 단 한 개도 말이다. 노출이 두 배로 되어 있질 않나, 신체의 일부분만을 담을 수 있는 감광판에 몸 전체가 찍혀 있질 않나, 아무튼 다 그런 식이었다. 도대체 무슨 일이었는지, 어쩌려고 그런 건지, 솔직히 나는 짐작도 할 수 없다. 의사들은 내 능력을 그런 식으로 사용하지 말라는 뜻인 것 같다고 말했다.

하지만 나 자신에게 묻지 않을 수 없었다. 온 나라를 돌아다니며 사진을 찍었는데, 그럼 그동안 그게 다 내 능력을 잘못 사용한 거란 말인가? 내가 무엇을 해야 하는지, 어떤 길을 추구해야 하는지 깨닫기 위해 애쓰면서 내가 어떤 과정을 겪어야 했는지 그 누가 상상이나 할 수 있겠는가?

전국 방방곡곡에서 리딩 요청이 쇄도했다. 내가 기억하는 것만도 하루에 텍사스에서 5건, 아칸소에서 1건, 오클라호마에서 2건, 미주리에서 2건, 시카고에서 1건, 오하이오에서 3건, 켄터키에서 1건, 뉴욕에서 3건, 뉴저지에서 1건, 메릴랜드에서 1건, 버지니아에서 1건, 노스캐롤라이나에서 1건, 조지아에서 6건이었다. 이 모두가 단 하루에 말이다!

내가 사람들의 신뢰를 이용하려 했던 것일까? 하지만 내가 행했던 리딩을 모두 돌이켜보건대, 그 무엇도 나 자신을 위한 건 없었다고 단언할 수 있다. 게다가 사람들의 병이나 정신적 성장, 이해를 위해 행한 리딩은 모두 긍정적인 결과를 낳았다. 그들은 무엇이 자신에게 도움이 될지 나보다 더 몰랐던 것일까? 그들의 일에 간섭하지 말고 아무것도 하지 않는 편이 차라리 나을까? 딱 어느 정도가 내가 관여해도 되는 선일까? 버밍햄, 시카고, 멤피스에 있는 사람들이 내게 연구소 설립을 제안했으니, 그들에게 부탁해야 하는 것일까? 리딩을 신비주의로 포장하면 (돈이 필요한 건) 뭐든 이룰 수 있게 해주겠다고 한 덴버의 사나이를 받아들여야 할까?

"좋아," 내가 말했다. "판단은 리딩의 몫으로 넘기겠어. 리딩이 날 인도해주겠지."

리딩이 말했다. "당신의 능력을 활용하십시오. 현재의 당신이 있는 곳부터 시작하세요. 오래 전에도 그러했듯이, 스스로 진실을 깨달을 때까지 당신은 한참을 돌아와야 합니다. 연구소가 생길 장소는 버지니아 비치입니다."

그렇게 우리는 셀마에 새로 사무실을 개업할 준비를 했다. 내 사진관이 있던 바로 그 건물이었다. 나는 그곳을 그냥 '사무실' 혹은 '유령의 집'이라고 부르기로 했다. 그리고 친구들에게 쓰던 사무실 가구며 집기들을 달라고 부탁했다. 의자도 좋고 펜꽂이도 좋으니, 그들의 손때가 묻어 있어서 내가 안으로 들어서면 마치 오랜 친구들이 말을 걸어오는 듯한 느낌을 받고 싶다고 말이다.

속기사도 필요했다. 그동안 채용했던 속기사들은 대개 리딩 속도를 제대로 따라오지 못해서 말썽이었다. 법정 서기를 채용했을 때만 빼고 말이다. 바로 그런 사람을 찾는 것이 당시 우리에겐 급선무였다.

꽤 오랫동안 리딩을 완벽하게 베껴낸 경우는 손에 꼽을 정도였다. 많은 속기사들이 거쳐갔지만 대부분이 실패했다. 우리가 루이빌에 있을 때의 일이 기억난다. 에드거에게 리딩 요청이 들어와서 간 것이었는데, 리딩 기록을 위해 녹음기가 사용되었다. 당시의 녹음기는 속기사 대용품으로, 품질이 아주 형편없었다. 하지만 우리 사무실에서는 그 녹음기를 사용했으므로, 에드거는 그걸 루이빌까지 들고 왔다. 언젠가는 유능한 속기사를 채용하리라고 소망하면서 말이다. 몇 번의 노력 끝에, 드디어 10년 경력의 법정 서기를 채용할 수 있었다. 하지만 그는 며칠간 일을 해보더니 리딩을 받아 적는 것처럼 힘든 일은 처음이라며 돈을 아무리 준다 해도 평생 직업으로 삼을 수는 없다고 말했다. 그는 일을 할 때마다 신경이 바짝 곤두선다고 했다. 구술 속도는 문제가 되지 않지만,

그것은 무슨 의미였을까? 237

낯선 용어가 문제였다. 말을 알아듣지 못했을 때조차 에드거의 말을 가로막고 무슨 뜻이냐고 물어볼 방법이 없었던 것이다.

우리는 15~20명의 여성을 인터뷰하고 리딩을 받아 적도록 시켜보았다. 대부분이 끔찍하게 못했다. 하지만 결국 글라디스 데이비스라는 여성을 찾아내 채용했다. 그녀는 고등학교와 경영대학원에서 속기를 배웠고 내 사진관 아래층에 있던 잡화점에서 첫 직장을 잡았다. 데이비스 양은 일에 대한 기록을 맡다가 1923년 9월 10일 처음으로 리딩을 속기했다. 당시 18세라는 어린 나이였지만, 그동안 그녀보다 리딩을 더 잘 받아 적은 사람은 없었다. 이제 속기사도 구했겠다, 우리는 리딩 약속을 많이 잡았다. 많은 이들이 자신에 대한 리딩을 직접 듣기 위해 사무실로 찾아왔다. 매번 데이비스 양이 리딩 내용을 속기한 후 깨끗하게 타이핑해두었다. 데이비스 양을 채용한 후로는 다른 사람을 구할 생각을 하지 않았다. 그녀가 이 일을 무척 좋아해서 계속 하고 싶어 했기 때문이다.*

어느 날 오하이오 주 데이턴의 아서 램머스 씨로부터 전화가 걸려왔다. 그는 나를 당장 만나러 오겠다고 했다. 셀마로 찾아온 램머스는 어떤 남자가 자기더러 텍사스 유전에 투자하라는 것이다. 그는 내가 동행하여 그 제의를 검토해주길 원했다. 우리는 텍사스를 향해 가면서 리딩에 관해 이런저런 이야기를 나누었다. 그는 내가 행했던 리딩들을 좀 더 자세히 이야기해달라고 졸랐다. 댈러스에서는 케이시 석유회사를 세

---

*글라디스 데이비스는 22년 후 케이시가 죽을 때까지 일을 계속했다. 게다가 1986년 본인이 사망할 때까지 케이시 재단 일을 맡았다. 총 53년을 일한 셈이었다.

우게 된 경위부터 그동안 겪었던 일까지 많은 이야기를 했다. 우리는 회사 임원과 의논을 할 요량으로 클리번으로 향했다. 그날 밤 우리는 호텔 앞에 앉아 새벽 3시까지 내 이야기를 했다. 우리는 메리디언으로 이동하여 회계담당인 맥코넬 씨를 비롯한 여러 회사 임원들과 수차례 회의를 거쳤다. 그후 램머스 씨가 맥코넬 씨에게 말하길, "케이시와 그의 작업이 무척 흥미롭군요. 하지만 솔직히 말하죠. 당신이 한 일은 모두 헛수고요. 사업은 망할 거라고요."

그는 우리가 심령연구회를 조직해야 한다면서 함께 세인트루이스와 시카고로 가서 이 일에 관심을 보일 몇몇 사람들을 만나자고 했다. 나는 최소한 그의 질문에 대한 리딩을 하는 데 동의했다. 그는 연구조사 작업에 필요한 조직을 어떻게 만들어야 할지에 관한 질문을 준비했다. 텍사스에서 몇 사람을 더 만난 후, 우리는 세인트루이스로 가서 웨스턴 펜실베이니아 출신의 젊은 엔지니어인 조지 클링겐스미스와 케이시 석유회사의 다른 임원을 만났다. 우리는 시카고와 데이턴에서 일주일 내로 사람을 모아 데이턴에서 리딩을 시연하기로 결정했다. 시카고로 떠나는 길에 위릭 씨를 다시 만났다. 그는 클리블랜드 출신의 친구와 함께 데이턴에서의 시연에 꼭 참석하겠다고 약속했다.

데이턴에서 나는 램머스의 비서인 린든 슈로이어를 만났다. 그를 만난 후로는 그야말로 적임자라는 생각이 머리에서 떠나질 않았다. 그래서 나는 그에게 리딩을 진행해달라고 부탁했다. 일단 그 과정이 익숙해지면 며칠 후 다른 사람들 앞에서도 능숙하게 리딩을 진행힐 수 있을 터였다. 약속된 그날, 오기로 했던 사람들이 모두 자리했고, 슈로이어가 진행을 맡았다. 리딩이 정보를 줄 수 있는지에 관한 질문이 이어졌고,

리딩은 생명에 관한 질문은 무엇이든 답할 수 있으나, 특정인의 이익을 위한 것이나 자연을 지나치게 해치고 거스르는 질문에는 답할 수 없다고 암시했다.

조직의 밑그림이 대충 잡히자, 램머스가 사업을 했었던 데이턴 소재의 사무실에 둥지를 틀기로 결정이 되었다. 나는 가족들에게 이 계획을 털어놓았다. 여러 가지를 심사숙고한 끝에, 가족들과 데이비스 양은 앨라배마 주 셀마를 떠나 오하이아 주 데이턴으로 이사를 했다.

18_ 전생에 관하여 1923~1924년, 데이턴

물리적 차원으로부터 건너온 모든 영혼은, 더 높은 차원으로의 성숙이 이루어지는 차원 근처에 남아 있거나, 자신의 성숙을 위해 이곳으로 되돌아온다.

케이시 연구소는 데이턴의 필립스 호텔 안에 사무실을 마련하고, 1923년 10월 아서 램머스를 대상으로 리딩한 것으로 첫 문을 열었다. 램머스는 글라디스 양이 오기 전까지 정보를 기록할 속기사를 구해두었고, 리딩 진행은 린든 슈로이어가 맡았다. 램머스 씨는 전에는 아무도 생각지 않았던 형이상학적인 질문 목록을 만들어 왔다.

램머스 씨는 매우 완고해 보이는 중년의 남성으로, 인쇄회사를 운영하면서 점성술과 형이상학에도 지대한 관심을 갖고 있었다. 그는 내가 리딩하는 정보가 어디서부터 오는지 몹시 궁금해 했다. 나는 리딩은 잠재의식, 초의식 혹은 영혼이 의식을 억누르고 여러 차원의 마음과 소통한다고 말했다. 정보는 잠재의식 수준에서 나온 것일 수도 있고, 이미 죽은 사람들이 남긴 인상을 마치 거울을 통해 비추어보듯이 보는 것일 수도 있다. 그 자체는 대상이 아니라 그 대상을 반영한 것이었다. 이 상태에서 잠재의식이나 영혼을 통해 전달된 암시가 신체나 물리적인 힘과 같은 현실과 물질을 반영한 정보를 모은다. 거울도 때로는 물체를 휘거나 굽어보이게 비추듯이, 영혼에 가 닿는 암시도 그 반영을 왜곡할 수 있다. 그러나 그 이미지 자체는 반영된 그대로다.

다음은 램머스가 준비해온 다소 황당한 질문과 그에 대한 답변을 정리한 것이다.

— 한 사람의 영혼이란 무엇입니까?

창조주께서 태초에 모든 존재나 개인에게 부여하신 것입니다. 영혼은 창조주의 고향 혹은 그분이 계신 곳을 추구하지요.

— 영혼은 어디에서 와서 어떻게 육체로 들어갑니까?

"신께서 그에게 생기를 불어넣으시니 사람이 생령이 되니라." 영혼은 바로 그곳, 그분의 숨결로서 존재하고 있습니다. 그 힘에서 뿜어져 나와 인간이 생의 첫숨을 들이마실 때 그 몸 안으로 들어가 생령이 됩니다. 단, 창조물이 자라나는 동안 영혼이 그 창조물과 만나 머물 장소를 찾아야 합니다. 모든 영혼은 태초에 창조되었습니다. 그들은 온 곳으로 되돌아갈 길을 찾아 헤매고 있지요.

— 영혼이 죽을 수도 있나요?

창조주에 의해 추방당할 수는 있습니다. 그건 죽음이 아닙니다.

— 창조주에 의해 영혼이 추방당한다는 건 무슨 뜻입니까?

스스로를 구제하기 위해 존재나 개인은 자기 자신을, 혹은 자신의 존재 자체인 영혼을 (토성으로) 추방합니다.

— 완전히 성숙한 영혼은 어디로 갑니까?

창조주에게로 돌아갑니다.

— 사람의 잠재의식이란 무엇입니까?

영혼의 표상, 혹은 영혼의 마음입니다.

— 이런 정보를 받기 위해, 잠재의식은 어떤 장소나 어떤 상태를 지나갑니까?

바로 지금 이곳처럼 정신이나 영혼, 혹은 정신과 영혼이 활동할 때, 육체나 그 사람과 분리되었을 때와 같은 공간 안에 있습니다.

— 이런 상태의 에드거 케이시가 영적 세계로 옮겨간 사람과 소통하는 것이 가능합니까?

물리적 차원으로부터 건너온 모든 영혼은 더 높은 차원으로의 성숙이 이루어지는 차원 근처에 남아 있거나, 자신의 성숙을 위해 이곳으로 되돌아옵니다. 그들이 소통의 차원에 있거나 이 공간 안에 남아 있을 때는 누구라도 그들과 소통할 수 있습니다. 현재 우리 주변에도 수천의 영혼이 존재합니다.

— 기억이 생각되는 것입니까, 아니면 생각이 기억하는 것입니까?

개인이 진화함에 따라, 생각은 기억의 일부분이 됩니다. 육체적으로는, 기억과 생각은 동의어가 아닙니다. 둘 다 육체적 에너지 안에서 동시에 생겨나지 않습니다. 정신과 육체의 에너지 안에서는, 기억과 생각이 하나이며 동시에 진화합니다.

— 육체적 차원에서는, 한 사람의 생각이 다른 사람에게 정신적으로나 육체적으로 영향을 미칩니까?

생각이 추구하는 바는 개인의 성숙 정도에 달려 있습니다. 생각이 성숙하는 게 전이될 가능성은 알다시피 처음엔 진화로 설명이 됩니다. 이 차원의 개인은 마치 감각이 발달하듯이 생각을 성숙시키고 생각을 통해 성숙합니다.

― 인류와 연관지어 진화란 단어를 정의한다면?

인류에게 있어 진화란 인간이 서서히 내부로부터 자아의 법칙을 이해하도록 하는 에너지의 부활입니다. 이 법칙을 이해함으로써 인간은 더 좋은 에너지를 갖게 되고, 점진적인 변화를 받아들이게 되며, 세대를 초월하여 모든 걸 알게 됩니다.

인간은 인간이 되도록 만들어졌습니다. 창조물은 오직 물질, 에너지, 마음의 세 가지뿐입니다. 모든 살, 즉 육체는 살덩이만으로 이루어지지 않습니다. 존재의 성숙이 항상 함께하며, 인간의 필요에 맞게끔만 존재합니다. 창조된 모든 것은 이미 존재하고, 인간의 발달과 진화는 창조주의 마음을 향해 서서히 성숙하는 것일 뿐이기 때문입니다.

― 다윈의 진화론은 옳습니까?

태초에 인간이 만들어져 지구상에 존재하는 만물을 지배하게 되었습니다. 그 만물은 인간을 위해 준비된 것이지요. 에너지가 인간의 생명을 유지할 수 있게 하는 차원, 즉 지구 차원에서 일어나는 상황에서는 인간이 창조된 존재라기보다는 모든 창조물 위에 선 신으로 보입니다. 그리고 인류 전체, 전 세계나 지구 차원 밖에서 찾을 수 있는 모든 것이 인간 안에 존재하는 것 같겠지요. 그리고 그 무엇보다도, '인간의 영혼'은 인간을 지구상에 있는 모든 동물, 식물, 광물 위에 군림하도록 합니다. 인간은 원숭이의 자손이 아닙니다. 그러나 인간은 진화했고, 부활했습니다. 아주 가끔씩, 여기서 조금, 저기서 조금, 아주 서서히, 그러나 차근차근 조금씩….

극한지방 사람들의 필요와 열대지방 사람들의 필요는 엄연히 다릅니다. 그러므로 인간이 놓인 다양한 상황에서의 필요에 맞추는 방향으로 진화가 이루어지게 됩니다. 결론은, 인간은 처음부터 인간으로 창조되어 진화했으며, 인간의 필요를 위해 준비된 상황들이 역시 인간의 필요를 위해 수백만 년을 거쳐 내려온 것입니다. 인간은 인간입니다. 신이 명하여 창조된 존재입니다. 그분은 자신을 대표하는 자신의 아들도 지구상의 창조물 중 가장 고차원인 인간의 형태로 만드셔서, 길을 보여주는 요소인 인간이 되게 하셨습니다.

— 사랑의 법칙은 무엇입니까?

베푸는 것입니다. "네 이웃을 네 몸과 같이 사랑하라 (…) 너로 마음을 다하며 뜻을 다하여 네 하나님 여호와를 사랑하라" 하신 말씀처럼 말입니다. 우리는 또 이 사랑의 법칙을 육체적 혹은 지구 차원의 눈으로 바라봅니다. 그 본질적인 뜻은 이해하지 못한 채 말입니다. 우리는 사랑의 법칙, 즉 베풂을 엉뚱하게 해석합니다. 사랑의 법칙과는 정반대로 보상이나 대가를 바라는 것입니다. 기억하십시오, "하나님이 세상을 이처럼 사랑하사 독생자를 주셨으니 이는 그의 창조물을 속죄케 하심이라"는 말씀보다 더 위대한 것은 없습니다. 인간이 자신의 마음과 생을 다하여 이런 사랑을 실현할 때, 그 법칙이 개인의 일부분이 됩니다. '바로 이것이 사랑의 법칙입니다.' 아무런 보상이 없는 베풂을 실천하십시오. 그러면 알게 됩니다. '사랑이 법이라는 것을. 사랑이 법입니다. 신은 사랑입니다. 사랑은 신입니다.' 우리가 보는 것은 그 법칙 자체가 아니라, 그것이 실현되는 것입니다.

자, 우리는 인생을 더 낫게 만드는 기본적인 힘을 모두 지닌 개개인이지만, 사랑이 없다면 아무것도, 아무것도 아닙니다. "예언의 능력을 지녀 대단한 분별력을 발휘한다 해도, 소망과 박애와 믿음의 은총을 입었다 해도, 그 마음과 영혼 속에 사랑의 법칙이 없다면, 이러한 은총을 실천한다 해도 사랑이 없다면, 그들은 아무것도 아니다."

램머스 씨는 점성술에 대한 질문을 몇 개 더 하고 실제로 별점을 쳐보기도 했다. 그리하여 개인과 성격, 그리고 인간의 생에서 별자리가 미치는 영향에 관한 정보를 좀 더 얻을 수 있었다. 리딩은 어째서 성격이 존재하는지, 혹은 램머스의 성격은 왜 그런 성향을 띠는지에 관해서도 말했다. 우리는 개개인의 특성이란 그 사람의 실체이며, 그 사람 내면에서 자라온 것임을 알고 있다. 그렇다면 성격이란 개인의 특성을 반영한 것이며, 오늘날의 우리(다른 사람이 보는 우리의 성격)는 지금껏 살아오면서였든 수천의 생명이 그랬던 것처럼 우리 자신 내면의 모든 것을 반영한다.

처음으로 별점을 친 후, 우리는 최고의 점성술사에게 별점을 받아서 그 둘을 비교해보기로 했다. 클링겐스미스와 램머스와 내가 뉴욕으로 가서 에반젤린 애덤스 양과 별점 약속을 잡았다. 1877년 3월 18일 일요일 오후 1시 30분, 켄터키 주 크리스천 카운티의 홉킨스빌. 나는 그녀에게 내가 태어난 시각과 장소를 일러주었다. 그런데 그녀 외에도 여러 명의 점성술사가 내가 그 시각에 태어났을 리가 없다고 단언했다. 그랬다면 여자로 태어났을 거라는 것이었다. 그러나 그것은 우리 부모님과 의사, 출생증명서가 분명히 확인한 출생시각이었다.

애덤스 양의 별점이 너무도 흥미진진했기 때문에 나는 그 정보를 하나도 놓치지 않고 모두 소화해내려고 애를 썼다. 하지만 솔직히 모두 다 이해했다고는 말할 수 없을 것 같다. 어쨌거나 얼마 후 리딩을 하면서 이 별점이 믿을 만한지를 묻는 질문을 했는데, 이 별점이 내게는 거의 긍정적인 말을 해준 셈이라는 것이 밝혀졌다. "별점은 행성이 지구, 인류와 상대적으로 어떤 위치에 놓이는지에 따라 그 영향력이 달라지는 걸 보여줍니다. 그러나 인간에게는 '의지'가 더 중요한 요소입니다. '마음은 의지를 세우고 다지는 역할을 하지요.' 그 의지 때문에 모든 행성의 영향력은 아무런 효력을 발휘하지 못하게 됩니다. 결과적으로, 단순히 별점을 치는 것보다는 의지를 적용시킨 성향과 충동을 읽는 편이 개인을 위해 훨씬 가치 있는 결과를 가져옵니다. 다만, 다가올 상황을 경고하여 특정 시간에 그것을 피할 수 있도록 하는 데는 별점이 훌륭한 역할을 합니다. 그러니 별점도 가끔 쳐볼 필요가 있는 것입니다."

리딩에 따르면, 점성술은 인간의 의지를 제외하고 행성의 위치를 통해 우리에게 주어진 삶의 성향을 파악하는 데 유용하다. 따라서 어떤 의미로는 점성술이 엄밀히 과학이라고 할 수도 있지만, 인간의 마음과 인간의 의지가 행성의 영향력보다 우세하다는 사실은 부인할 수 없다. 인간이 창조주의 법칙을 일부러 깨뜨린 것도 인간의 의지 때문 아닌가. 우리 모두가 알듯이, 인간은 자유의지를 지닌 존재다. 모든 법칙과 계율에 복종하는 것도 인간이지만, 그 법칙을 '깨는' 것도 인간이다.

이런 설명 덕분에, 대부분 신체에 대한 것이었지만 우리가 해왔던 리딩을 이느 정도 이해할 수 있게 되었다. 애덥스 양의 별점에 대한 이해를 바탕으로 피지칼 리딩(physical reading, 건강 판단)을 할 수 있었던 것이다. 이거야말로 흥미진진하고도 대단한 주제지만, 한 문장으로는 도저히 설명할 수 없는 것이기도 하다. 사실 이것은 종교와 비슷한 점이 많다. 분명 존재하되 이론이나 법칙으로는 설명하기 어렵다는 점에서 말이다.

램머스 씨의 별점에서는 최초로 전생에 관한 정보가 나왔다.* 처음엔 환생이나 전생이라는 개념과 윤회를 구분하기가 어려웠지만 나중에는 그 둘이 완전히 다르다는 것을 이해했다. 전생이란 동양에서 오랫동안 이어져 내려온 종교 사상으로, 기독교가 중심인 서양인에게는 생소한 개념이다. 나 역시 아주 오랫동안 그것이 나와는 동떨어진 개념이라고 생각했다. 기독교적인 관점에서는 인간에게 오직 하나의 생(生)만이 존재한다. 즉 어떤 인간이 행동을 하면, 그 사람의 일일 뿐이다. 마찬가지로 어떤 나무가 쓰러지면, 말 그대로 그 나무가 쓰러지는 것이다.

그러나 진정으로 성경을 공부한 사람이 성경 안에 전생의 개념이 전혀 없다고 말할 수 있을까? 온 세대를 통틀어 "사람이 죽으면, 다시 살 수 있을까?"라는 질문은 항상 존재했다. '흙에서 태어난 그대는 흙으로 돌아가나니'라고 노래한 시인도 있지만, 그건 영혼이 아닌 육체를 말한 것이었다. 결국, 인간이 다시 산다면 정작 사는 건 그 영혼이라는 것이 일반적인 생각이었다.

램머스에게 별점을 쳐주고 난 뒤, 나는 성경의 몇 구절을 새로운 시각으로 바라보게 되었다. 가령 예수님의 제자가 스승에게 묻기를 "이 사람이 맹인으로 난 것이 누구의 죄로 인함이니이까? 자기니이까 그의

---

*이 별점은 램머스가 전생에 승려였다고 밝혔다. 그해 겨울, 케이시는 자신의 가족들에게 같은 종류의 리딩을 해주었고, 1924년 2월 9일에는 자신의 전생에 대한 리딩을 행했다. 이 리딩은 에드거와 거트루드, 글라디스, 휴 린이 전생에서도 서로 관련이 있으며, 특히 고대 이집트에서의 삶을 자세히 묘사했다.

부모니이까?"라고 했을 때, 예수님은 "이 사람이나 그 부모의 죄로 인한 것이 아니라, 그에게서 하나님이 하시는 일을 나타내고자 하심이라"고 답하셨다. 자, 인간이 현생에서 죄를 지었다고 해서 장님으로 태어난다는 건 불가능하다. 제자들은 그 남자에게 전생이 있다고 믿은 게 분명하다. 그게 아니라면 그런 질문을 하지도 않았을 테니까.

어떤 사람을 만나면 처음 보는데도 마치 평생 그를 알았던 것 같은 느낌을 받는가 하면, 어떤 사람은 오랫동안 알았는데도 좀처럼 가까워질 수 없거나 이해할 수 없을 때가 있다. 어떻게 그런 일이 생기는 걸까? 나는 윤회가 이 질문에 대한 답이 될 수도 있다고 생각했다. 현재의 삶 이상의 무엇이 존재하지 않는다면 이러한 질문에 대한 답은 영원히 구할 수 없을 것이다. 확신하건대, 그 누구도 지금의 삶이 생의 전부라고 느끼진 않을 것이다. 성경에도 적혀 있지 않은가. '죽지 않는다면 다시 살 수도 없다'고. 밀알 한 낱조차 죽은 후에 다시 살아난다. 그러나 앞날을 준비하여 자신을 번식시키고 죽어야 다시 살 수 있다. 따라서 우리 개개인은 지구상에 다시 올 기회를 갖기 위해 자기 자신 안에서 해답 혹은 근원을 찾아야 한다. 인간의 아들이 우리의 구세주가 되길 선택하였듯이 말이다.

별점이 이런 암시를 준 적도 있었다. 우리 넷(램머스, 슈로이어, 클링겐스미스, 나)이 전생에서 그리스의 트로이 전쟁 때 서로 인연이 있었다고 한다. 전생에서 전쟁을 위해 힘을 합쳤기 때문에, 현생에서 우리는 함께 선을 실천하는 법을 배워야 한다는 것이었다. 우리는 모든 리딩을 함께 행했다. 그러나 그것도 잠시, 상황이 예기치 않은 방향으로 흘러갔다. 램머스가 신시내티에서 소송에 휘말렸던 것이다. 그후로는 그의 소식을 들을 수 없었다. 오하이오 주에는 지인이 별로 없었기 때문에, 위릭 씨는 지금 우리에게 시급한 것은 무엇보다도 지명도라고 했다. 그는 사람들 사이에서 리딩에 관한 책이 알려져야 리딩도 다양하게 적용할 수 있을 거라고 말했다. 소책자를 만들어 연구소를 알려야 한다는 말에 모두가 동감했다. 나는 글라디스에게 정보를 알려주고는 그 내용을 타이핑해두게 했다.

그러나 그것이 소책자가 되어 나오기까지는 몇 달이 더 흘러야 했다. 램머스 씨가 이 일을 맡겠다고 했지만, 그는 소송에 걸려 있어서 일의 진행이 더뎠다. 사실 그에게서는 아무것도 기대할 수가 없는 상태였다. 설령 그가 데이턴에 있었다고 한들, 그 일을 마무리할 수 있었을지는 장담할 수 없다. 나는 그가 약속을 지킬 거라는 희망을 진즉에 버렸다. 그저 가만히 앉아서 최선을 다하는 수밖에 별다른 도리가 없었다. 리딩을 통해 좀 색다른 전망이 나오길 기대할 뿐이었다. 결국은 무언가가 나오리라는 데는 한 치의 의심도 없었지만, 돌아오는 것은 소책자의 출간이 하루이틀 연기된다는 결과뿐이었다. 언제나 "내일"이라는 말을 듣는 건 정말이지 피를 말리는 것 같았다. 나는 최선을 다하고 스스로에게 의로운 일을 위해 노력한다면 금세 결실을 맺을 수 있다고 믿었기 때문에, 그 기다림이란 내 인내심을 시험하는 것과도 같았다.

위릭 씨는 텍사스에서 자기 소유의 유전을 개발할 자금을 마련할 수 있다고 굳게 믿었다. 그러면 우리가 케이시 연구소 제안을 받아들여 사람들에게 이로운 일을 행할 수 있게 되고, 결국은 그 모든 노력이 정당화되는 것이었다. 마침내, 그는 시카고에서 소책자를 인쇄해냈다.

우리는 소책자 말고도 정식 책의 원고도 완성해두었다. 일단 출간이 되면 누군가에게 팔릴 것이고, 우리에게 저작권이 있는 그 책이 수천 권은 배포될 거라는 기대를 품었다. 그러나 당시에는 자금의 압박을 받고 있었고, 심지어 인쇄비를 낼 돈조차 없었다. 우리는 좀 더 싼 곳을 찾아 이동을 해야 했다. 하지만 어쨌든 굶어 죽을 정도는 아니었다. 끼니를 자주 거르긴 했지만.

한 달이 훨씬 넘은 어느 주말에야 램머스 씨를 만날 수 있었다. 그동안 나는 슈로이어, 데이비스 양과 함께 열심히 일을 했고 램머스 씨에 관련된 일은 가능한 한 모두 잊으려고 애썼다. 그가 호언장담했던 수없이 많은 약속이 무참히 깨어진 뒤였고, 내가 온 가족을 데리고 데이턴으로 이사 온 것도 그 약속 때문이었기 때문이다.

나는 어딘가 누군가가 착한 일을 하면 나머지 사람들도 모두 그에 따라가는 곳이 있을 거라고 믿는다. 상황을 변화시키는 요소 중 하나는 시간이다. 불쾌한 마음도 시간이 가면 점차 사라지기 마련이다. 그리고 상황이 적절할 때면 우리가 옳은 일로 의기투합할 수 있는 일도 생기게 될 것이다.

소책자를 배포하고 얼마 후, 우리에겐 일주일 이상의 예약이 다 찼다. 그러나 우리가 스스로 연구소 살림을 꾸려나갈 수 있으려면 한 푼의 '자금'이라도 더 모아야 했다. 나는 우리가 전생을 알려준 이 사람들에게 적절하게 편지를 쓰면 기꺼이 우리를 도와줄 거라고 생각했다. 뭔가를 구걸하는 입장이 되고 싶지는 않았지만, 해야만 하는 일이었다. 리딩으로 도움을 받은 사람들이 그 일에 기여해줘야만 그에 대한 연구가 지속될 수 있는 것 아니겠는가. 내 생각엔 그들의 마음을 움직이게 하는 편지를 쓰는 데 온 시간과 정성을 쏟아야 할 것 같았다. 그러나 소책자에 끼워 보낸 편지는 별 반응이 없었다. 대신 《잠재의식을 통한 심령현상*Psychic Phenomena Through the Subliminal*》이라는 제목의 책에 대한 문의만 쏟아져 들어왔다.

조지 클링겐스미스 역시 연구소 설립을 위한 자금을 모으는 데 열심이었다. 그는 버밍햄으로 출장을 가서 여러 사람들을 만나 이야기를 할 계획이었다. 나는 당시 켄터키 주 홉킨스빌의 웨스턴 주립병원의 임원이었던 한 의사를 우리 연구소로 모셔오고 싶었다. 그는 다름 아닌 T. B. 하우스 박사였다. 그는 대학을 마친 정골사이자 임상의로서, 리딩을 아주 잘 알고 있었다. 그는 기꺼이 연구소의 의사 혹은 의약국 책임자 자리를 맡고 수석 연구원이 되겠다고 했다.

조지도 테네시 주 내슈빌에서 단체회의 일정을 잡았다. 참석자 중에는 2명의 의사가 포함돼 있었는데, 그들은 연구소가 설립되고 하버드의 맥두걸 정도 되는 조사관을 확보할 수 있다면, 혹은 심령연구 분야에 있어서 그에 상응하는 명성을 얻게 된다면, 최소 5년 이상 연구를 지속할 수 있는 자금을 충분히 대겠다고 제의했다.

나는 조지가 버밍햄에서 되도록 많은 사람들의 관심을 끌어서 충분한 자금을 확보해 오기를 기대했다. 그게 그의 임무였고, 그 일을 성공해야 우리가 어딘가에 정착할 수 있었다. 소책자에는 당연히 연구소 위치가 버지니아비치라고 떡하니 적혀 있었다. 나는 그가 연구소 일을 시작하기 위한 최소한의 자금이라도 마련할 수 있는 도움을 얻어올 거라는 희망에 부풀어 있었다. 그후에는 같은 일을 반복하여 점진적으로 자체적으로 운영이 가능할 만큼 충분한 지식을 쌓을 수 있을 터였다. 대부분의 사람들이 이 일에는 응분의 보상이 있어야 하지만, 정작 돈 문제는 자기 일이 아니라고 생각하는 듯했다.

램머스 씨의 경우는, 거의 만날 일도 없었다. 그에 관한 소식이라고는 신문에서 읽거나 슈로이어에게 듣는 게 전부였다.

그 무렵 위릭 씨에게서 반가운 소식이 왔다. 〈시카고 트리뷴〉지가 시카고에서 일어난 살인사건에 대한 정보에 보상금을 걸었다는 것이었다. 그는 우리에게 정보를 주고 보상금을 받으라고 제의했다. 처음에 신문으로 그 뉴스를 접했을 때는 그 제의를 수락해야겠다고 생각했다. 그러나 얼마 지나지 않아 범인이 자수를 했고, 놀랍게도 자수한 2명의 청년은 나도 아는 이들이었다. 둘 중 한 명의 약혼녀 집에 두어 번 가서 그녀의 아버지와 할머니를 위해 리딩을 해준 적이 있었다.

그 살인사건은 일대를 경악케 한 충격적인 사건에 속했다. 2명의 공범 중 한 명만 하룻저녁 잠깐 본 것뿐이었지만, 그들은 세상에 알려진 것처럼 끔찍한 범죄를 저지를 만큼 나쁜 사람으로 보이진 않았었다. 이따금 그런 일이 벌어질 수도 있다는 것이 내게는 무척 낯설기만 했다. 이전에 리딩을 했었다면, 이런 일도 미리 밝혀졌을 것이고 이렇게 최악의 사태로까지 치닫지는 않았을 것이다. 분명 그랬을 것이다. 하지만 나는 내 손으로 범인을 색출하지 않아도 된다는 사실이 내심 기뻤다.

재정 상태는 갈수록 나빠지기만 했다. 그러나 나는 반드시 운이 따라줄 날이 올 거라 굳게 믿었다. 내가 돈을 벌거나 어딘가에서 돈이 굴러들어오지 않으면, 조만간 집에서도 내쫓길 판이었기 때문이다. 그런 상황까지 벌어지면 어쩌란 말인가. 어쨌든 아직도 리딩 요청이 끊이지 않는다는 점이 그나마 위안이 되었다. 그러나 그렇게 버는 돈으로는 하루하루 입에 풀칠하기도 벅찼다. 우리는 상당히 바빴지만 지출을 감당하기에는 워낙 빠듯한 벌이였다. 우리는 이따금씩 들어오는 도움의 손길도 마다않고 최대한 짤 수 있는 건 다 짜내기에 바빴다. 아침식사를 마치고 호텔에 있는 사무실로 갈 때마다 과연 오늘 저녁 집으로 돌아가면 먹을 게 있을까 걱정하던 날이 하루 이틀이 아니었다. 하지만 아무리 노력해도 도무지 돈이 충분히 모이지가 않았다. 영원히 잊지 못할 기억도 있었다.

하루는 슈로이어, 글라디스, 나, 셋이서 사무실에 있었는데 점심시간이 다가왔다. 우리는 돈이 얼마나 있는지 세어보고 그날은 누가 수프를 먹을 것인지 정했다. 셋이 다 합해봐야 달랑 13센트밖에 없었던 것이다. 수프를 빨아먹을 빨대를 찾고 있는데, 한 낯선 이가 문을 열고 들어오더니 "여동생에게 리딩을 부탁하려고요"라고 말했다. "돈은 지금 당장 드릴게요, 여기 25달러요, 지금 동생을 만나러 뉴저지에 가니까, 그 애에 대한 정보를 가지고 오늘 오후에 다시 들를게요." 같은 날 시카고의 한 남자로부터 리딩 의뢰와 함께 25달러 수표가 동봉된 편지가 왔다. 우리의 첫 1년을 책임져줄 돈이었다.

그후 클링겐스미스와 램머스가 돈 문제로 다투고 갈라서는 바람에, 케이시 연구소는 문을 열기도 전에 망하고 말았다. 하지만 그들은 내가 쓸 만하다고 여겼는지 이 일에 계속 정진하길 바랐다. 정보를 얻은 사람들이 재량껏 기부 조로 내놓은 몇 푼만을 받았고 여전히 돈도 못 벌었지만 말이다.

램머스는 점점 우리와 멀어지다가 우리의 요구로 완전히 손을 뗐다. 내 아내가 사무실을 집으로 옮기자고 했다. 호텔 사무실을 접고 우리가 사는 곳에서 모든 일을 하자고 했다. "나도 리딩을 진행할 수 있어요,

사무실에 다른 사람을 둘 필요가 없잖아요? 그러면 비용도 훨씬 줄어들 테고."

타지에서 찾아오는 손님들도 가끔 있어서 과연 사무실을 옮기는 게 좋을까 하는 생각이 들었지만, 그들도 우리 집을 찾아올 수 있을 거라고 믿기로 했다. 집안이 너무 붐비지 않도록 약속을 잘 조정할 자신도 있었다. 하지만 호텔에 머무는 사람들에게도 리딩을 해줘야 했기 때문에 사무실을 집으로 옮기는 데는 다소 시간이 걸렸다. 연체된 임대료가 45달러였는데, 위릭 씨가 50달러짜리 수표를 보내주었다. 그래프턴 애비뉴 322번지의 우리 집은 호텔에서도 충분히 걸어올 만한 거리였다. 우리는 이듬해에 버지니아비치로 이사하기 전까지 그곳에서 계속 일을 했다.

그해 여름, 프랭크 모어가 오하이오 주 콜럼버스로 우리를 초대했다. 리딩을 받으면 틀림없이 관심을 보일 사람들이 있을 거라고 했다. 모어 씨는 켄터키에 탄광을 소유하고 있었고, 나는 그곳에서 켓첨 박사의 소개로 그를 만난 적이 있었다. 그는 켓첨 박사와 켄터키 주 노튼스빌에 병원을 세울 계획을 세웠었다. 사실 그는 공사를 시작했으나 조그만 병원을 세울 정도의 자금밖에 모으지 못했고, 그가 탄광에서 사고를 당할 무렵엔 그 땅에 호텔을 짓기 위해 깨끗이 메워놓은 상태였다.

켓첨 박사가 모어 씨에 대한 리딩을 진행했다. 모어 씨 척추가 휘어져 체내에 독소를 만들어내고 있고, 이를 바로잡지 않으면 몇 년 내로 눈이 멀어버릴 것이라는 신단이 나왔다. 의사들은 말도 안 되는 소리라며 이를 비웃었다. 그러나 모어 씨의 상태는 점점 더 나빠졌고, 오하이오 주에 있는 집도 처분해야 했다. 사업도 망해서 병원을 세우는 계획

역시 중단되고 말았다. 그리고 정말로 점점 앞이 안 보이게 되었지만, 리딩이 준 정보를 기억해내고는 시력을 되찾을 수 있었다. 그후 그는 리딩 연구의 든든한 후원자가 되었다.

이제 그의 초대를 받아 글라디스와 내가 콜럼버스에 도착했다. 우리는 그곳에서 4일간 머물렀지만 어떠한 약속도 이루어지지 않았다. 우리는 아침식사비를 낼 돈도 없었다. 하물며 호텔비는 말해 무엇 하겠는가. 이제 뭘 해야 하나 고민하고 있을 때, 시카고의 한 남자로부터 전보가 왔다. 나로선 전혀 모르는 사람이었는데, 나에게 전화를 해달라고 했다. 그는 지금 당장 시카고로 와달라고 간곡히 부탁하면서 500달러를 부쳤다. 그날 밤 우리는 시카고로 향했다. 이 남자에게 리딩을 할 때는 그의 가족 주치의와 보건국에서 온 의사가 함께 자리했다. 이 너그러운 신사는 시카고에 연구소를 세우길 몹시 바랐고 심지어 종합병원 못지않은 설비를 갖춘 건물을 물색해놓기까지 했다.

우리는 다른 조직에 관심을 보였던 시카고 친구들을 불러 리딩을 했다. 그러나 리딩은 시카고에 연구소를 마련하면 성공하지 못할 거라고 말했다. 시카고는 연구소를 설립할 장소가 아니라는 것이었다. 연구소는 반드시 버지니아비치에 세워야 했다. 나중에 우리는 시카고에서 160킬로미터 정도 떨어진 마을로 가서 그곳 상황을 살펴보고 그곳 의사들에게 리딩을 해보기로 했다. 우리가 보기엔 꽤 적당한 장소 같았으나, 리딩은 그곳에도 연구소를 세울 수 없다고 고집했다.

데이턴에 있는 한 친구가 전보를 보내왔다. 빨리 돌아와서 자기를 리딩해달라는 것이었다. 그녀는 담석증 진단을 받아 수술을 권고 받았었다. 그러나 리딩은 일반적인 사례라면 수술이 필요할지도 모르지만, 그녀의 경우는 수술 없이 정골요법만으로도 나을 수 있다고 했다. 데이턴 최고의 정골사인 윌리엄 그라베트 박사는 그 정보에 동의할 수 없으며 그녀에겐 당장 수술이 필요하다고 말했다. 그러나 그의 조수로 들어온 리딕 박사는 자신이 리딩이 제시한 대로 치료를 할 수 있다고 말했다. 리딕 박사의 치료를 받은 그녀는 다시는 수술 받을 일이 없었다.

데이비스 양과 나는 콜럼버스로 돌아왔다. 이번에는 꽤 많은 이들이 우리를 보러 왔고, 리딩을 받았던 사람들은 모두 크나큰 도움이 되었다고 했다. 뉴욕의 모턴 블루멘털 씨에게 처음으로 전화를 받았던 것도 이 무렵이었다.

19_ 월가의 투자자, 블루멘털 1924년, 뉴욕

우리 존재의 생각과 의도와 목적은 성공이나 명성, 영광, 황금 따위에 가려지지 않는다는 사실을 깨달아야 한다.

뉴욕에서 가구사업을 하는 모턴 블루멘털은 절친한 내 친구 데이비드 칸에게서 내 이야기를 들었다고 했다. 데이브는 나에게 뉴욕으로 와서 그에게 리딩을 해달라고 부탁했다. 당시 생활이 너무나 불안정했기 때문에 뉴욕까지 가는 건 무리였다. 나는 라디오에 출연할 목적으로 2명의 남자와 교섭중이었다. 그리고 데이턴에서 별의별 노력을 다 했는데 그 모든 걸 허사로 만들고 싶지는 않았다.

그러나 데이브의 편지에는 그가 이 29세의 젊은 남자를 얼마나 대단하게 여기는지 가득 적혀 있었다. 심지어 그와 사업을 같이 할 생각이라고까지 했다. 블루멘털 씨는 인맥이 풍부했고, 그의 형 에드윈은 명문가에 장가를 들었다. 블루멘털 형제는 증권회사에 몸담고 있었고, 나를 만나고 싶어 했다. 데이브의 편지를 읽고 나는 블루멘털 씨에게 무슨 일이 있어도 지켜야 할 내 철칙을 직접 설명하고자 편지를 썼다. 리딩의 대상이 스스로 그것을 간절히 원해야 하고, 그 사람은 올바른 정신이 박혀 있어야 하며 자기 자신을 올바로 알고 있어야 한다는 것. 그 중 하나라도 어긋나면 리딩은 절대로 이루어질 수 없었다. 당장 뉴욕으로 떠날 수 없다는 사실이 나는 너무도 안타까웠다. 가족들 먹여 살릴 돈도 빠듯한 판에, 어딘가로 떠날 만한 여윳돈이 있을 리 만무했다.

블루멘털 씨는 내가 뉴욕에 올 수 없다는 소식을 듣고 실망을 금치 못했다고 한다. 하지만 그는 거기서 포기하지 않고 300달러를 보내 나를 초청했다. 내 일에 대한 대가였고, 내가 없는 동안 가족들이 먹고 지낼 수 있도록 하기 위한 것이었다. 이것이 새로운 관계의 시작이었다. 관계는 곧 밀접하고도 가까워지려 하고 있었다.

그에 관한 리딩은 우선 그의 건강에 관한 것(그는 귀에 문제가 있었다)부터 시작했지만, 리딩에 관한 그의 관심은 더 넓게 확장하여 형이상학적인 문제들과 사업 문제, 그리고 뉴올리언스 출신의 젊은 여성, 에덜린 라빈에 관한 질문들로 이어졌다. 나중에 데이브한테 들은 이야기인데, 그때 내가 모턴에게 그녀와 꼭 결혼해야 한다며 어찌나 청산유수로 잘 꼬드기던지, 모턴이 날 자기 회사의 가구판매원인 줄로 착각할 정도였다는 것이다.

블루멘털 씨는 자기가 꾼 꿈에 대한 정보를 원하기도 했다. 이전에 아서 램머스에게 형이상학적인 리딩을 했을 때도 꿈 이야기가 나온 적이 있는데, 그때는 꿈이 별로 믿을 만한 게 못된다고 했었다. 꿈을 어떻게 해석해야 하느냐는 질문에 이렇게 대답했던 것이다. "꿈속에서 일어나는 일들이 진실의 일부, 혹은 개인이나 실체의 일부가 된다면 그것을 진실과 연결시켜도 좋습니다. 그 꿈을 더 나은 발전을 위해 사용하세요. 그 모두가 더 높은 존재, 혹은 창조주를 향해 나아가는 방법의 일부임을 명심해야 합니다."

그러나 진짜 자기가 꾼 꿈에 대한 해몽을 처음으로 요구했던 사람은 바로 블루멘털 씨였다. 사실 그는 자기가 꾸었던 꿈 3가지의 해몽을 물어보았고, 리딩은 꽤 만족스러운 대답을 해주었던 것 같다.

이런 일들을 겪고 나니 왠지 나 자신의 꿈에 대한 해몽도 해보고 싶은 생각이 슬그머니 고개를 들었다. 특히 여러 번 꾸었던 베일을 두른 여인에 대한 꿈이 몹시 궁금했다. 꿈속에서 나는 한 여인과 함께 숲속의 빈터를 하염없이 걷는다. 내 팔을 붙잡고 걷는 그녀는 베일을 두르고 있어서 나는 그녀의 얼굴을 볼 수가 없다. 바닥에는 덩굴이 카펫처럼 쫙 깔려 있고, 그 위에는 별 모양의 흰 꽃들이 여기저기 흩어져 있다. 불현듯 그곳의 나무와 상록수들이 일제히 피라미드 모양으로 정렬돼 있음을 깨닫는다.

우리는 아주 맑고 투명한 물이 흐르는 개울가에 도착한다. 그곳에는 반짝이는 고운 흰 모래와 아름다운 조약돌이 펼쳐져 있다. 우리는 개울을 건너 낮은 언덕을 오르다가 다리와 어깨에 날개를 단 메신저와 마주친다. 그는 우리에게 손을 맞잡으라고 했고, 우리는 손을 잡는다. 그는 마주잡은 우리의 손 위에 금색 천을 걸쳐놓는다. 폭 15센티미터, 길이는 90센티미터 남짓한 천 조각이다. 메신저가 홀연히 사라진 후 우리는 계속하여 언덕 위로 걸어 올라간다. 이윽고 온통 진흙투성이인 길을 바로 눈앞에 두게 된다. 그저 황망히 진흙길을 바라보고 있을 때, 느닷없이 메신저가 다시 나타난다. 그는 우리에게 잡은 손을 놓지 말고 길 위에 천을 드리우라고 말한다. 그렇게 하자 과연 길이 부드럽게 말랐다. 그

길을 건너자 이번에는 아주 높은 절벽과 맞닥뜨리게 된다. 마치 백묵으로 만들어진 듯 새하얀 절벽이다. 이제 우리는 이 절벽을 올라야 한다. 나에겐 묵직한 칼이 있다. 그 칼로 절벽을 찍어 틈을 내고는 그 틈에 발을 끼워 힘겹게 절벽에 오르기 시작한다. 나는 절벽을 찍어내는 동시에 여인을 먼저 위로 올린 후에 나도 올라간다.

이 꿈은 아주 오랫동안 반복되었다. 가끔은 다른 때보다 절벽 위로 좀 더 올라가는 때도 있었지만, 단 한 번도 그 꼭대기를 본 적은 없었다. 어김없이 중간에서 떨어지고 말았다.

드디어 리딩이 이 꿈을 해몽해주었다. 꿈속에서 보이는 환영은 내가 인생에서 겪게 될 변화를 의미한다고 했다. 제대로 연구만 한다면, 그 꿈이 앞으로 일어날 특정 상황에 대한 경고가 될 수도 있었다. 메신저는 새로운 생각이나 아이디어, 이상을 전하는 존재였다. 그리고 금빛 천은 우리가 함께하면 모든 걸 이룰 수 있으나 혼자서는 아무것도 이룰 수 없다는 메시지였다. 그 절벽을 정복할 수 있는 열쇠는 함께하는 능력에 달려 있었다. 꿈에서도 보았듯이, 절벽을 넘어서야만 비전과 전망을 두 눈으로 확인할 수 있을 것이다. 그러나 이상에 도달하는 황홀의 경지에도 눈물과 절망이 존재한다. 즉 이 꿈의 교훈은 우리의 인생에는 항상 변화들이 다가오게 마련이므로, 각자의 이상을 실현하기 위해 수행해야 할 방법을 알려주려는 것이다. 또한 우리 존재의 생각과 의도와 목적은 성공이나 명성, 영광, 황금 따위에 가려지지 않는다는 사실을 깨달으라는 것이다.

그 이후, 사람들의 꿈을 해몽하는 리딩이 많이 이루어졌다. 그 와중에 우리는 모든 꿈이 각기 다른 유형을 띤다는 사실을 알게 되었다. 대부분은 다른 사람들과의 관계에 대한 것이고, 앞으로 닥칠 상황에 대한 경고와 현재의 문제를 해결하는 방법에 대한 것도 있다. 꿈에는 종종 조언이나 교훈이 담겨 있기도 하고, 미래에 대한 예언이 담겨 있는 꿈도 있다. 내 꿈의 경우는 리딩과 관련된 것이 많았다. 우리는 내 꿈을 몽땅 영력을 통해 해석해야 하는지가 궁금했다. 그에 대한 대답은, 꿈이 의식적 차원에 깊은 인상을 남겨 마음의 작용에 영향을 주는 경우에는 해석을 해보아야 한다는 것이었다. 우리가 먹은 음식 때문에 나타난 꿈은 물리적 본성이므로 해석할 필요가 없다. 전자는 깨어나서도 생생하게 기억이 나고 후자는 별다른 내용도 없이 두려움을 주는 꿈이거나 악몽이라는 것이 이 둘 사이의 차이점이다.

내가 반복해 꾼 꿈이 또 있었다. 내가 육체를 벗어나 하나의 점에 불과한 나 자신을 보는 꿈이다. 내 앞에 있는 육체는 미동도 하지 않고 누워 있기만 한다. 나는 어둠에 짓눌리고 있고, 끔찍한 외로움이 엄습해온다. 그러다 갑자기 새하얀 빛줄기가 보인다. 콩알만한 점인 나는 그 빛을 따라 위로 이동한다. 그 빛을 따라가지 않으면 길을 잃어버리리라는 사실을 나는 알고 있다.

그 빛을 따라가면서 움직임에도 다양한 차원이 있다는 사실을 점점 깨닫게 된다. 처음에는 악몽을 꾸는 것처럼 희미하고 소름 끼치며 기괴한 형상들이 너울거린다. 그 단계를 지나면, 사람의 형상을 하고 있으나 신체 일부분이 기형으로 확대된 흉측한 형태가 보인다. 다시 장면이 바뀌고 회색 두건을 쓴 형상들이 아래쪽으로 내려가는 모습이 보인다. 이 형상들은 점점 밝은 색으로 바뀐다. 그후 방향을 바꾸어 위쪽으로 올라가고, 색깔이 급속도로 밝아진다. 그 다음으로는 한쪽 구석에 집과 절벽, 나무 같은 형상들이 희미하게 나타나지만, 아무것도 움직이지 않는다. 내가 그곳을 지나갈 때, 평범한 도시나 마을에서 볼 수 있는 것보다 훨씬 더 밝은 빛과 활발한 움직임을 볼 수 있다. 모든 것이 부산하게 움직이는 가운데, 소리가 들리기 시작한다. 처음에는 저 멀리서 웅성웅성하는 소리가 들리더니, 점점 가까워지면서 음악소리, 웃음소리, 새가 지저귀는 소리가 된다. 빛은 점점 밝아져서, 온통 아주 아름다운 색으로 가득 찬다. 그리고 멋진 음악소리도 공간을 채운다. 왼편 안쪽에는 집들이 서 있고, 그 앞에는 오직 갖가지 색과 소리가 섞인 공간뿐이다. 문득 나는 벽도 천장도 없는 기록의 방에 들어선다. 한 노인이 나에게 커다란 책 한 권을 건넨다. 그 책은 내가 리딩을 행하고 있는 어떤 사람에 대한 기록이다.

어떤 꿈에서는 내가 기록의 방에 들어가 책을 가지고 있는 노인에게 다가가는데, 마치 내가 공기방울이 되어 물속을 떠다니다가 언제나 리딩을 하던 장소에 도착하는 듯한 착각을 한 적도 있었다. 나중에 리딩을 하면서 그 공기방울의 의미에 대해 묻자, 이런 설명이 나왔다.

정보의 전이를 전하는 데는 경험의 반영이 필요합니다. 한 영혼이 다른 사람의 경험의 반영으로 들어감으로써, 그 경험을 한 사람의 영역에서 다른 사람의 영역으로 끌어오기 위해서는, 그 영역 안에 존재하는 이들을 이해하고, 최대한 그 대상에게 가장 이로운 말로 옮길 수 있어야 합니다. 그러므로, 그 육체는 상징적으로 거품의 형태가 됨으로써 모든 기록이 보존된 장소로 무사히 도착하는 것입니다. 《생명의 책(the Book of Life, 기독교에서 말하는, 천국에 들어갈 사람의 명단이 적혀 있는 책)》을 암시하는 이 꿈은 각각의 존재, 성장 중에 있는 각각의 영혼이 생명을 주시는 분이자 생명 그 자체이신 신이 약속한 창조적 영향력으로 돌아가는 방법을 찾아낼 수 있다는 사실을 상징합니다. 그 기록을 보관하는 자는 폭풍의 주인, 바다의 주인, 번개의 주인, 낮의 주인, 사랑의 주인, 희망의 주인, 신념의 주인, 자비의 주인, 인내의 주인, 형제애의 주인, 친절의 주인, 온화함의 주인, 겸손함의 주인, 그리고 자기 자신의 주인입니다.

자, 그렇다면 알고자 하는 자, 깨닫고자 하는 자들이 이 개념을 구체화하는 와중에 당연히 이런 의문이 샘솟겠지요. 말 그대로 책이 있단 말인가? 말 그대로 '책'을 떠올리면, 창조주의 물질화된 작품 형태의 책을 떠올릴 테고, 그것으로 이 영혼은 만족하겠지요. 어떤 것이 더욱 현실적일까요? 글씨가 인쇄된 낱장이 있고 가장자리에 금박을 입힌 책? 아니면 그 책이 말하는 요점? 더 들어가 볼까요? 어떤 것이 더욱 현실적일까요? 구세주가 자신의 숨결로써 실현하신 사랑? 혹은 가장 비열한 격정 안에서도 보이는 사랑의 본질? 이 모든 것은 하나입니다. 우리가 삶이라 부르는 전체 안의 각 부분들 말이에요.

물질세계에 창조물이 나타나고 기록을 남기는 데 그 신체적 에너지를 하나하나 모두 이용하니까요. 축음기 판의 실린더에 나타나는 것만큼, 라디오 송신기가 물질세계로 퍼져나가는 것만큼 분명한 진실이지요. 오직 그 동일함을 깨닫는 이들만이 자신을 신의 뜻에 맞게 조정하고 그를 향해 나아갈 수 있습니다. 모든 영혼은 자신의 마음과 영혼과 신체 파동을 지구에 존재하셨던 신, 사람의 아들, 예수 그리스도 안의 하나님 어머니에 맞게 조정하려는 노력을 해야 합니다. 빛을 향해 나아가십시오. 당신의 생각, 당신의 존재, 당신의 생 안에서 아름다움이 실현될 것입니다!

블루멘털 씨의 꿈 중에는 증권중개인으로서의 그의 일과 관련된 것이 많았다. 얼마 지나지 않아 내 꿈에서도 주식을 사고파는 것에 관한 정보가 등장하기 시작했다. 예를 들어, 어떤 꿈속에서 나는 기차를 타고 내려야 했다. 그에 대한 해몽은 L&N 철도회사의 주식이 하락세에 있지만 곧 다시 상승세를 타게 될 것이라는 것이었다. 리딩은 "일단 팔고, 다시 사십시오, 네?"라고 말했다. 나에겐 주식을 살 돈이 없었지만 블루멘털에겐 있었다.

누군가의 경험에 기인하여 생기는 꿈은 물질세계의 의식이 정신적, 영적 에너지에게 더 혹은 덜 억눌려 있을 시기에 영혼이나 우주적 신체가 경험하는 것이다. 이 꿈은 교훈이나 경고, 그 꿈을 꾼 사람이나 가까운 사람이 앞으로 겪을 일을 미리 상징적으로 경험해보는 형태로 나타난다. 때로는 꿈이 옳은 길을 알려주는 길잡이 역할을 하기도 한다. 나는 거트루드와 결혼하지 않으면 그녀가 1906년에 결핵으로, 나는 1914년 소화기 문제로 죽을 거라고 암시한 꿈을 꾸기도 했다. 분명 적절한 꿈이었다.

꿈은 대개 상징을 사용하여 메시지를 전한다. 이런 꿈을 꾼 적이 있다. 나는 내 뒤를 따라오는 돼지들을 막으려 애쓰면서 대문을 지나고 있었다. 그 중 한 마리가 나를 길리 나갔고 나는 그 돼지를 쫓아갔다. 돼지들을 모두 문 뒤로 쫓아낼 방법도 모르는 채 말이다. 그러다가 공작새 한 마리가 담장 위로 날아오르더니 휘적휘적 걸어다니면서 쉿쉿

하는 소리를 냈다. 리딩으로 해몽해보니, 내가 독선적인 사람이나 우유부단한 사람에게는 잘 대응하지 못하는 성향이 있다는 것을 알려주는 꿈이라고 설명했다.

꿈에는 보통 교훈이 있다. 아주 귀엽고 자그마한 흰 돼지를 꿈에서 본 적이 있다. 그 돼지는 암컷인 것 같았는데, 나는 돼지를 데리고 호텔방으로 들어갔고 그곳 사람들 몇몇이 우리를 쳐다봤다. 나는 돼지를 말벌로 변신시켰고 나 자신은 말파리로 변신했다. 어떤 남자가 말벌을 총으로 쏴서 산산조각을 냈다. 나는 그 말벌을 무엇으로 변신시키면 다치지 않을까 고민했다. 그 남자가 커다란 판때기로 나를 후려치려고 하는 찰나, 잠에서 깨어났다.

이건 그 꿈의 일부에 불과하다. 리딩이 말하길, 이 부분은 내가 깨달아야 할 교훈이며, 꿈 전체를 보면 좀 더 명확히 알 수 있다고 했다. 다음과 같이 말이다. 꿈속에서 본 학교건물은 더 높은 수준의 공부를 할 장소를 상징하고, 입구는 돈보다는 직관적 지식으로 얻을 수 있음을 나타낸다. 학교는 잠재의식에 투영된 나 자신을 통해 얻는 교훈을 나타낸다. 그 잠재의식은 우주적 에너지의 더 큰 교훈과 경험으로 얻게 되는 것이다. 이러한 것들을 해석하고 나면, 그 다음은 경고가 따른다. 성숙을 마치고 완벽한 상태가 되는 데 있어 욕망이 방해가 돼서는 안 된다는 것. 나무랄 데 없는 훌륭한 방법과 태도로 자기 자신을 드러내라는 것. 리딩은 정확히 이렇게 말했다. "그대의 선의가 혹평을 받게 하지 마십시오."

내 꿈속에는 우리 가족과 친구들, 지인들도 여러 번 등장하면서 각자 상징적인 역할을 담당했다. 어느 날 아침에 꾼 꿈속에서, 나는 글라디스 양과 그녀의 조카 밀드레드와 함께 강물을 헤치며 건너가고 있었다. 그러다 나는 갑자기 내 키를 훌쩍 넘는 물속으로 발을 헛디뎠고, 글라디스와 밀드레드에게 고래고래 소리를 질렀다. 글라디스가 날 도우려 달려왔고, 그 뒤를 따라 밀드레드가 왔다. 허둥지둥 글라디스의 발을 붙잡았지만 몸을 똑바로 세울 수가 없었다. 밀드레드가 "올라올 수 있겠어요?"하고 물었다. 나는 "아니!"라고 대답했다. 글라디스가 말했다. "그럼, 날 아래로 밀어요." 그러고는 잠에서 깼다.

이는 각자에게 나타날 환영으로 설명이 되었다. 물은 삶과 이해의 원천이다. 꿈속 상황에서 각자가 하는 행동은 깊은 물속에서 허우적대지 않고 올바른 판단과 이해를 불러올 수 있는 것이 되어야 한다. 그러나 이 꿈에 나타난 환영에서처럼, 우리들 각자는 생과 깨달음의 경험을 적절히 이해하여 서로를 도와 서로를 더욱 잘 이해할 수 있게 될 것이다.

돌아가신 어머니와 이야기를 나누는 꿈도 있었다. 대화의 주제는 환생하거나 새로 태어난 사람들의 전생에 관한 것이었다. 리딩은 영혼의 물리적인 재탄생이 존재한다는 사실을 내게 증명해내려는 꿈이라고 해석했다. 어머니도 지구 차원으로 환생할 것이며, 그것도 나와 가까운 존재로 다시 태어난다는 것이었다.

불과 유황이 비처럼 쏟아지는 가운데 롯과 그의 아내, 그들의 두 딸이 소돔을 빠져나가 도망치는 데 합세하는 꿈도 꿨다. '롯의 아내는 뒤를 돌아보았으므로 소금기둥이 되었더라(창세기 19:26).' 바로 그때, 그들은 하늘에서 떨어진 불기둥 속에 사로잡혔다. 나 역시 그 불 한가운데에 있었다. 이에 대한 해몽은 내가 롯의 경우와 흡사한 정신적인 갈등을 경험하게 되리라는 것이었다. 내가 그 갈등에서 벗어날 수 있는지의 여부는 이 시험에 임하는 나의 태도와 행동에 달려 있다고 했다.

몇 년 전 죽은 늙은 말에 관한 꿈도 있었다. 말은 언덕을 오르고 있었다. 우리가 말을 놓아주었기 때문에 말은 자유자재로 움직일 수 있었다. 우리는 말이 만들어내는 길을 따라 그 뒤를 걸어갔다. 나는 방금 말에 편자를 박았으므로 우리가 언덕 위로 올라갈 수 있도록 길을 만들어줄 테니 잘된 일이라고 말했다. 이 꿈의 메시지는 우리가 메신저 혹은 평화의 사도의 발자취를 따라야 하며, 진보를 위해 필요한 모든 단계를 하나씩 하나씩 밟아 신체적, 정신적, 영적 차원 모두 그들이 만들어내는 최상의 상태로 나아가야 한다는 것이었다.

나는 영적인 안정에 관한 꿈을 꾼 적도 있다. 꿈속에서 신을 보았는데, 그분은 절대로 나를 외면하지 않겠노라고 약속하셨다. 이것은 꿈이라기보다는 환영이었던 것 같다. 이 약속은 이전에 그러했듯이 물질적인 관점에서 육체가 전이를 경험하고 있는 당시에 이루어졌다. "그대가 나의 사람이 된다면, 나는 그대의 신이 되리라."

그룹 리딩을 행하면서, 한 번은 메시지를 전하는 예수님을 보았다. 한 명 한 명에게 메시지를 전할 때마다 그분의 얼굴이 계속 바뀌었다. 이 환영은 각 개인에게 전하는 정보의 원천이 되었다.

모턴은 꿈을 진지하게 생각했다. 리딩을 후원할 연구소를 세운 최적의 장소가 버지니아비치라는 리딩의 권고도 마찬가지로 진지하게 받아들였다. 우리는 이에 관한 리딩을 여러 번 행했고, 몇 달 후 그는 우리 가족이 함께 오하이오를 떠나 버지니아에서 새로운 일을 시작할 가능성을 마련해주었다.

20_ 꿈의 메시지

인간에게 형법이 있듯이
우주나 심령에도 법칙이 존재한다.

1925년 9월, 우리 가족은 버지니아비치에 짐을 풀었다. 여름휴가를 왔던 사람들은 모두 자기 집으로 돌아간 후였다. 블루멘털 씨가 빌려준 집에서 조금만 걸어가면 바닷가였다. 나에게는 항상 물을 가까이 해야 한다는 리딩의 조언에 꼭 맞는 집이었다. 집에 벽난로 외에는 난방 장치가 전혀 없었기 때문에 따뜻한 계절엔 쾌적하게 지낼 수 있었지만 첫 겨울을 날 때는 사실 조금 힘들었다. 막내아들 에켄이 몸을 따뜻하게 할 요량으로 벽난로에 너무 가까이 앉아 있다가 잠옷에 불이 붙어버린 일도 있었다. 꼬마 녀석에게는 굉장한 고통이었다.

재정문제도 거의 해결되었다. 모턴이 계속 리딩을 의뢰했고, 때로는 매일 통화를 하기도 했기 때문에 게으름을 피울 여유도 없었다. 그때는 모턴도 결혼을 한 후였고, 그의 젊은 아내는 임신중이었다. 직접 체험해 보지 않고는 한 생명을 잉태하는 것이 얼마나 감사한 일인지 절대 알 수 없을 것이다. 난 항상 그렇게 생각하곤 한다. 20여 년이란 인생을 살고 첫 아이를 가졌다는 걸 알았을 때 느꼈던 벅찬 감정, 바로 눈앞에서 기적이 일어날 거라는 예감은 도저히 말로 설명하거나 정의할 수 없는 것이었다. 이제 매일 매일이 더 크고, 더 나으며, 선을 베푸는 자와 완벽한 축복으로 한 걸음 한 걸음 나아가게 될 것임을 나는 알고 있었다. 그리고 경이로운 신뢰와 책임감이 내 안에 자리 잡았음을 깨달았다.

연구소에 대한 계획을 의논하기 위해 모턴이 뉴욕에서 날 찾아왔다. 우리의 계획은 일단 자선단체 안에 조직을 만들어 의사를 책임자로 앉혀놓고 작은 일부터 시작하자는 것이었다. 6~8개의 방이 있는 집을 빌려서 누구든지 환영할 수 있도록 하는 것도 좋을 것 같았다. 물론 처음에는 의사와 간호사, 청소부가 들어와 살게 될 터였다. 그후에는 의사로서 이 환경에 적합한 전문가를 구할 수도 있었다.

우리의 결론은, 이 모든 것을 처음부터 우리 스스로 해내야 한다는 것이었다. 의사가 할 일이 무척 많을 것이고, 첫해에는 아마도 봉급을 많이 주진 못할 것 같았다. 식대와 생활비, 미래에 대한 희망 정도? 우리와 뜻을 같이 할 동료는 이미 확보돼 있었다. 바로 토머스 하우스 박사, 연구직에는 다년간의 풍부한 경험을 지닌 의사였다. 그의 감독 하에 연구소 사람이 아닌 이들에게 주어질 갖가지 처방전도 마련할 수 있었다. 이미 리딩을 해주고 있는 사람들이 꽤 많으니, 적어도 한 달에 한두 명 정도는 연구소에 찾아오게 해야 할 것 같았다. 그러면 연구소는 별 무리 없이 잘 굴러갈 수 있었다. 물론 작은 일부터 차근차근.

나는 이 일에 관심을 갖는 사람들이 대개 뉴욕 증권거래소 사람들이라고 하우스 박사에게 알려주었다. 그들은 리딩을 통해 주식시세를 예측하여 돈을 벌 수 있을 거라 기대했다. 우리 자본은 대부분 주식과 채권에 묶여 있었고, 당시 수입은 1분기 당 1,500달러 정도였다. 그러나 그걸 모두 정리하여 막대한 기금을 마련했고, 그 이후로는 재정적인 문제에 시달릴 일이 없었다.

나는 하우스 박사에게 연구소 일에 관심을 갖는 다른 사람들도 있다고 말해주었다. 그 중 하나가 위릭 씨로, 그의 석유사업이 전망이 좋았기 때문에 우리에게 충분한 자본을 대줄 수 있을 것이었다. 덕분에 우리는 돈 걱정 없이 하고 싶은 대로 일을 꾸려나갈 수 있을 것 같았다.

나는 하우스 박사에게 연구소 일과는 상관없이 버지니아비치야말로 임상의에게 무한한 가능성을 주는 곳이라고 말했다. 사실 나도 이곳에 머문 지 얼마 되지 않았기 때문에 사시사철 살기 좋은지는 잘 몰랐다. 겨울엔 사람들이 모두 떠나지만 여름이 되면 사람들이 휴가를 즐기러 벌떼처럼 모여든다는 것만 알았다.

버지니아비치에는 매년 수천 명의 사람들이 오고간다. 역사가 꽤 깊은 곳이지만, 여름 휴양지로 각광을 받게 된 것은 얼마 되지 않았다. 불과 몇 년 전만 해도 이곳은 가끔 사람들이 낚시나 하러 오는 한적한 마을이었다고 한다. 그러나 전쟁이 불거지고 케이프 헨리(버지니아비치에 있는 해안)가 군사적 요충지로 낙점되면서, 정부가 이곳에 멋진 도로를 여럿 건설했다. 도로와 교통이 편리하다는 건 곧 그곳 발전 가능성이 있다는 뜻 아니겠는가. 그렇게 버지니아비치는 빠른 속도로 성장하여 몇 년 만에 사람들에게 살 알려진 명소가 되었다. 버지니아비치에 상주하는 사람들은 약 3천 명 정도인데, 이곳에서 서쪽으로 26~29킬로미터 정도 떨어진 노퍽은 인구 17만 5천의 대도시였다. 노퍽은 대서양 연안에서 가장 큰 항구도시 중 하나다. 매주 이곳에서 수출되는 물량만 해도 300만~500만 달러에 달한다.

현재 이곳에는 외부로부터 막대한 자금이 몰려들고 있다. 여기처럼 한창 건설 붐이 이는 곳도 드물 것이다. 부동산업자라면 누구나 이 도시의 노른자위 땅을 갖고 싶어 하기 때문이다.

여러 신문과 잡지가 이곳 버지니아비치의 모래사장에 병을 치유하는 속성이 있다고 대서특필했다. 대서양을 흐르는 멕시코만류가 이곳 버지니아비치를 거점으로 돌아 영국과 프랑스를 향해 흘러간다. 그래서 버지니아비치 해변에는 멕시코만류와 함께 온 열대 모래가 풍부하고, 버지니아와 웨스트버지니아, 펜실베이니아 주의 여러 산에서부터 제임스강과 포토맥강 등 여러 개의 큰 강이 각기 고유한 속성을 지닌 채 버지니아비치 북부 해변 혹은 체서피크만으로 흘러 들어간다. 델라웨어강과 뉴저지 해안에서 흘러온 하류도 마찬가지로 이곳으로 모인다.

각각의 속성이 혼합되어 있는 이곳 버지니아비치는 최적의 자연 휴양지이자 최적의 연구소 부지가 될 운명을 타고난 셈이었다. 우리가 늘 꿈꾸며 그려왔던 연구소, 즉 자연의 도움을 받을 수 있는 곳, 수천 명의 사람들이 드나들 수 있는 곳, 이 도시라면 그 모든 것을 이룰 수 있을 것이었다.

마을에는 의사가 단 한 명뿐이었다. 그의 이름은 로버트 우드하우스, 의사인 아버지의 직업을 이어받은 40대의 남자였다. 그는 좋은 사람이었고, 의사 면허를 가진 정식 의사였다. 여성 전문의 한 명도 있었는데, 그녀는 여름철에만 버지니아비치로 오는 것 같았다.

버지니아비치에서의 사업이 어떻게 전개될지는 알 수 없었다. 한마디로 지역 의사가 이 사업을 어떻게 받아들일지 전혀 예측할 수 없었다. 어쨌든 우리가 그에게 어떤 영향을 미치게 되리라는 건 분명했다. 리딩 자료를 검증하고 우리를 찾아온 사람들에게 적절한 의학적 조언을 해주는 게 전부라면 말이다. 나는 하우스 박사와 캐리 양에게 꼭 이곳에 와서 상황을 둘러본 후 결정을 내리라고 권했다. 버지니아비치에 와보면, 나의 제안이 심사숙고할 만한 가치가 있다는 판단이 설 게 분명했다.

우리는 몇 주 전부터 약속을 잡았지만 예전만큼은 리딩 의뢰가 들어오지 않았다. 나는 연구소가 생기면 이런 상황도 어느 정도는 바뀔 거라고 믿기로 했다.

연구소를 후원해주겠다고 나서는 사람들도 많았다. 그 중엔 프랭크 모어도 있었다. 당시 그는 처남과 함께 플로리다에서 일하고 있었는데, 토머스 피터스와 프레스턴이라는 사업가와 거래를 한다고 했다. 피터스 씨는 상당한 부자였다. 시판용 채소를 재배하고 부동산 사업으로 돈을 번다고 했다. 1년 전쯤 그는 프레스턴 씨를 고용하여 사업을 보강했다. 그들은 모어 씨는 만져보지도 못한 수백 달러어치의 부동산을 소유하고 있었다. 모어 씨는 디트리히 가의 막내딸 에이미에게 일어났던 기적을 떠올리고는 리딩이 피터스와 프레스턴 씨에게도 도움이 될 것이라고 설득했다. 결국 그 두 신사도 리딩을 받았다. 그들은 석유산업에 관심이 있어서 그에 관한 정보를 얻고 싶어 했다. 그리하여 그들도 우리에게 합류하게 되었다. 특히 그들이 사들인 플로리다 해변 근처의 섬에 보물이 묻혀 있다는 정보를 듣고는 더더욱 우리 일에 관심을 보였다.

막내 에켄이 여행을 할 정도로 몸을 회복하기 전까지는 나도 집을 떠날 수 없었다. 하지만 리딩을 해보니 비미니 섬 꼭대기에 금과 은이 숨겨진 비밀창고가 있다는 사실이 밝혀졌다. 모어 씨가 동료들과 함께 그곳을 탐사하러 떠나기 직전, 하필이면 허리케인이 그곳을 강타했다. 마이애미에 있던 그들은 바람이 시속 240킬로나 되었다고 했다. 400~500톤 화물선과 그물이 파도에 밀려와 땅 위에 덩그러니 놓였다고도 했다. 폭풍이 휩쓸고 간 자리는 완전히 폐허가 되었다. 주민들이 살던 집처럼 가벼운 건물 정도는 간단히 무너져 내렸고, 지붕은 반 이상이 날아가 버렸다.

그래도 굴하지 않고 그 섬의 보물창고를 찾던 그들은, 폭풍이 지도를 바꿔놓았다는 사실을 알게 되었다. 허리케인은 그들이 가져간 물건들도 거의 다 휩쓸어갔고, 돈도 금방 바닥나서 그들은 몹시 난처한 상황에 놓이고 말았다.

이 일을 어떻게 처리해야 할지 고민하는 와중에, 나는 꿈을 꾸었다. 꿈속에서 동양의 어떤 나라를 다스리던 군주가 죽었는데, 내가 그의 딸과 결혼을 해야만 백성들을 구할 수 있었다. 하지만 난 이미 결혼을 한 몸이라, 그 나라에는 내 아내에게 막대한 위자료를 물어주고 날 데려가려고 했다. 아들들이 이 일을 반길 리가 없었다. 하지만 아내는 엄청난 돈을 받을 테니 원하는 건 무엇이든 가질 수 있을 거라며 아이들을 설득했다. 성대한 결혼식 준비가 이루어지고 동양 나라의 고관들이 모였지만, 나는 식을 계속 미루기만 했다. 도저히 그 일을 해낼 자신이 없었기 때문이다.

그러나 결국은 결혼식 날이 되고야 말았다. 1시, 가족들과 작별인사를 하고, 2시에 이혼이 성사되었다. 3시에는 결혼식이 거행되고 비행기가 뜰 예정이었다. 나는 다시 한 번 갸름한 눈의 동양 여자를 바라보았다. 숨이 멎을 만큼 아름다운 그녀는 아주 공들여 만든 드레스를 입고 있었다. 특히 머리에 아주 높은 모자를 쓰고 있었다. 우리는 아기 한 명을 그녀의 고국에 데려가야 했다. 나는 방금 갓난아기를 낳은 하우스 부인에게로 갔다. 그들은 아기를 내게 보내주는 대신 엄청난 돈을 받기로 했다. 그러나 아기를 품에 안으려는 순간, 아기는 내 두 손에서 미끄러져 침대틀과 매트리스 사이로 쏙 들어가 버렸다. 나는 아무리 해도 아기를 찾을 수 없었다. 하우스 부인이 가까스로 아기를 찾아내어 조그만 보자기로 단단히 감싸서 비행기까지 안전하게 데려갈 수 있도록 했다. 고관들이 줄지어 비행기 안으로 들어오는 데는 20분도 채 걸리지 않았다. 그들이 입은 비단예복과 잠옷같이 생긴 의상이 인상적이었다. 그러나 나는 생각할 시간이 30분 더 필요하다며 그들을 모두 내보냈다. 그리고는 잠에서 깨어났다.

이 꿈은 내가 살면서 가끔씩 겪는 상황들을 상징하는 것이었다. 즉 따뜻한 지역으로의 여행을 나타내는 것이었는데, 이번 경우는 플로리다로 향하는 것이었다. 공주와 백성들을 구하려고 애쓰던 고관들은 재력가, 혹은 방법을 강구하는 사람들을 의미했다. 돈은 그러한 노력을 통해 얻게 될 보상을 상징했다.

다음날은 아름다운 소녀가 등장하는 꿈을 꾸었다. 나는 그녀의 이름도 모르는데, 그녀는 내가 자기 방까지 들어온 적이 있다고 말했다. 우린 서로 깊이 사랑했다. 나는 그녀의 부모를 만나 그녀와 사랑에 빠졌으며 결혼을 하고 싶다고 말했다. 나는 마흔둘, 그녀는 겨우 열여덟 살이었지만, 우리는 정말 진심으로 서로를 원했고 나는 어떡해서든지 그녀를 아내로 맞이하리라고 다짐했다.

다음으로 우리는 함께 교회에서의 결혼식 준비를 하고 있었다. 나는 그들과 점심을 같이 먹기로 되어 있었다. 그리고 다시 그녀의 집으로 가게 되었다. 그들과 함께 밖에 나가 마차를 타려고 하는데, 내 여동생 둘이 사나운 말을 몰며 4륜마차를 타고 길을 따라 올라오는 게 보였다. 나는 약혼녀에게 내 동생들을 만나보라고 말했다. 우리는 길을 건너 우측 언저리에 가서 동생들이 탄 마차를 세웠다. 조카딸이 여동생의 무릎 위에 앉아 있었다. 나는 마차를 같이 타고 되겠냐고 물었고, 그들은 흔쾌히 타라고 했다. 나는 약혼녀를 동생들에게 소개하려 했는데, 그제야 그녀의 이름을 모른다는 사실을 깨달았다. 그래서 대신 그녀에게 동생들 이름을 말해주었다. 그녀는 마차 안으로 들어가 앉고 나는 마차의 발치에 앉았다.

이번에도 리딩은 이 꿈이 한 사람의 삶에 개입하는 같은 힘과 요소에 관한 상황들을 상징적으로 드러낸 것이라고 해석했다. 가장 대범하고 가장 명확한 태도를 가져야만 그런 상황이나 요소들에 슬기롭게 대처할 수 있으며, 그래야 같은 상황에서도 최선의 결과를 볼 수 있다는 사실을 보여주는 꿈이라는 것이다. 메시지는 이것이었다. 내가 대범한 마음가짐으로 행동해야 한다는 것.

이런 꿈들이 주는 메시지, 리딩으로 얻은 정보를 통해 보물이 묻힌 장소를 찾을 수 있을 거라는 희망, 이런 것들을 마음에 품은 나는 먼저 보물을 찾아 떠난 사람들의 제안을 수락하기로 했다. 그들은 내가 플로리다로 직접 와서 리딩을 하고 보물창고의 위치를 찾아내길 원했다. 우리 부부와 아들, 그리고 글라디스는 마이애미행 열차에 몸을 실었다. 피터스 씨가 팩커드 자동차 2대를 대동하고는 우리를 마중 나왔다. 자동차는 우리를 피터스 씨 소유인 할리컨 호텔로 데려갔다. 다음날 아침 나는 장정 몇 명을 데리고 비미니로 가서 3일간 머무르며 땅 위에 누워 4번의 리딩을 했다. 하지만 아무런 소득이 없었다. 리딩은 보물의 위치를 찾아내지 못했다. 이 모험이 왜 성공적인 결말을 맺지 못했는지, 나로서는 알 도리가 없었다.

돌아온 뒤에도 나는 이 모든 일을 도무지 이해할 수가 없었다. 모두는 기쁨을 얻기 위해 심한 고통을 감수했고, 값비싼 대가를 치러야 했다. 그러나 그 결과는 아무것도 안하느니만 못했다. 결과적으로 봤을 때, 우린 모두 돈을 찾는 데만 혈안이 돼 있었던 것 같다. 하지만 그런 식으로 모든 일을 판단해야 하는지는 나도 잘 모르겠다. 나는 무엇이 문제인지 찾아내는 데 심혈을 기울였다. 그나마 제일 공감이 가는 대목은 마지막 리딩이 내놓은 대답이었다. 우린 각자 다른 생각을 품고 있었던 것이다!

에드거의 가장 원대한 소원은 인류를 돕는 것이지, 돈을 긁어모으는 게 아니었다. 그는 가족이 생계를 꾸려가기 위한 수단을 자기가 마련해야 한다고 생각했지만, 그의 목적은 부를 축적하거나 떼돈을 벌어들이는 게 아니었다. 돈을 벌어들일 기회도 여러 번 찾아왔지만, 그것은 그가 인생을 건 목적이 아니었다. 그러니 그가 부자가 아닌 건 물론이거니와 그렇다고 해서 그가 걱정을 했을 리 만무하다는 것은 누구나 인정할 것이다. 물론 그도 인간이고, 다른 사람과 마찬가지로 물질적인 것을 필요로 하며 살아간다. 그는 그러한 것들을 가진 걸 감사하게 여겼지만,

그것을 인생의 목표로 삼아 거머쥐려 하지는 않았다.

나는 모턴에게 말했다. 재정적인 면에서 보면 실망스럽기 짝이 없지만, 플로리다에서 가장 좋은 것을 얻었노라고. 즉 나의 아내, 글라디스, 나, 이렇게 셋이 여행을 하면서 서로에 대한 결속력이 더욱 강해졌노라고. 한 집단으로서, 우리들 각자는 우리의 작업을 통해 선(善)을 이루려는 사람이 되었노라고. 우리는 점점 더 가까워짐을 느끼며 작업에 대한 생각을 서로 자유롭게 표현했다. 그 덕에, 조언과 도움과 치유를 구하는 이들과 우리들 서로에 대해 각자 고유의 역할을 담당하게 되었음을 감사했다. 이건 분명 우리의 작업에 새 바람을 몰고 온 셈이었다. 그리고 그 무엇보다도 가장 훌륭한 성과였다.

이것은 나 혼자가 아닌 집단으로서 이목을 집중시키려 한 최초의 시도였다. 리딩에 관한 관심의 정도는 각자 달랐겠지만, 저마다 리딩으로 가능한 것이 무엇인지에 대한 아이디어를 갖고 있었다. 어쨌든 우리는 '우리가' 이해하는 내에서 왜 아무도 보물을 찾지 못했는지를 알 수 있었다. 인간에게 형법이 있듯이 우주나 심령에도 법칙이 존재하기 때문이었다. 내 생각엔 그들도 눈치를 챈 것 같다. 그것도 우리가 도착한 첫 주에 깨달았을 것이다.

그후 그들은 온갖 걱정거리를 싸안은 채 마음을 정리하려고 했다. 리딩은 나와 이 사람들에게 이야기했다. 우리가 서로에게 자기 자신을 바라볼 기회를 줄 때, 잘못의 원인을 내부에서 찾을 기회를 줄 때, 그때가 바로 모두 함께 집으로 돌아가 그들이 가진 것을 되새겨 사용하도록 할 시기라는 것이었다. 난 그들에게 보물을 찾을 생각을 버리라고 하거나,

리딩으로써 보물의 위치를 찾을 수 없을 거라고 내색할 생각은 없었다. 그러나 그들은 보물찾기를 단념하고 각자 자신의 존재 가치를 찾겠다고 했다.

그래서 나는 전적으로 확신한다. 그건 헛된 노력이 아니었노라고. 물론 보물찾기에 실패함으로써 우린 아주 궁핍한 상황에 놓이고 말았지만, 우리들 모두는 오히려 더 기분 좋았고 매일의 상황과 당당하게 맞서 우리 앞에 놓인 목표를 향해 더욱 정진하겠다는 마음을 다졌다. 또한 우리가 하려는 일이 궁극적으로는 성공하고 말리라는 자신감도 하늘을 찔렀다.

만남이 많아질수록, 점점 더 많은 이들이 자기 자신에 대해 더욱 완벽히 이해하게 되고, 전체로서의 이 세상에 책임감을 가지고 언제나 인간(개개인, 인류 전체를 모두 통틀어)에게 이로운 선한 일만을 행하리라 마음 먹게 된다. 그러면 우리도 지구라는 행성에 머무르며 살아가는 우리의 목적을 달성하는 데 점점 더 가까이 다가서게 될 것이다.

얼마 후 피터스의 아내가 플로리다에서 내게 도움을 청했다. 남편이 다른 여자를 만나고 있다는 것이다. 그토록 멋진 가정에 그런 상황이 벌어진 것이, 나는 너무도 안타까웠다. 하지만 언제나 그런 일은 비일비재했고, 지금도 어디에선가 항상 벌어지는 것이 현실이다. 사실 나는 그런 종류의 리딩은 되도록 피하겠다는 철칙을 고수하고 있었다. 그러나 피터스의 불륜에 대한 리딩은 수락할 수밖에 없었다. 그녀에게 한줄기 밝은 빛을 던져주길 기대하면서 말이다.

그에 대한 라이프 리딩은, 1년 후에 그가 함정에 빠져 복잡한 상황에 놓이게 됨을 예측했다. 나는 그가 상황을 바로잡을 수 있을 만한 묘안을 리딩이 내놓기를 간절하게 바라고 기도했다. 남편의 외도를 알았을 때 그 아내가 느꼈을 슬픔과 절망감이 내게도 전해져왔다.

불륜의 당사자인 피터스 씨도 내게 꿈 해몽을 부탁했다. 커다란 흑거미가 그의 집안을 온통 거미줄로 얽어놓은 꿈이었다. 나는 그에게 인간관계에 대한 경고라고 말해주었다.

피터스 씨의 사업방식도 동료인 프레스턴 씨와의 불화의 씨앗이 되었다. 그로부터 1년 후, 프레스턴은 피터스와 갈라서고는 내게 와 말했다. "피터스의 사업은 아주 빠르게 망해가고 있네. 상식을 무시하는 건 물론이고 친구들 말도 듣지 않아." 얼마 후 그는 파산했다.

마이애미를 떠나 집으로 돌아오자마자, 나는 다시 뉴욕으로 불려갔다. 그곳에서는 무척 흥미로운 경험을 했다. 마이애미에서 밝혀진 일에 대한 나의 걱정이 표출된 일인 것 같았다. 나는 펜실베이니아 호텔의 만찬에 참석하고 있었다. 250~300명 가량의 손님이 함께 자리해 있었다. 그날 오후까지는 나도 그곳에 가게 되리라고는 전혀 짐작하지 못했다. 날 초청하겠다고 생각한 것은 그 클럽의 회장뿐이었다. 그곳에는 예전에 리딩으로 병을 치료해준 사람이나 그 가족들이 23명이나 있었다. 그들은 하나같이 개인적인 은혜를 입었다고 말했다.

하지만 나는 그들을 전혀 몰랐다. 의식이 깨어 있을 때는 단 한 번도 만난 적 없는 이들이었다. 뉴욕에서 6~7개월이나 산 적도 있었는데 말이다. 그들이 날 찾아온 적도, 내가 그들을 찾아보려 한 적도 없었다. 상당히 놀라운 경험이었고, 분명 깊이 생각해볼 만한 일이었다. 그들이 도움을 받지 않았더라면, 다른 사람들 앞에 서서 자신의 경험을 증언할 이유도 없었을 것이다. 아무도 나를 칭찬하지 않았다. 그리고 나 역시 그들을 추켜세우며 호들갑을 떨지 않았다. 그러나 이 사람들에 대한 리딩의 정보에는 분명 대단한 무언가가 있었다.

리딩이라는 현상이 그들에게 큰 도움을 주었다면, 왜 정작 내 자신의 상황에는 별 도움이 되지 못했을까? 무엇이 문제였을까? 정보의 성격(목적)이나 개인의 성향(혹은 그 사람의 목적)이 문제였을까? 아무튼 납득하기 어려운 문제였다. 어쩌면 이유 따위는 없었을지도 모른다. 그러나 리딩의 정보가 많은 사람들의 마음과 인생에 미친 영향은 정말 가치가 있는 것이었다. 그리고 리딩은 (물질적인 면에서는) 나에게 아무것도 해주지 않았지만, 분명 귀중한 가치가 있는 것임에 분명했다. 남편들은 자신이 더 나은 남편, 더 나은 아빠가 되었다고 하고, 자식들은 자신이 더 나은 자식이 되었다고 말하는 걸 보면 말이다. 사람들은 가족들에게 더 잘하고, 이웃에게 더 잘하며, 더 나은 삶을 살게 되었다고 고백한다. 그리고 다가올 인생에 더욱 희망을 갖게 되었다는 것이다.

이 일을 사업 형태의 조직으로 만드는 작업의 일환으로, 블루멘털 씨가 우리를 후원해줄 후원회를 만들자고 제안했다. 내 지인들이 모두 그런 기관을 세우는 데 동의한 것은 아니다. 위릭 씨는 내가 그런 일에 가담했다는 사실을 믿지 않으려고까지 했다. 나는 그의 편지를 받고 생각에 잠겼다.

케이시 씨,

조직을 만드는 것이 당신과 당신의 일에 최선이라는 말을 도무지 납득할 수 없소. 신은 모든 육체적, 영적 존재를 지배하는 전능한 힘에 다가가는 길을 당신을 통해 설명해주고 있소. 조직을 만들겠다니, 그거야말로 당신의 능력을 이용해 돈을 벌겠다는 이기적인 생각이 아니고 무엇이겠소? 그런 기관에게 당신의 일은 하나의 자산에 지나지 않소. 리딩을 지금보다 더 많이 하리라고 기대하진 않겠지. 당신 수입 말고도 신경 쓸 데가 많을 테니 비용도 훨씬 비싸질 것이고.

의료전문가를 둔 기관은 지금도 전국에 많고 많소. 당신에게 어울릴 만한 기관이 어떤 곳인지 내가 한 번 말해보리다. 당신만이 지닌 특별한 재능을 통해 더욱 많은 서민들에게 심령술을 행해주는 곳, 작업에 필요한 최소한의 자금만 있으면 되오. 당신과 비슷한 능력을 지닌 이들이 당신을 보조해야 하고. 그렇게만 된다면 그깟 사업조직 따위를 세울 필요도 없이 기관은 성공할 것이오. 그런 계약을 맺으려 하느니, 차라리 당신 혼자 일하는 게 낫겠소. 당신의 리딩에 이러쿵저러쿵 말이 많은 전문가들, 당신의 의식이 깨어 있을 때 자기들의 의견을 말하려는 이들과 지나치게 긴밀해지면, 당신의 논증과는 점점 멀어질 뿐이오. 그러면 당신의 리딩은 받는 이들에게도 점점 가치가 떨어질 것이오. 정확도도 떨어지겠지. 리딩의 암시 속에 당신의 의식이 주입될 테니 말이오.

이렇게 심한 말을 하는 걸 용서해주시오. 나는 진심으로 당신을 최고라고 여기고, 누구보다도 그 일을 인정한다오. 당신의 재능과 직업을 혼동하지 마시오. 당신의 재능은 모든 의식적인 생각이 모이는 곳에 있는 지식의 보고에서 나온 것이니. 진정 지금 하려는 일을 멈추지 않는다면, 결국 인류는 당신이 '능력을 상실'했음을 깨닫게 될 것이오.

나는 위릭 씨가 지적한 부분을 생각해본 적은 없었다. 만약 우리가 만들 조직에 올 의사가 거만하다면 그런 일이 생길 수도 있겠다고 생각해본 적은 있지만, 내 머릿속은 오로지 리딩을 요청하는 사람들에게 더 나은 서비스를 제공할 수 있겠다는 생각뿐이었다. 병원 운영으로 돈을 벌어볼 생각은 꿈에도 하지 않았다. 그냥 수지만 맞출 수 있다면 아주 잘 굴러가는 셈 아니겠는가. 게다가 연구소는 리딩이 이루어지는 공간과는 엄연히 따로 떨어져 있게 될 터였다. 그러나 리딩의 정보를 정식 의사가 처방전으로 작성하는 곳이 있느냐고 묻는 사람들이 무척 많았다(그리고 그 수도 점점 많아졌다). 당시 미국 내 어느 기관에서도 그런 일은 불가능했다. 그 처방들이 무리 없이 치료로 이어질 수 있느냐가 관건이었다. 의사와 내가 세어봤더니, 일주일에 12~14번의 리딩이 이루어졌다. 의사가 엄청난 속도로 치료하지 않는 한, 얼마 지나지 않아 환자로 포화상태가 될 지경이었다. 외부의 자금이 절실해질 게 분명했다. 하지만 이미 우리에게 관심을 갖고 가끔이라도 기부를 할 사람들이 몇몇은 있다는 사실로 위안을 삼았다.

뭔가 다른 묘안이 나오길 기다려야 했는지도 모른다. 하지만 정말이지 너무도 많은 사람들이 리딩의 처방을 문서화해주는 곳이 필요하다고 애원했고 나는 병원 말고는 다른 방법을 찾을 수 없었다. 내가 연구소를 원한 것은 '더 많은' 리딩을 위해서가 아니라 '더 나은' 리딩을 위해서였다.

우리는 조직명을 '전국조사관협회(Association of National Investigators; A.N.I.)'라 짓고 소책자를 만들어 누구라도 우리의 목적을 알 수 있도록 했다. 지난 25년간 리딩을 받은 사람들에게 호소하여 이 일을 시작할 수 있도록 기금을 조성해달라고 하자는 게 내 생각이었다. 이 소책자를 가지고 기금을 모아야 할 형편이었다. 사람들의 관심을 끌고 기부할 마음이 들게 하기 위해 나는 시카고와 뉴욕으로 가서 사람들에게 리딩을 해주고 협회의 회원이 되어달라고 권했다. 모두 연구소에 필요한 기금을 모으기 위한 것이었다. 회원들에게 후원을 부탁하는 편지도 보냈다. 편지의 내용은 다음과 같다.

친애하는 회원님에게

주변에 이 의사 저 의사를 전전하며 진찰을 받아도 아무런 진전을 보이지 않는 환자가 있습니까? 마침내 최신식 과학 장비를 갖춘 병원이 세워졌다는 소식을 들으면 그 사람이 얼마나 기뻐할까요? 이 병원에서는 물리적 치료와 진단뿐만 아니라 심령치료도 이루어집니다.

'깨달음의 병원'으로 오십시오. 버지니아 주의 인가를 받은 병원으로, 아름다운 도시 버지니아비치에 위치해 있으며 유능하고 친절한 의료진의 감독 하에 운영이 됩니다. 또한 세계 최고의 심령진단의 에드거 케이시의 서비스도 받을 수 있습니다. 지난 25년간, 의사들도 포기한 수백 명의 환자들이 그의 잠재의식에서 나오는 놀라운 힘을 통해 건강과 행복을 되찾았습니다.

깨달음의 병원은 두 가지 원대한 목표가 있습니다. 첫째, 고통으로 신음하는 이들에게 도움을 준다. 둘째, 미래 연구의 기초를 마련하기 위해 에드거 케이시의 시도를 과학적 기록으로 남긴다.

'특별기금이 필요합니다.'

얼마가 되든 상관없습니다. 회원님의 기부가 인류를 고통에서 구원하고 위대한 과학적 업적의 탄생에 기여하게 될 것입니다. 이 땅에서 불행을 몰아내고 수백만 후손들에게 건강과 행복을 보증하는 데 일조하십시오. 지금 바로 전국조사관협회로 편지하십시오.

회원님은 우리의 목소리를 들었습니다. 우리가 하는 일을 알게 되었습니다. 이제 우리에게 당신의 도움이 필요합니다.

조그만 소책자도 내가 썼다. 리딩 현상에 관해 설명하고 그와 관련하여 우리가 하게 될 일을 적었다. 위릭 씨가 인쇄를 맡았다. 다음은 그 내용의 일부다.

상상해보십시오. 어느 날 아침 이런 편지를 받았다면? "당신에게서 두 번째 리딩을 받은 후 내 시력을 회복할 가능성에 대해 다시 생각해보게 되었어요. 그 전까지는 내가 나을 수 있다는 희망을 전혀 가질 수 없었고, 부정적인 생각에서 벗어날 수가 없었지요."

잠깐이라도 생각해본다면, 편지를 받은 당신은 무척 의아할 것입니다. 그 사람이 그런 편지를 쓴 건 도대체 무슨 까닭일까요? "지난 번 리딩을 받은 후로 나에 대한 생각이 바뀌었어요"라는 건 도대체 무슨 의미일까요? 도대체 '리딩'이 무엇이기에?

여러분은 저의 벗입니다. 저에 대해서, 오랫동안 제가 해온 일에 대해서 아주 잘 아는 분들이지요. 그런 여러분이라면 리딩이 무엇인지 이해할 것입니다. 이제 저는 제 전부를 바쳐 자료를 수집하고, 리딩을 원하는 사람들이 갈 수 있는 장소나 기관, 혹은 그런 집을 세우려 합니다. 그리고 제가 왜 그런 일을 하려 하는지, 납득할 만한 이유를 여러분 모두에게 설명하고자 합니다. 사람들은 리딩을 통해 육체적, 정신적, 도덕적, 영적인 행복을 찾게 될 것입니다. 그리고 알게 되겠죠. 인간이 할 수 있는 한 이러한 일들이 끊임없이 이루어지고 있으며, 인간을 만드는 데 필요한 진실을 꿰뚫어보는 통찰력을 얻는 다른 이들의 협력과 그들의 협력이 서로 뜻을 같이하게 될 것이라는 사실을. 전 어떠한 사조나 학설에도 빠져 있지 않고, 그런 걸 설교하고 실천하고 퍼뜨리는 데는 손톱만큼도 관심이 없습니다. 사람들은 자신의 필요에 맞는 진리를 사람에게서 찾습니다. 그런 진리를 찾는 새로운 방법이 저에게 있는 것도 아닙니다. 저에겐 내세워 팔 만한 것이 아무것도 없습니다. 다만 도움이 되길 바랄 뿐입니다. 다른 이들의 협력을 부탁할 뿐입니다. 왜냐하면 저는 인간에게, 인류에게, 사람들에게 관심을 갖기 때문입니다. 나아가 그들은 스스로 알게 될 것입니다. 개개인인 그들 자신 안에 어떻게 신이 실현되는지를 말입니다!

저 자신을 위해서는 어떠한 주장도 내세우지 않겠습니다. 다만 때때로 이루어지는 리딩이 뭔가를 보여줄 거라고 단언하겠습니다. 리딩을 받는 개개인들은 제가 무의식 상태에서 나오는 교훈과 암시들을 자기 내면의 생에 적용합니다. 그들은 자신의 신체적 질병을 더욱 명확하고 완벽하게 이해할 수 있게 됩니다.

또한 무슨 까닭으로 그들 각자가 내면으로부터 특정한 충동을 갖게 되는지, 왜 같은 혈통에서 나고 같은 조건에서 자랐는데도 개개인의 성향이 각기 다른지 이해할 수 있습니다. 그러나 직접 자신에게 적용해본 결과 육체적, 정신적, 도덕적으로 혜택을 입을 수 있었습니다. 이제 여러분이 직접 판단해보십시오. (…)

이 소책자에는 그간의 내 경험과 그 경험으로 얻은 이점들이 담겨 있었다. 리딩은 전혀 다른 2가지 차원, 즉 피지컬 리딩(건강 판단)과 라이프 리딩(전생 판단)으로 나뉜다는 설명도 있었다. 피지컬 리딩이 결과를 얻으려면 3가지 조건이 필요하다고 설명했다. 첫째, 도움을 원하는 사람(혹은 그 사람의 신체적, 영적인 행복을 기원하는 자)의 간절한 열망이 있어야 한다. 둘째, 리딩과 그 기록에 대해 가능한 한 공식 처방전과 똑같은 신뢰를 가져야 한다. 셋째(가장 중요한 조건), 각 개인 안에 존재하는 전능한 힘을 진심으로 믿어야 한다. 또한 리딩이 제안하는 바를 직접 실행해야만 실질적인 결과를 볼 수 있다.

라이프 리딩은 개인의 개성과 능력에 관한 정보를 제공한다. 즉 현재의 차원에 있는 개개인에게 미치는 우주 에너지의 영향력, 그리고 지구에서의 전생과 그 전생이 현생에 미치는 영향력을 알 수 있다. 라이프 리딩에 대해 사람들이 어떻게 생각하는지 알려주기 위해, 나는 최근에 받았던 편지들을 인용했다.

'당신은 고유한 영역을 갖고 있소. 당신의 재능과 작업을 선한 일을 위해 사용하고 있지. 당신이 아주 오랫동안 건강하게 살길 바라오. (…) 당신은 이제 막 사명을 갖고 여행을 시작했소. 인류에겐 대단히 의미있는 여행이라오. 당신이 사람들에게 전하는 정보, 그들 앞에 펼쳐 보이는 그들 인생의 파노라마, 그걸 통해 사람들은 자신을 되돌아보고 남은 인생을 더욱 가치있게 살 것이오.'

'학교에서 배운 그 어떤 것보다도 귀중한 가르침을 주셨어요. 깨어 있는 잠들어 있는 당신의 조언 덕에 저는 10년은 앞서 나길 수 있었던 것 같아요. 그것도 아주 안전하게 말이죠.'

'당신을 통해 우리가 하는 일이 의문투성이의 세상을 아주 조금이나

마 더 잘 이해할 수 있게 해준다면, 진실로 숱한 희생을 치를 만한 가치가 있는 테스트가 아닐까요? 그러니 내가 아는 당신, 내가 아는 당신의 능력이 대부분 안내인 것도 무리가 아니지요.'

많은 이들이 리딩의 대가가 얼마냐고 물어왔다. 그러면 나는 그건 파는 게 아니라고 대답했다. 나는 의사도 아니요, 전문가도 아니다. 어떤 식으로도, 어떤 형태로도 치료를 하지는 않는다. 나는 이 세상의 물질적 혜택을 전혀 얻지 못했다. 그러나 나는 믿는다. 주님이 하시는 일이라면 응당 성공하리라고. 그렇지 않다면 그 일이 성공으로 이어질 수 없고, 인간의 삶에 자리할 수도 없다고. 그러나 인간이라면 당연히 육체적 필요를 채워야만 한다. 리딩을 받는 사람들은 딱 그 시기에 필요한 만큼의 기부를 하고, 수많은 사람들의 인생에 엄청난 의미를 안겨다줄 진리를 퍼뜨린다. 우리는 바로 그런 사람들에게 기대고 있다.

나는 지난 몇 년간 리딩에 관한 아이디어와 이상이 얼마간 변화를 겪었다고 털어놓았다. 리딩에 대해 과소평가하고 거의 신경도 쓰지 않았던 과거에 비해, 지금은 어떤 역할을 담당하는 중요한 것이라는 사실을 깨닫게 되었다고. 육체적으로나 정신적으로 병들고 시달리는 이들에게 도움이 된다는 걸 실감하게 되었고, 가능한 모든 방법을 동원해 나의 이웃인 인류를 돕는 데 나 자신을 바쳐야 한다는 걸 알게 되었다고.

버지니아비치에선 자연환경의 영향을 받아 이 현상의 효과가 극대화될 것이라는 설명도 빼놓지 않았다. 우리는 육체적인 질병에서 벗어나고픈 사람들이 리딩 정보를 적용할 의학 지식을 갖춘 전문가의 감독 하에 리딩의 처방에 따른 치료를 받을 수 있는 장소를 갖고 싶었다. 버지니아비치는 아무렇게나 고른 장소가 아니다. 개개인의 사례에 적용한 것과 마찬가지로 리딩을 통해 '정답'을 얻어냈고, 이는 인류 전체에게 도움이 될 것이었다.

진리는 명백하다. 인간은 물질세계 혹은 육체의 세계에서 신을 돕는 조력자다. 신의 힘, 신의 법칙을 더 잘 이해하게 될 때, 우리는 그걸 똑같이 인간의 삶에 적용할 수 있다. 즉 인간이 더 나은 삶을 사는 동시에 자기 이웃을 더욱 잘 섬길 수 있는 것이다.

블루멘털 씨의 재정적인 후원을 등에 업고 협회는 병원을 짓기로 결정했다. 1928년 6월, 〈노퍽 신문〉이 이에 관한 기사를 실었다.

'케이시 병원 건설, 현재 진행중
총 비용 10만 달러, 모래언덕 꼭대기에 위치
105번 가 근처는 첫 번째 병동이, 추가 병동 설치 예정'

공사가 시작될 무렵 연합회에는 약 200명의 회원이 있었다. 이사회의 회의석상에서 우리의 희망과 이상에 관한 대화가 오갔다. 모턴 블루멘털이 말했다. "우리에겐 더 큰 목적이 있습니다. 인간이 경험하는 영역 안에도 언제나 신과의 접촉이 존재한다는 사실을 인류에게 설명할 수 있는 그런 기관을 창조하는 것입니다. 또한 그러한 경험의 효과를 이해함으로써, 지성이라 불리는 정신의 차원을 통해, 개개인이 더욱 고차원적인 창조적 힘을 얻게 된다는 사실도 알려야겠지요."

누구나 자기 성찰적인 경험을 통해 생의 창조적 에너지를 직접 느낄 수 있다는 사실, 그뿐만 아니라 그러한 경험을 이해할 수 있게 된다는 사실, 그것이 바로 우리가 사람들에게 알려주고자 하는 바였다.

모턴의 발언이 이어졌다. "결국 리딩으로 도움을 받은 사람들의 마음 속에 삶을 향한 태도가 180도 바뀔 것입니다. 자기 안에서 더욱 이상적이고 우주적인 자아를 발견한 사람이라면 매일의 일상생활에서 그 이상과 더욱 정서적인 자아를 표출해야 할 테니 말입니다. 신체적으로 건강한 삶을 살아가는 남녀는 더욱 열린 자세로 영적 자아를 충족시키려 할 것입니다. 그리고 결국 자신의 경험을 토대로 스스로 '추구하는 것'이 무엇인지 잘 알게 될 것입니다."

물론 종교적인 생각에도 변화가 있어야 한다. 교리에 기초한 게 아니라, 개인적인 경험으로 신의 섭리를 올바로 이해한 후에 이루어지는 변화. 그런 이해를 통해 우리는 모든 종교가 인류의 형제애라는 빛 속에서 서로 조화롭게 어울릴 수도 있다고 믿게 된다.

직관이나 정신적인 경험을 더욱 잘 이해하면, 매일 자신에게 적용할 때 더욱 효과적이고 가치 있는 지식도 덩달아 따라온다. 우리 중에는 자기 성찰적인 경험에 이러한 지식을 적용하여 재물을 끌어 모으는 수단으로 삼으려는 이들이 있다. 꿈속에서 새로운 음악을 작곡하는 경험을 한 음악가가 있다고 치자. 그는 우리를 찾아와 그 꿈의 의미와 그걸 현실로 끌어올 수 있는 가능성이 있는지에 관한 설명을 들을 수 있다. 왜냐하면 모든 만물이 우리의 상상 속에서 처음 만들어진 건 아니지 않은가?

이전에도 나는 꽤 오랫동안 이처럼 서로 마음이 통하는 이들에게 둘러싸인 꿈을 꾸었었다. 그 당시에는 꿈이 아닌 현실이었다. 모턴은 이사회 위원들 앞에서 1만 1천 년 전에도 우리가 만나 같은 목적을 이루어냈다는, 전생의 이야기를 다시금 일깨워주었다. 그후 자신의 생명을 희생하여 물질세계의 목적을 생생하게 보여주신 '평강의 왕'의 시대가 도래했다. 그분이 보여주신 목적은 물질세계 혹은 그곳에 거하는 이들이 생명의 진정한 창조적, 영적인 면을 더욱 잘 이해해야 한다는 것이었다. 1만 1천 년 전의 우리가 세상에 베풀었던 교훈과 원칙을, 그분은 가르침으로 이끌어내셨다. 모턴은 이렇게 덧붙였다. "그러니, 그분이 살았던 때로부터 1,900년 하고도 28년이 지난 지금, 우주적 존재이자 전능하신 신께서는 우리를 선택하셨습니다. 우리의 지식을 이용하여 그분이 목숨을 바친 생의 이면을 세상에 알릴 책임을 부여하신 것입니다. 우리는 신에게, 그리고 인류에게 헌신해야 합니다."

우린 몹시 바빴다. 당연한 얘기지만, 건물을 짓는 데 필요한 일이 한두 가지가 아니었다. 엄청난 시간과 고민, 그리고 걱정을 동반하는 일이었다. 건물의 초석을 놓은 후, 1928년 종전기념일에 봉헌식을 올렸다. 워싱턴 앤드 리 대학의 철학교수였던 윌리엄 모즐리 브라운 박사가 멋진 봉헌연설을 했다.

병원은 1929년 2월에 문을 열었다.

21_ 케이시 병원을 세우다 1928~1931년

가장 대범하고 가장 명확한 태도를 가져야만 어떤 상황에도 슬기롭게
대처할 수 있으며, 그래야 같은 상황에서도 최선의 결과를 얻을 수 있다.

사람들이 병원으로 들어서는 모습을 보는 건 정말 즐거운 일이었다. 그들은 절망적인 상태로 들어와 희망을 갖고 나갔다. 필라델피아에서 온 첫 환자는 열흘 동안 머무른 후 완전히 다른 사람이 되어 고향으로 돌아갔다. 나는 가능하면 모든 사람들에게 이 필라델피아 남자가 받은 것과 같은 좋은 결과를 주고 싶었다.

처음 몇 달간은 약 10명의 환자가 병원을 다녀갔고, 10개월 후에는 60여 명이 치료를 받고 한결같이 좋은 결과를 얻었다. 한 명은 병에서 해방되어 병원을 떠나면서 꽃밭에서 따온 제비꽃 다발을 가져갔다. 병원은 실로 아름다웠다. 블루멘털 씨의 말을 빌면, 병원이라기보다는 커다랗고 아늑한 집 같은 곳이었다. 주말이면 이사회 위원들과 병원 직원들을 비롯하여 수많은 사람들이 병원으로 와서 휴식하고, 즐기고, 놀고 갔다. 병원의 환자들이 불만을 제기하기 시작했다. 그래서 대로변 맞은

편 부지를 매입하여 위원회와 협회 회원들을 위한 클럽하우스를 짓기로 했다. 아름다운 일터 가까이에 머무르면서 일의 진행과정을 지켜보거나 연구하는 동시에 이 아름다운 환경의 아름다움을 만끽하고 싶어하는 사람들을 위한 장소였다.

버지니아비치의 모래에는 요오드와 라듐이 함유돼 있어 건강에 좋은 것으로 유명했다. 이곳에서 모래찜질을 하면 신체활동을 활성화하는 데 큰 도움이 된다는 사실도 증명되었다. 모턴은 해변과 맞닿은 클럽하우스와 수영장을 갖춘 9홀 골프장도 개발하고 싶어 했다.

우리가 세웠던 계획이 모두 실현된 건 아니지만, 여러 시설이 꾸준히 늘어갔다. 여름이 끝나갈 무렵에는 방문객들의 기분전환을 위한 테니스장, 셔플보드장, 크로케 경기장이 완공되었다. 그후 공중목욕탕과 조리실도 생겼다. 현관 천장은 유리로 지어져 환자들에게 편안함과 즐거움을 안겨주었다. 전등이 달린 욕실장도 치료를 받는 환자들에게 매우 유용했다. 간호사와 협회 직원들을 위한 숙소도 세워졌다. 우리 병원 앞의 해변은 국방성 소유의 땅이었는데, 얼마 후 국방성이 우리에게 그 땅의 사용권을 줄 수도 있다는 소문이 들렸다. 그렇게만 된다면 협회는 그곳을 개발하여 더욱 아름답게 가꾸고, 환자들의 회복을 도울 수 있을 것이었다.

첫해에만 족히 3천여 명의 방문객들이 병원을 찾았다. 나중에는 더 많은 수의 환자가 기록되었고, 회원 수도 늘어났다. 여름에 병원을 찾은 방문객 중에는 회계학을 가르치는 보스턴 벤틀리 스쿨의 체스터 로빈슨 교수가 있었다. 로빈슨 씨는 리딩에 엄청난 관심을 보였고, 보스턴으로 돌아가 교수 일을 재개하기 전에 자신을 위한 라이프 리딩을 받기도

했다.

나는 비서 및 회계담당으로서의 직무보다 상업적으로 더 개입돼 있는 게 아닌가 하는 생각이 들었다. 나는 어떤 식으로도 책임을 회피하거나 핑계를 대지 않으려고 노력했다. 그 어떤 때보다도 더 많은 리딩을 하며 피곤한 나날을 보내야 했지만, 과연 얼마나 더 감당할 수 있을지 짐작도 할 수 없을 정도였다. 하지만 어찌된 일인지 어디서 오는지 모를 어떤 힘이 계속 날 버틸 수 있게 해주었다. 우리가 어디로부턴가 주어진 힘의 영역을 벗어나는 일까지 할 필요는 없을 거라고, 나는 믿었다. 그 힘을 활용한다면, 우리가 숨 쉬고 움직이고 어떤 존재가 되는 건 우리 자신의 힘이 아니라 신의 힘이라는 사실을 명심한다면, 그 힘이 우리에게 무리한 요구를 하지는 않을 것이다. 어떤 단계에 있든 마찬가지다. 우리는 사람들이 만물을 창조하는 에너지, 즉 신과 연결돼 있음을 깨닫도록 도와줄 뿐이다. 그분의 열망과 목적을 잊지 않는 한, 우리는 원하는 것이 무엇이든 그분을 통하여 이루어낼 수 있다. 우리 모두, 이 사실을 언제나 가슴속에 품어야만 한다. 리딩이 늘 강조하듯이 말이다. "주님을 만날 만한 때에 찾으라, 그리하면 이런 것들을 너희에게 더하시리라."

우리 연구소를 관리할 의사, 사람들이 찾는 정보를 알려주는 힘, 병원이 굴러가는 데 필요한 다양한 물품을 살 돈, 이런 것들은 그분의 방식으로 제공될 것이다.

대부분의 자금은 모턴이 댔고, 나는 병원위원회가 내놓는 예산안에 따라 경비가 지출되는지를 감시해야 했다. 나는 어떤 면에서는 최대한 짠돌이가 되어 취약한 부분을 보완했다. 모턴 씨와 상의하여 어디에 너무 많은 비용이 들어가고 어디에는 부족한지를 알아냈다. 그는 무엇이든 최고급이 되길 원했다. 최고급 식품, 최고급 요리사, 최고급 간호사와 보조사, 최고급 직원, 그리고 병원 시스템과 서비스, 효율성에 있어서도 최고급이 되도록 하여 주에서 최고의 병원이 될 수 있게끔 자기가 돈을 대겠다고 했다. 그리고 하우스 박사도 그 점을 잘 이해할 수 있도록 잘 말해달라고 부탁했다. 우리는 실제로 하우스 박사가 비용을 전혀 개의치 않고 버지니아 주 최고의 병원을 만들어낼 수 있도록 모든 지원을 아끼지 않았다. 사실 하우스 박사의 연봉은 4,500달러, 나는 3,400달러, 병원의 신입 직원 연봉은 1,200달러였다.

병원의 신입 직원 한 명이 우리 집에서 머무르게 되었다. 바로 밀드레드 데이비스였다. 당시 우리 집에는 우리 부부와 두 아들, 아버지, 글라디스 양, 밀드레드 이렇게 7명이 살았고, 모두 병원 연구부서에서 일을 했다. 내 사무실은 집에 있었고 리딩은 모두 그곳에서 이루어졌다. 글라디스 양이 사무실에서 나와 함께 일했다.

우린 아주 특별한 사건을 몇 번 겪었다. 돈과 명예를 좇는 한, 우리 자신의 힘을 잃어버릴 수밖에 없다는 진리를 다시금 깨닫게 된 일들이었다. 우리 자신의 능력을 맹신했다가는 점점 약해질 수밖에 없다. 바로 그 맹신 때문에 말이다. 그러나 믿음의 대상을 오직 신에게 두고 인류를 섬기는 통로로 그분을 찾으면, 모든 것이 이루어진다. 가련할 정도로 미약한 우리의 노력을 필요로 하는 건 신이 아니다. 우리가 그분에게 해줄 수 있는 긴 아무것도 없다. 오히려 우리가 필요로 하는 게 모두 그분에게서 나오는 것이다. 우리는 무얼 하든, 무얼 말하든 언제나 그분을 맨 위에 두고 삶을 영위해야만 한다.

우리는 리딩의 교육적 역할에 집중했고 도서관이 기증한 신간들이 폭넓게 활용되었다. 글라디스 양과 휴 린, 그리고 휴 린의 친구 토머스 수그류로 구성된 사학위원회가 이 작업에 관심을 갖기 시작하면서, 이 일은 아주 흥미로운 국면에 접어들었다. 협회 회원들의 라이프 리딩을 통해, 위원회는 다양한 회원들이 서로 어떤 관계에 있는지를 밝혀내고, 각각의 전생을 판단하고, 그 사람이 접촉한 다른 이들과 그의 동기 및 능력을 연결시켜보았다.

협회 직원 중 슈로이어는 리딩 일을 하면서 각각의 리딩으로 얻은 정보를 다양한 분야로 분류했다. 피지컬 리딩으로 진단과 치료 처방에 관한 자료를 얻은 후, 이를 정리하여 의학 연구가들에게 이를 연구하도록 했다. 한 개인에게 처방된 치료법을 같은 증상을 지닌 사람들에게 적용할 수 있게 하는 것이 이 연구의 목적이었다. 우리는 새로운 치료법, 더욱 효과적인 치료방법이 많이 발견될 거라고 기대했다.

각각의 리딩에서 얻은 정보가 철학, 역사, 과학, 물질 등 다양한 분야로 분류되었다. 슈로이어 씨는 미래 세대가 가장 효과적으로 공부하고 참조할 만한 완성된 리딩 정보를 갖게 될 때까지는 이 일을 멈출 수 없다고 단언했다.*

1929년 6월, 이사회가 열려 앞날에 대한 구체적인 계획과 논의가 왕성하게 이루어졌다. 지난해의 성공을 되짚어보는 시간에는 위원들이 크게 고무되었다. 회의가 끝난 후 모턴은 위원회 임원들과 직원들을 위해 캐벌리어 호텔에서 연회를 열었다. 협회의 성공적인 한 해를 마감하는

---

*케이시와 슈로이어가 죽은 뒤에는 글라디스 데이비스가 수년간 이 일을 맡아 맥을 이어갔다. 이러한 공으로 에드거 케이시는 '세계 최대의 기록을 보유한 심령술사'라는 명성을 얻게 되었다.

자리이자 더욱 창창한 나날이 될 게 분명한 다가올 12개월을 시작하는 자리였다.

1929년 가을에는 휴 린과 톰 수그류가 협회 최초의 계간지 〈새로운 내일*The New Tomorrow*〉를 펴냈다. 편집을 맡은 톰은 1901년 내 목소리를 되찾게 한 최초의 리딩에서부터 병원 건물을 짓기까지의 일들을 총망라하여 계간지에 담았다. 다음은 그 내용의 일부다.

길고도 험난한 길이었다. 에드거 케이시가 어린 시절 최초로 요정의 목소리를 들었을 때부터 케이시 병원이 최초로 이 땅에 탄생되기까지는. 물질주의의 자욱한 안개 속에서 헤매는 인간은 자신의 한계, 자신의 숨결, 자신의 아둔함 뒤에 숨겨진 세상을 보지 못한다. 진실은 인간의 자만심으로 이루어진 자아의 견고한 벽에 부딪혀 되돌아올 뿐이다. 자신이 감지하지 못하는 감각이 존재한다고 설득하는 일은 얼마나 어려운가! 진실이 왜곡되고 오용되는 걸 바라보는 일이란 얼마나 맥 빠지는 일인가! 인간은 자기 입맛에 맞게, 자기 본능의 욕망에 맞추어 진실을 왜곡한다. 구불구불 거친 길을 지나야 하는 목적지는 또 얼마나 먼가! 온갖 장애물이 산재해 있고, 쓸모없는 가지들로 난장판이며, 여러 잔해들로 어지러운 그 길을! 자아를 정복하는 것이야말로 첫 번째 임무이자 가장 어려운 일이리라⋯.

'나는 자연을 거역하는 괴물도, 무의식의 사기꾼도, 영적인 돌팔이 의사도 아니냐.' 이렇게 스스로를 끊임없이 다독이는 것, 바로 에드기 케이시가 무엇보다도 열심히 노력한 일이었다. 아주 오랫동안 그는 자신의 이상한 특징 때문에 스스로를 부끄러운 존재라 여기며 살아왔다. 자신이 하는 일을 알지도 이해하지도 못했기에, 자신을 찾아온 이들을 돕는 것조차 두려워해야 했다. 아주 오랫동안 그의 삶은 정신적인 고통, 격심한 마음의 갈등, 미궁에 빠진 사고와 이상, 불신, 그리고 각성으로 점철돼 있었다.

오른쪽 길엔 구원의 손길을 바라는 울부짖음, 왼쪽에는 부의 속삭임. 파르나수스여, 어느 길로 가야 하나이까? 아무런 대답도 들리지 않았다. 세월이 흐르고, 스스로도 알 수 없던 마음이 별들을 움켜쥔 세상을 알아가며 그 영혼을 진흙탕 속으로 끌어내렸다. 더러운 환각 속으로 고공질 주하던 현실은 고통과 실패를 각인시키며 교훈을 안겨주었다. 이제 대답이 분명해졌다.

"내가 인간과 천사의 혀로써 말한다 해도 사랑이 없다면, 소리 내는 놋쇠나 짤랑대는 징일 뿐이다. 또한 내가 예언의 능력을 지녀 모든 불가사의한 지식을 이해한다 해도, 진실한 믿음을 지녀 산이라도 옮길 수 있다 해도, 사랑이 없다면 나는 아무것도 아니다."

에드거 케이시가 도달한 이상은, 진리를 깨닫는 것이었다. 그러므로 그는 그런 삶을 살았고, 그런 삶을 살고 있으며, 영원히 그런 삶을 살 것이다. 그는 사기꾼, 돌팔이, 무당, 점쟁이, 최면술사, 가짜, 협잡꾼 같은 오명 속에서도 살아남았다. 그는 오해, 고통, 각성, 친구들의 외면, 적들의 공격 속에서도 살아남았다.

아이디어와 창조 사이, 꿈과 현실 사이에는 오랜 시간이 자리 잡는다. 에드거 케이시는 1911년에 병원을 세우려는 노력을 시작했다. 1927년 5월 6일, 전국조사관협회가 만들어졌다. 1928년 6월 19일, 케이시 병원 공사가 시작되었다. 1928년 11월 11일, 케이시 병원이 개원했다. 1929년

2월 11일, 케이시 병원에서 첫 환자가 치료되었다.

꿈은 현실이 되었다. 이상은 이루어졌다. 그 일은 이미 시작되었다.

모턴은 '우리의 철학'이라는 제목으로 협회의 이상을 설명하고 있었다. 전능한 창조적 생의 에너지가 전 우주의 창조물을 지탱하고 있듯이 우리도 지구 위의 창조물을 위해 무언가 하려고 한다. 우리는 심령연구를 통해 우리가 하는 일에 알맞은 지식을 모을 것이다. 그리하여 회원들의 육체적, 정신적, 영적인 혜택을 위해 노력하고 고양시키는 것이 우리의 목적이고 이상이다, 라는 내용이었다.

모턴은 이렇게 적었다. "우리의 영향력을 선하고 영적인 면으로 발휘하는 데 만전을 기해야 할 것이다. 인류가 우주, 고귀함, 미덕, 영광, 그리고 지구에서의 진보가 이루어지는 동안의 대의명분과 굳게 연결될 수 있도록 하기 위해서다. 순전히 물질적인 영향력이 내면의 발전 잠재력을 끌어내리게 해서는 안 된다. 내면의 잠재력을 물질주의의 늪에 빠진 육체로 추락하는 형국은 막아야 하지 않겠는가. 사랑을 눈 먼 열정과 간음으로, 고귀함을 분노로, 아름다움을 타락으로, 상상을 육체적 욕망의 노예로 탈바꿈시키는 일은 막아야 하지 않겠는가."

〈새로운 내일〉지에는 우리 회원에게 생긴 비보도 실었다. 1929년 10월 12일, 병원장이었던 하우스 박사가 사망한 것이다. 그는 훌륭한 의사이자 인간의 본성에 정통한 장인이었다. 의학서적에는 실려 있지 않은 병을 이해하고 치료할 수 있는 능력의 소유자이기도 했다. 그는 오랫동안 리딩과 관련된 일을 했고 피지컬 리딩을 진행하는 데 있어서도 뛰어난 이해력을 선보였다. 병원을 운영했던 짧은 기간 동안, 그는 만나는 사람마다 능숙하고도 사려 깊게 대하여 잊지 못할 추억을 안겨주었다. 하우스 박사의 자기희생적인 행보는 인류에게 영원히 영감을 주고 좋은 귀감이 될 것이다.

얼마 후 데이턴의 정골사인 라이먼 리딕 박사가 병원에 합류하여 하우스 박사의 뒤를 이었다. 내 여동생(애니 케이시)도 고향을 떠나 우리 병원으로 와서 관리소장직을 맡았다.

직원들과 이사회 위원들이 수시로 병원에 찾아왔다. 그들 대다수가 추수감사절을 병원에서 보내기도 했다. 우리는 손님들을 맞으랴, 일을 하랴, 정신없이 바빴다. 피지컬 리딩은 미리 예약을 해야 했는데, 매일같이 각지에서 리딩 의뢰가 밀려들었다. 또한 감사와 희망을 담은 편지도 매일 도착했는데, 가령 다음과 같은 것들이었다.

"오늘 리딩을 받았어요. 현재의 제 상태를 무척 꼼꼼하게 묘사하더군요. 제가 알기론 우리 도시에는 정골사가 단 한 명도 없는데, 아무튼 정골사를 찾는 대로 리딩이 처방한 치료를 받으려고 해요. 그대로 치료를 받는다면 분명 좋은 결과가 있겠죠."

"알게 된 그대로, 지시를 정확히 따랐어요. 벌써 효과가 나타나는 것 같아요."

"리딩이 내 병명을 정확히 짚어낸 것 같소. 다른 의사들도 같은 진단을 내렸소. 하긴 어떤 정골사는 다른 말을 하더이다. 당신이 내린 처방을 힘닿는 데까지 열심히 받을 작정이오."

"리딩이 맞는 것 같아요. 다른 방도가 없으니 죽을 각오로 리딩을 따를 거예요. 의사 말로는 우리 아기가 희귀병에 걸렸대요. 아기가 낫는다면 의료과학의 새로운 발견이 될 거라더군요."

우리는 하루 24시간이 모자랄 지경이었다. 일요일에도 나는 퍼스트 장로교회의 성경학교 교사로 일했고, 저녁이면 블루멘털과 함께 병원에서 강의를 했다. 이런 나날을 예견하는 꿈을 꾼 것도 같았다. 청중들 앞에서 유창하게 말을 하여 사람들을 사로잡던 놀라운 아기가 등장하는 꿈이었다. 그 꼬마아이가 신동이 분명한지를 밝혀내는 테스트가 이루어졌지만, 도무지 잘못된 구석을 찾아낼 수가 없었다. 이 꿈은 곧 연설이나 활동을 하게 될 상황을 상징하는 것으로 해석되었다. 아기는 스스로 너무나 작으며 이곳에서 목적을 잃어버렸다고 느끼는 나 자신을 암시했다. 그러나 아기는 성장한다. 인류의 마음과 영혼을 움직여 생명을 불러오게 하는 것이다. 아기는 진리 그 자체를 의미했다. 그건 좋은 꿈이었다.

매주 일요일 오후, 병원 강의실은 사람들로 붐볐다. 강의가 끝나면 분위기가 고조되면서 사람들이 하나둘씩 일어나 자기 느낌을 말하곤 했다. 일요일에는 격주로 블루멘털 씨의 철학 강의도 있었다. 창조적 진화론, 자기성찰의 가치, 신에 대한 내 생각, 4차원적 관점 등이 그가 몰두했던 주제였다.

그는 토요일에도 격주로 철학 강의를 했다. 강의를 듣는 학생들은 열성적으로 수업에 임했고, 출석률도 아주 높았다. 그가 사용한 교재는 우스펜스키의 《사고의 제3기관 *Tertium Organum*》, 레이터 허드슨의 《심령현상의 법칙 *Law of Psychic Phenomena*》, 앙리 베르그손의 《창조적 진화》였고, 리딩과 상관없이 윌리엄 제임스의 《종교적 경험의 다양성》《다원적 우주 *Pluralistic Universe*》와 베르그손의 《마인드 에너지 *Mind Energy*》도 교재로 택했다.

일요일 오후마다 거의 대부분의 시간을 환자나 회원들과 이야기를 나누는 데 보냈지만, 나는 새로운 종교분파나 학설, 이론을 찾거나 그를 따르려고 한 적은 없었다. 내가 퍼뜨리고자 한 것은 위대한 치유자, 손을 갖다대는 것만으로도 병을 낫게 하실 수 있었던 그분에 대한 정확한 이해였다. 사람들이 리딩을 통해 얻는 정보를 이해할 수 있도록 도와주고 싶었다.

병원을 개원한 지 얼마 지나지 않아, 학교를 설립하자는 모턴 블루멘털의 아이디어가 이사회의 안건으로 올랐다. 모턴은 그에 관한 리딩을 받았다.

팀 브라운과 나는 학교를 세우는 것은 좋지만 우리의 목적을 이해하는 교사와 학생을 찾기가 하늘의 별따기일 거라고 생각했다.

또한 그 학교 건물은 모기관이 창설될 때부터 지어져야 했다. 그러나 모턴은 대학을 원했고, 그 목적으로 병원 근처의 부지를 매입했다. 팀이 보기에 이건 우리의 의견을 묻지 않은 독단적인 결정이었지만, 누구도 이 일을 반대하지 않았고 오히려 모두에게 이득이 될 것 같았다. 또한 대학 설립을 통해 우리 기관은 한층 발전하게 될 터였다. 모턴이 대학을 위한 자금을 마련했기 때문에 그가 대학위원회 회장이 되었다. 그가 생각한 대로 착착 진행된 셈이었다.

모턴의 형 에드윈 블루멘털이 노퍽-포츠머스 상공회의소 위원들을 만나 대학설립 계획안을 내놓았다. 그리고 1930년 4월, 이 계획은 언론에 공개되었다.

브라운 박사가 1930년 9월에 우리 교회에서 열린 집회 중에 멋지게 연설을 했다. 강의실이 아직 공사중이므로, 대학은 여름 고객이 모두 떠나 텅 빈 호텔 두 곳에서 개강할 것이라는 내용이었다.*

　10월이 되자, 나는 바로 20년 전 이맘때, 켓첨 박사가 보스턴 임상연구회에 보낸 보고서가 전국의 여러 언론에 대서특필되었던 것을 깨달았다. 1930년 10월, 케이시 병원은 한창 영업중이었다. 10명의 환자가 입원해 있었고, 11명은 외래진료를 받았다. 리딩 예약은 거의 100건이나 밀려 있었다. 점검을 위한 리딩을 제외하고는 하루에 2번 이상 리딩할 수가 없었기 때문이다. 나는 가능한 한 리딩을 다른 이들을 위한 채널이라고 이해하며 하루하루를 생각하고 노력하는 데 보냈다.

　사람들은 자신의 능력과 재능, 즉 창조의 힘으로 이루어진 그 능력이 인류 및 창조주와의 관계를 이해할 수 있게 이끌어줄 것이라는 사실을 리딩을 통해 자각하게 되는 셈이었다. 이러한 자원을 통해 정보를 얻으려 하는 사람들의 삶과 생 안에서 나타나는 여러 환경에 관해 생각하고 고민할수록, 나는 리딩이 도대체 무슨 의미인지 더더욱 궁금해지기만 했다. 그리고 리딩에도 수명이라는 게 있는지 역시 궁금했다. 신이 주신 생명 말이다.

　그분은 이렇게 말씀하셨다. "생명을 얻은 자는 반드시 자신을 내놓아야 한다. 더욱 넘치는 생명을 얻게 되리라. 무릇 자기를 높이는 자는 낮아질 것이나, 자신의 뜻을 아버지 신의 뜻과 같게 하는 자는 내 이름으

---

*〈버지니안 파일럿〉지는 10월 임시학기에 애틀랜틱 대학이 문을 열 것이라는 기사를 실었다. 이 대학은 고대 및 현대 언어학, 영어 영문학, 사회과학, 철학과 심리학, 사학, 수학과 천문학, 화학, 물리학, 생물학과 생리학, 대중연설 및 연극과와 심령연구소를 개설하고 기술 및 과학 분야 학사학위를 위한 예비과정을 제공할 예정이었다. 브라운 박사가 심령연구소의 취지를 설명했는데, 미국 심령연구회와 미국의 선도적인 과학자들이 지난 40년간 지켜온 취지와 같았다. 그런 과학자 중에는 옥스퍼드 대학에서 하버드로, 하버드에서 노스캐롤라이나 주 더램의 듀크 대학으로 옮긴 윌리엄 맥두걸 교수도 있었다. 브라운 박사는 "우리 연구소는 심령연구에 관한 진실을 밝혀내는 데 모든 노력을 다할 것입니다"라고 말했다.

로 구하고 결코 내쫓기지 않으리라. 나를 통해 너희에게 선지자가 있으니 그는 곧 은밀한 중에 너희의 죄를 갚으시는 아버지이시니라."

오래 전 최초의 리딩이 이루어진 이후 사람들의 생각도 많이 변했다. 그러나 이러한 변화에 대해서도 아무리 고민한들, 나의 궁금증은 가시지 않았다. 그것이 인간 사고의 진화가 아니고 무엇이겠는가? 인간은 진심으로 신과 인간, 인간과 신의 관계를 고민하여 자각에 이르는 통찰력을 얻고 있지 않은가.

이 무렵 노퍽 출신의 한 아가씨에게 리딩을 해주던 와중에 이상한 경험을 했다. 그건 꿈이었을까, 아니면 환영이었을까? 좀 더 자세히 이야기하려 한다.

나는 리딩 준비를 하고 있었다. 밖으로 나오는데, 방금 죽음과 마주쳤다는 사실을 깨달았다. 하나의 특성, 혹은 하나의 객체, 존재로서의 죽음을 말이다. 그걸 알고 나자, 죽음에게 말을 걸게 되었다. "자넨 평소에 그리던 모습이 아니군. 검은 가면이나 두건을 쓸 거라고 생각했는데 말이야. 아니면 해골밖에 없거나, 낫을 들고 있는 '시간 할아버지(Father Time, 그리스 신화에 나오는 시간과 죽음의 신 크로노스를 형상화한 서양의 저승사자)'를 닮았을 거라고 생각했지. 그런데 댁은 아름답고, 발그레하니 혈색이 도는데다, 활기가 넘치는구려. 손에는 가위 같은 걸 들고 있고." 그 형상의 발인지 다리인지, 그리고 몸체도 그 모양을 보려면 두 번이나 눈을 씻고 다시 봐야 했다.

그 형체가 대답했다. "그렇소, 죽음이란 사람들이 생각하는 것과는 다르다오. 허구한 날 그려지듯이 끔찍한 일은 아니오. 그저 변화일 뿐이지. 그저 잠깐 일어나는 일이란 말이오. 이 가위야말로 인간의 삶과 죽음을 가장 잘 나타내는 도구지. 가위의 두 날은 분리됨으로써 하나가 되고, 하나가 됨으로써 분리되니 말이오. 보통은 가운데를 새끼줄 같은 걸로 단단히 묶곤 하지. 하지만 가위는 가운데에서 묶인 게 아니란 말이야. 대신 머리, 이마, 그러니까 갓난아기의 맥박이 뛰는 것도 볼 수 있는 그 연약한 부위에서부터 갈라져 있지. 그러니 어른들의 강인함은 바로 어린 시절에 바로 이 부위에 받은 키스로부터 나오는 거요. 그들 자신도 몰랐겠지만. 인간의 지혜도 바로 그 키스를 통해 쌓인다오. 키스가 일으키는 파동이 그 연결된 부위에까지 닿거나 자극을 주는 것이거든. 주님이 나인성 과부의 아들에게 하셨듯이 말이오. 그분은 (당시 관습에 따라 몸이 묶여 있던) 죽은 아들의 손이 아닌 머리를 쓰다듬으셨소. 그러자 죽은 이가 생명을 다시 얻었지. 자, 알겠소? 은빛 끈은 풀어졌을지도 모르오, 그러나 파동이…." 그리고 끝이었다.

나는 모턴이 소집한 회의를 몹시 기다렸다. 슈로이어가 들어왔지만, 기분이 너무나 좋지 않아 말할 기운도 없었다. 심지어 주일학교에도 나가기 싫었다. 병원에는 몇몇 극적인 변화가 새로 일어났다. 정말 필요한 변화였다면, 우리가 더욱 인내하고 젖 먹던 힘까지 짜내야 할 만한 대단한 이유가 있었어야 할 것이다.

오래지 않아 모턴이 협회 위원회를 소집했다. 병원은 더 이상의 환자를 감당할 수 없다는 지시를 내리기 위해서였다. 솔직히 조금 놀랐다. 협회 일에 그토록 열심이었던 그가, 갑자기 생각이 확 바뀌다니. 부분적으로는 경제적인 이유가 있었을 것이다. 불질수의적이거나 상업적인 리딩을 받을 것인가, 받지 말아야 할 것인가에 대한 견해 차이 때문이었는지도 모른다. 어쨌든 그는 병원 일에서 손을 떼겠다고 결심했다. 그리고 병원 문을 닫고, 협회를 해체시키는 것까지가 그의 결정이었다.

병원 문을 닫아야겠다는 말을 들었을 때는, 이건 또 무슨 일인가 하는 생각이 들었다. 내 평생 가장 비통한 일이었다. 나는 꿈을 지니고 신에게 길을 묻는, 평범한 한 인간일 뿐이다. 병원을 갖는 건 내 오랜 소원이었다. 리딩에 따라 사람들을 치료할 의사와 간호사, 최고의 과학적 도구를 갖는 것, 그게 내 원대한 꿈이었다. 결국 내 꿈은 이루어졌다. 케이시 병원은 분명 존재했다. 병원은 환자들을 치료하고 있었다.

얼마간은 병원 일이 순조롭게 돌아갔지만, 마침내 조금씩 금이 가더니 장애물이 턱하니 나타났다. 상황은 에드거에게 올바르지 못한 요구를 했다. 그는 이 요구를 거부했고, 상황은 더욱 악화되어 급기야 사업 자체가 무너지기에 이르렀다. 에드거는 깨끗한 양심 외에는 아무것도 갖지 못한 채 모든 걸 포기하고 쫓겨나야 했다. 그는 말과 행동으로 표현했다. "이게 당신의 방식이라면, 이게 당신이 원하는 거라면, 당신이 다 가지시오. 난 그런 식으로는 아무것도 원하지 않으니."

그는 자신의 양심에 거리끼고 스스로 만족하지 못할 일이라면 조금이라도 자신이 관여되는 걸 원치 않았으므로, 아무런 보상이나 직책도 구걸하지 않았다. 그는 그런 식으로 리딩이 지지를 받거나 이루어지는 걸 바라지 않았고, 회사에 남거나 불화로 이어질 일에 가담하게 되는 것도 옳지 않은 일이라고 여겼다. 계속 불쾌한 감정이 남을 테고, 친구들의 적이 될 수도 있을 테니 말이다. 어쩌면 자기 때문에 친구들과 협회 사이에 갈등이 일어날 수도 있는 것 아닌가. 그곳에 계속 남는 것은 결국 이기심, 돈, 물질적인 목적이라고밖에 볼 수 없었다. 그것은 에드거의 목적이나 열망과는 거리가 멀어도 한참 먼 것이었다. 그가 어린 시절부터 품어온 소원은 아주 간단했다. 자기 이웃인 인류를 돕는 것. 세상에 정하는 큰 것을 이루는 게 아니라, 매일의 기회 속에서, 본인의 눈에 들어오고 본인의 손길이 닿을 수 있는 작은 일을 이루어가는 것. 인류가 평화와 기쁨, 조화, 만족과 행복을 누릴 수 있게 되는 것. 그것뿐이었다. 갈등과 다툼, 반감이 싹텄을 때, 그는 당연히 그동안 추구했던 것과는 다른 상황으로 치닫고 있음을 알게 되었다. 그는 그런 분위기가 변화할 조짐을 보이지 않는다면 언제든 떠날 준비가 되어 있었다. 그런 장애물이 가로막을 때조차, 그는 처음과 똑같은 태도로 사람들을 대했다. 리딩을 하고, 언제 어디서든 필요한 사람들에게 정보를 주고, 항상 사람들을 염려하고 돌보았다. 그렇게 하여 수백만 사람들이 도움을 받았다.

그게 얼마나 큰 상처가 됐는지, 지금까지도 얼마나 아픈지, 누가 짐작이나 할 수 있을까. 그러나 그때는 분명 잘못된 길을 가고 있었다고, 나는 믿어 의심치 않는다. 아무도 사람들에게 뭔가를 믿으라고 강요할 수는 없다. 나는 그 사실을 다시금 배웠다. 신은 우리에게 자유의지를 주셨다. 그것을 사용하는 것은 우리의 몫이다. 선(善)을 발견했다면 한껏 찬양해야 한다. 그러나 악(惡)을 발견했다면 입을 다물어야 한다. 아니면 그냥 내버려두고, 잊어버리거나.

심경의 변화를 얼마나 많이 겪었는지 모른다. 아주 세세한 부분까지도 수시로 바뀌곤 했다. 그러나 그 누구도, 심지어 나조차도 그게 무슨 의미였는지 말로 설명할 수는 없다. 하지만 이렇게 표현할 수는 있겠지. 나로선 비참한 실패였다고. 그리고 그 실패를 나 말고는 누구 탓으로 돌릴 수도 없는 노릇이다. 사람들은 각자 자기의 관점으로 다른 이들을 보며 그들을 흠집내려 한다. 모턴은 나를 통해 나타난 심령현상 때문에 재산을 잃었다. 그건 분명하다. 그것이 개인적인 일이었는지 아니면 자신을 위한 투자였는지, 그가 찾은 새로운 채널(심령가 데블린 여사)이 그의 생각과 더 잘 맞았는지, 나는 모른다.* 어느 정도 시간이 흐른 후 협회 부회장이었던 팀 브라운이 내게 편지를 보내 자기 생각을 밝혔다.

"병원이 처음 개업하던 날, 자금과 기부금을 모으려고 첫 번째 회의를 열었을 때를 되돌아보면, 조직을 이루는 방식이라든지, 그게 모턴의 주도로 이루어진다든지 하는 게 뭔가 잘못되었다는 걸 나도 직감했던 것 같네. 좀 더 아담한 건물에서 시작해서 그만큼 자금을 아끼는 편이 더 현명할 거라고 생각했지. 그러면 저당이나 유치권 같은 문제에서 자유로웠을 텐데. (한 사람이 실질적으로 재정적 부담을 전부 지게 되는) 원맨 조직은 협회의 정신이나 목적과 맞지 않는다고 생각했었어. 회원들 각자가 한 달에 단돈 1달러라도 내서 부분적으로나마 재정에 기여하는 편이 낫겠다고 말일세. 난 언제나 모턴을 전적으로 신뢰했네. 지금도 마찬가지고. 모턴은 지나치게 열성적이야. 리딩은 '시작하라'고 했지. 그러면 결국 계약이 성사되고 건물이 지어질 거라고 말이야.

---

*1929년 10월은 대공황의 시작으로 주식시장 자체가 무너져 내렸기 때문에 모두 실패할 수밖에 없던 시기였으나, 블루멘털은 상대적으로 별 손해를 입지 않았던 것 같다. '검은 금요일(주식시장의 대폭락이 있던 날)'로부터 3개월이 지난 후, 모턴은 아내와 한 달간 휴가를 즐겼고, 에드윈은 하바나로 휴가를 떠났다. 에드거는 에드윈에게 "난 훌륭한 사업가는 못되오. 하지만 최선을 다해 직원들을 부렸어요. 그런데 기대에는 훨씬 못 미쳤지." 케이시는 병원의 재정적 압박에 대한 리딩을 감행했다. 리딩은 그가 "지나치게 많은 비용을 지출하고 있다"고 꼬집었다. 케이시는 불가능한 환경 속에서도 자기는 최선을 다하고 있다고 항변했다.

병원이 지어진 다음해 여름에 자네 집에서 모임이 있었지. 한 젊은이가 모턴과 에디, 나더러 매달 500달러씩 부담해서 버지니아비치에 남학교를 열었으면 좋겠다고 했잖나. 다음날 뉴욕으로 돌아오는 길에 모턴에게 말해버렸네. 이 일에는 전혀 관여하고 싶지 않다고, 가능하면 병원 일에 집중하고 싶다고 말일세. 모턴은 그 일을 포기했지만 결국 1929년엔 대학을 열고야 말았지. 대학을 지원하려면 병원에 들어가는 자금을 줄여야 했네. 문제는 이거였네. '모턴이 돈을 더 많이 벌어들이지 못한다면, 그토록 많은 저당을 잡힌 병원이 불경기를 이겨낼 수 있을까?' 당시에는 확신할 수 없었지만 드러나지 않은 요인과 압력이 존재했다네. 결국은 파멸에 이를 조짐이었지. 애초에 협회가 잘못된 방식으로 만들어졌기 때문에 이런 일들이 터진 것이라네. 순수하게 이타심에서 나온 서비스가 아닌 다른 요인들도 스멀스멀 불거지기 시작했네. 업(業)의 작용이 균형을 이루려 한 것일 수도 있고, 뭐가 다른 힘들이 고개를 들기 시작한 것일 수도 있지. 병원에 기여할 힘을 가진 사람이 모턴 혼자만은 아니었네. 나를 비롯한 협회 회원들 각자 안에도 그런 힘이 깊숙이 자리해 있었을지 몰라. 불화의 씨앗은 모턴일세. 불쾌한 기억을 끄집어내려고 이 얘기를 하는 게 아닐세. 우리들 각자가 이번 경험을 통해 배운 걸 생생하게 되짚어보려는 걸세."

오래 전부터 학교는 삐걱대고 있었다. 학교 순위가 쭉 떨어졌을 때는 이미 종말의 시작을 알리는 것이나 다름없었다.* 향후 계획은 나도 몰

---

* 브라운 박사가 애틀랜틱 대학을 살리기 위해 갖은 노력을 다했으나 1931년 12월, 대학은 결국 파산하고 말았다.

케이시 병원을 세우다 309

랐다. 남은 학기 동안 수업을 계속하여 학생들이 학교에 신뢰를 갖게 하려는지, 아니면 그냥 학교 문을 닫고 포기해버릴지. 학교 내에는 질투와 원망, 고집만이 가득했다. 그리고 이러한 분위기가 한데 모여 아주 불만스럽고 아주 고약한 상황을 만들어내는, 그런 때였다.

모턴과 에드윈은 자기들 일을 진심으로 했다는 걸 나는 안다. 무슨 일이 벌어졌든 그들을 비난할 수도 없을 것이다.

우리가 느끼는 대로만 일이 돌아간다면, 실패할 리가 없다. 화염이 넘실대는 시험대를 통과해야 한대도 반드시 성공한다. 그것이 옳지 않다면, 설 자리를 잃고 만다. 내가 나 자신을 안다면, 그저 의롭고 옳은 일을 하고자 할 뿐이다. 이러한 채널로써 그토록 경이로운 재능을 부여받았기에, 나는 그 재능을 활용하여 다른 이들을 도울 수 있길 바랄 뿐이다. 나는 창조주께서 나를 발견하여 내 이웃을 섬기는 데 사용하려는 도구로 삼았기에 내가 삶을 영위할 수 있다고, 굳게 믿는다.

나는 의롭게 생각하고 의롭게 행동할 수 있기를 희망한다. 나의 주님과 신의 뜻에 따라 살아가기를 희망한다. 그분을 더 잘 알기 원하는 이들이야말로 내가 돌보아야 하는 대상이기에. 그러나 내가 사랑하는 이들의 생명과 빛이 이러한 채널을 통하여 주어진다고 느낄 때, 내가 도움의 손길을 뻗어주길 원하는 이들이 있을 때, 나는 절대로 거부해서는 안 된다. 나를 통해 이루어지는 이 현상들이 다른 이들에게 가치 있는 경험이 될 수 있다면, 적어도 시도해볼 만한 가치가 있는 의로운 일이다. 지금까지의 나와 내 사랑하는 이들이 겪은 개인적인 경험을 통해 확실히 말할 수 있다. 환경은 조건을 바꾼다. 죄는 문 앞까지 당도해 있을지도 모른다. 우리 모두가 우리 자신을, 우리의 생명을, 우리의 노력을 신의 대의에, 신의 목적에, 신의 뜻에 바칠 수 있기를. 그게 무엇이든 간에 말이다.

리딩의 정보를 통해 우리의 삶을 더욱 가치 있게 만들 수 없다면, 설령 육체의 병을 얻은 이를 위한 것이라 해도, 그 진정한 목적을 이루는 데는 실패한 셈이다. 병원이 병든 사람들을 치유하려는 목적으로 운영되었던 만큼, 한계를 지닌 인간에 불과한 우리이지만 그런 식의 노력을 멈추지 않는 것이 바로 의롭고 옳은 일일 것이다.

22_ 받은 만큼 베풀라 1931~, 연구계발협회

직관이나 정신적인 경험을 더욱 잘 이해하면, 매일 자신에게 적용할 때 더욱 효과적이고 가치있는 지식도 덩달아 따라온다.

1931년 2월 병원이 문을 닫고 전국조사관협회가 해산된 후, 나는 오랜 지인부터 최근에 만난 사람들까지 모두에게 편지를 썼다. 오랫동안 우리 곁에서 지지해주고 행동해준 이들, 그 모든 작업에 관심을 보여준 이들 모두에게 말이다. 우리는 3월에 회합을 가지고 이런 일을 계속해야 할지, 조직이 꼭 필요한지, 지금껏 추구해온 일을 모두 포기해야 할지에 관해 논의를 했다.

무엇을 해야 할지에 관해 리딩을 해보았다. 모두가 우리 자신의 손으로 새로운 조직을 만들기 원했다.

우리 집에서 열린 이 회의는 하루 종일 이어졌다. 각지에서 모인 사람들이 한목소리로 작업을 그만두어서는 안 된다고 했다. 우리의 뉴욕 친구들은 그야말로 한 명도 빠지지 않고 매우 열성적이었다. 내가 본 게 맞다면, 그리고 내가 날 속이는 게 아니라면 말이다. 버지니아비치와 노펙의 친구들도 마찬가지였다. 블루멘털 씨와의 결별로 잃어버린 또 다른 친구는 전혀 없었다. 사실 그 일 이후로는 경사가 줄줄이 이어졌다는 걸, 사실 나 빼고는 모두가 알았다.

석 달 후, 우리는 새로운 조직을 만들기에 앞서 회합을 가졌다. 이 회의에는 60명 이상이 참석했다. 뉴욕 출신은 그리 많지 않았다. 칸, 레비 부부, 첸트그라프 부부, 그리고 애틀랜틱시티에서 온 크라비스 씨가 있었다. 나머지는 노펙과 그 주변, 노스 캐롤라이나와 워싱턴 D.C. 출신이었다. 노펙의 레스터 파슨스는 변호사였다. 노펙 남부철도의 에이전트인 존스 씨가 회장으로 추대되었다.

우리는 전국 각지에 공식 대리인을 두어, 사람들에게 리딩으로 도움을 받을 수 있음을 알리고 리딩을 통해 밝혀진 정보를 이해할 수 있도록 도와주게끔 했다. 과연 전국 방방곡곡의 사람들이 협회의 공식 대리인이 되겠다고 자발적으로 나섰다. 밀드레드 데이비스는 비서, 슈로이어 씨는 회계사, 프레스톤 씨는 전문 경영인이 되었다. 꽤나 열성적인 그룹이었다. 모두가 각자의 인생길을 걷고 있던 사람들이었다. 그들은 그야말로 각양각색의 인간을 대표하는 그룹이었다. 적어도 내가 보기엔 그랬다.

톰 수그류가 연구계발협회(Association for Research and Enlightenment; A.R.E.)라는 협회 이름을 제안했다. 수그류는 이 이름을 지은 공을 애틀랜틱 대학 학장이었던 윌리엄 모즐리 브라운 박사에게 돌렸다. 1931년 6월, 협회 설립인가를 받기 위해 '연구계발협회'라는 이름으로 신청서가 작성되었다. 아주 광범위한 신청서를 낸 후 1931년 7월 7일, 법인인가가 떨어졌다. A.R.E.는 오래 지속될 수 있도록 하기 위해 만전을 기했다.

설립허가서에 제출된 A.R.E.의 목적은 다음과 같다.

"신체적, 교육적, 심령 사회적 연구를 포함한 심령 및 과학연구를 수행하고 유지함. 의학연구, 종합병원 업무를 수행하고 병원, 학교, 요양소를 설립하여 모든 종류의 치료, 심령치료, 심령연구, 질병에 관한 제안, 의학적 외과적 원조, 환자와 장애자 혹은 신체상해로 고통 받는 이들의 치료와 보호에 참조자료를 통해 진찰과 상담을 함. 환자의 간호사로서 적합한 인물들을 보조하고 훈련함. 조사 및 연구, 병원 원조 및 행정, 캠프, 신체훈련학교, 자동연구소 및 공장, 강의실, 학원, 출판, 역사 및 고고학, 심령현상 연구, 심령리딩의 수행과 해석에 대한 조직 내 부서를 설치하여 운영함. 철학연구. 지역사회 복지에 관한 연구 및 기여함. 경제성장을 위한 연구모임 및 강의, 신체·의학·사회 임상연구소 운영. 도서관, 기금, 자선, 연구과정 설립, 그밖에도 버지니아 주법(洲法) 제151장이 허락하는 모든 종류의 항목과 활동을 수행하고 상기 조직의 목적을 달성하는 과정에서 일어나거나 필요한 모든 일을 행함.
 이 조직은 응분의 지불능력이 있는 이들에게 치료와 서비스에 대한 요금징수 권한을 갖는다. 이 요금은 전적으로 조직의 유지와 부대비용, 또한 조직의 목적을 촉진하는 데 사용된다. 단, 사익에 이용되지는 않을 것이며, 이 조직의 서비스를 원하는 이들이 비용을 감당할 수 없을 시에는 무료 서비스를 시행한다. 조직의 목적은 박애와 자선이며, 영리를 추구하지 않는다. 이 조직의 활동을 원조하고자 하는 이들로부터 기부금과 기증품, 선물은 받을 수 있다."

 나는 A.R.E. 회원들에게 리딩을 하고 봉급을 받기로 결정되었다. 나와 협회 간의 계약은 매년 갱신되었다. 전문 경영인이 있어서 나는 세부적인 사업은 신경 쓰지 않아도 되었다.

얼마 후 이사회 임원 중 몇몇이 협회의 유지를 위한 기금을 마련해야 한다고 주장하기 시작했다. 2년 후인 1933년 5월, 케이시 재단 만찬회의가 뉴욕에서 열렸고, 1935년에는 이사회가 위원회를 선임하여 내가 죽은 뒤에도 A.R.E.와 리딩을 보존하기 위한 기금을 마련하려는 계획을 세웠다. 위원회 사람들은 가히 최고였다.

프레스턴 씨는 이전 조직(A.N.I.) 사람 중 누군가가 병원부지를 두고 공연히 트집을 잡지나 않을까 노심초사했다. 부지는 너무너무 훌륭했고 나무와 꽃도 아름답게 우거졌지만, 아무도 돌보지 않은 흔적이 역력했다. 테니스장은 형편없이 망가져 있었다. 아무리 우리가 부당한 대우를 받았다 해도, 정말이지 더 이상의 싸움은 신물이 났다. 블루멘털과 나 사이에 일어난 일에 관해서나 그런 환경에 대해서는 리딩을 할 수도 없었다. 블루멘털 씨는 우리가 살던 집을 내놓으라고 요구했다. 누가 봐도 그건 정당한 일이었다. 그가 그에 대해 뻔한 거짓말을 하지만 않았다면 말이다. 거짓말은 내가 제일 싫어하는 것이다.

이 일을 예견하는 경험을 한 적이 있었다. 리딩을 하는 와중에, 이 집이 완벽하게 수리돼 있고 우리 집은 그 옆 구석이었던 광경을 보았던 것이다. 휴 린과 밀드레드가 자기들 사무실 안쪽에서 신문을 인쇄했고, 건물 전체가 돋보기로 보는 것처럼 커다래져서는 모든 것이 순조롭게 착착 진행되었다. 리딩은 이것이 우리 식솔들이 흩어져 곧이어 더 큰 가족을 이루게 될 것을 나타내는 것이라고 말했다. 마치 예수님이 죽음을 건너 구세주와 만물의 주님이 되었듯이 말이다. 리딩은 우리가 곧 이사를 나가야 할 것이라고 암시하고는, "모든 일은 신의 왕림을 사랑하는 이들에게 좋도록 돌아가게 마련이다"는 진리를 굳게 믿으라고 했다. 언제나 그것은 '신의 사랑'을 말한다. 그러나 신은 오고 계신다. "내가 너희를 고아와 같이 버려두지 아니하고 너희에게로 오리라"고 약속하셨으므로.

우리 가족은 옛 병원 앞 해변에 있는 라이트 오두막집으로 거처를 옮겼다. 프린세스 앤 컨트리클럽을 운영하는 남자의 형인 뱅크스 씨가 그해 여름 병원건물을 인수하고 호텔로 운영했다. 호텔명은 프린스 헨리 호텔이었다. 그 사업도 성공하진 못한 모양인지, 호텔은 노동절에 문을 닫았다. 섬세한 감성을 지닌 사람이라면 그 건물이 호텔로 사용되는 걸 속수무책으로 보고만 있을 수밖에 없는 우리 심정을 이해할 수 있으리라. 어떤 면에선 가장 힘든 일이었다.

우리의 새 조직은 초기에는 꽤 고전을 거듭했다. 위원회 임원들과 상의를 하기 위해 뉴욕으로 건너간 경영자 프레스턴 씨가 많이 아파서 병원에 입원해야 했다. 그런 탓에 그가 맡았던 일들은 시작도 하지 못했다. 그래서 막 대학을 졸업한 휴 린이 그 일을 도맡았다.

첫 해에는 그동안 방치해둔 일을 시작했다. 우리 일에 힘을 보태줄 수 있으리라 믿었던 이들로부터 충분한 지원을 받기 전이었다. 그들은 영성치유 그룹으로, 굉장히 훌륭한 사람들로 이루어져 있었다.* 당신은 이들 한 명 한 명의 기도를 당신도 모두 알고 있다고 안심하고 있겠지만, 나는 신의 약속을 느낀다. "두세 사람이 내 이름으로 모인 곳에는

---

*이 '굉장히 훌륭한 사람들'은 훗날 최초의 '신을 찾아서' 연구모임으로 알려졌다. 이들 회원은 에드거 케이시와 함께 단행본 《신을 찾아서》를 엮었다. 이 책은 지금까지도 전 세계 연구모임의 기본 교과서로 활용되고 있다.

나도 그들 중에 있느니라." 그리고 그분께서 개개인의 신체와 정신 모두에게 적용할 수 있는, 모든 면에서 건강하고 행복할 수 있도록 최선이 될 일을 신념을 갖고 행하신다고 느낀다. 신은 최선을 아시며 언제나 옳은 일만을 하신다.

그 첫해가 다 지나도록 사람들은 내게 물었다. "조직 따위는 왜 만드는 거요? 그게 무슨 가치가 있는데? 당신 일이랑 그게 무슨 상관이 있나요?" 대답은 이것이다. 협회는 내 일과는 아무런 상관이 없다. 나는 하나의 채널로써 사람들에게 정보를 제공하고 그들을 구원한다. 그게 내 일이다. 어떻게 하냐고? 바로 '협력'을 통해서다! 가치 있는 것을 위해 개개인이 모여 일하면, 힘을 갖게 된다.

어느 날 오후 명상에 잠겨 있을 때였다. 느닷없이 터질 듯한 느낌에 사로잡혔다. 오래 전에는 익숙했던, 그러나 어느 날 사라져버리고 25년간 찾아오지 않던 바로 그 느낌! 나는 이게 무슨 일인지 리딩을 통해 물었다. 내면의 자아가 잠재력을 깨워 신체가 더욱 활발해지도록 하고 성숙이 이루어지게 한 것이라고 했다. 명상 중에는 그런 활동 에너지가 그만큼 깨어난다는 것이었다. 리딩은 훗날을 예견했다. "네 젊은 날은 꿈을 꿈꾸고, 네 노년은 환영을 보며, 네 여인은 예언을 하게 되리라." 이 일은 대이변을 동반하며 정말 일어났다. 세계 곳곳의 사람들 눈앞에서 말이다.

내가 받은 메시지는 다음과 같다. "신실하라. 네가 받고 싶은 만큼 자비를 베풀라. 평화롭고 싶은 만큼 평안을 수어라. 인내를 갖고 싶다면 남을 인내하라. 신의 살아 있는 힘에게 헌신해야만 네가 신을 찾을 수 있으리라. 세속적인 만족을 주는 물질적인 것에 빠지지 말라!"

23_ 나의 일기 1938년

인생과 그 인생의 가지들은 모두 뭔가를 표현하려는 시도에 불과하다.
그러므로 우리 중 그 누구도 다른 이들을 비난해서는 안 된다.

1938년 3월 18일, 금요일.*

내 생일이다. 한두 번쯤은 누구나 일기를 쓰고 싶은 생각이 들게 마련이다. 꼭 일기가 아니어도, 아무튼 그런 기록이 한해를 바쁘고도 흥미로운 삶으로 이끌어줄 거라는 기대를 하게 되는 것이다. 그렇다면 현재를 점검하고 향후 전망을 점치는 게 최선이다. 버지니아비치 14번가 가톨릭 성당 맞은편의 아크틱 크레센트에서의 삶을 고민하고, 1932년 6월 이후로 드트레빌 하우스가 들어서면서 유명해진 이곳에서 바쁜 나날을 보내고 있다. 작년 이맘때는 아버지가 애니를 만나러 가다가 잠깐 나에게 들렀다가 4월 11일에 테네시 주 내슈빌로 떠났다. 아버지는 우리의 고향 켄터키 주 홉킨스빌에 묻혔다. 나는 1931년 7월에 발족된 연구계발협회와 버지니아 주 프린세스 앤 회사에서 일한다.

---

*이날은 케이시의 61번째 생일이었다.

아내 거트루드 케이시가 리딩을 진행하고, 큰아들 휴 린 케이시는 연구계발협회 경영을 맡았다. 휴 린은 그저께 31세가 되었다. 그애는 지금 뉴욕에서 첸트그라프 부부와 함께 지낸다. 첸트그라프 씨는 위원회 초대회장이자 협회 창단 멤버다. 에드거 에반스 케이시는 지난 2월 9일에 스무 살이 되었다. 듀크 대학에서 1년 더 엔지니어 과정을 밟을 거라고 한다. 글라디스 데이비스 양은 우리 속기사다. 1923년 9월부터 지금까지 쭉.

날이 무척 차고 어두운 게, 꽤 을씨년스럽다. 그래도 아침식사는 근사했다. 집 뒤편에 있는 호수로 나가서 작은 물고기 3마리를 잡아 아침식사를 해결했다. 정말 맛있었다.

오후에는 리딩을 했다. 노퍽의 머독 여사에게 해준 것이었다. 진짜 아름다운 여자였다. 저녁에는 깜짝 생일파티가 있었다. 나를 위해 많은 사람들이 와주었다.

정말 멋진 파티였다. 그토록 사랑스러운 사람들이 하나같이 사랑스러운 선물을 안겨주고 그토록 사랑스런 진면목을 보일 때의 느낌을 어떻게 표현할 수 있을까. 그런 친구들을 두었다는 것, 다른 이들의 마음을 느낄 수 있다는 것이 얼마나 큰 축복인지 모른다. 그래, 실제로 모두 한 번 이상 리딩을 받았고, 덕분에 도움을 받았다고 느꼈던 것이 분명하다. 해마다 나를 위해 이렇게 근사한 잔치를 열어주는 그들에게 신의 축복이 함께하기를. 정기공연이 펼쳐졌다. 구석에 있던 한 사람이 마더 구스(Mother Goose, 미국의 부모들이 아이들에게 들려주는 선래동요)를 부르기 시작하자 하나둘씩 따라 부르더니 결국 사람들 모두가 합창을 했다. 좋다, 좋아.

내 여동생의 멋진 사진도 받았다. 베를린이 가져온 액자에 끼우니 과연 멋졌다. 그 애는 진짜 부모다워 보였다.

앞으로 어떤 삶의 여정을 걷게 되든, 다른 생일은 매일을 그리스도의 사랑을 진심으로 깨닫는 노력으로 채우게 되었으면 좋겠다. 그리고 내가 만나게 될 이들에게 도움을 주는 삶이었으면 좋겠다. 신이 내게 생명을 주신 뜻대로 살아갈 수 있기를.

1938년 3월 19일.

화창한 날이다. 알렌 보육원에서 관목을 가져와 심었다. 지금은 라즈베리, 배나무 2그루, 진달래가 한창이다. 포도나무, 어린 딸기나무, 대황, 버드나무도 한 그루 있고, 백합뿌리도 심었다.

에드거 에반스가 오후에 온다고 해서 기분이 좋은 상태로 프리스코의 테일러 씨에게 리딩을 해주었다. 에반스는 렉싱턴에서 엔지니어 회의가 있어서 차를 가지러 온다고 했다. 너무 춥지만 않으면 오후에는 낚시를 좀 할까 하고 생각했다.

오늘 아침에 받은 편지에는 별다른 새로운 소식이 없었다. 수확은 괜찮았다. 싱싱한 메기 2마리와 잔챙이들 약간. 먹기도 좋았다. 에드거 에반스는 오후 4시 30분쯤 왔다.

점성가가 추측한 바에 따르면 19일은 아주 중요한 날이어야 했다. 1919년 3월 19일은 리딩이 처음으로 점성술에 관한 정보를 준 날이다. 어떤 이들은 이것이 가장 중요한 리딩이라고 말하는데, 점성학적 관점에서 하는 소리겠지. 엉클 에즈라가 방송에서 한 말로 오늘의 생각을 대신해야겠다: "우리의 선행은 우리가 사라진 후에도 살아 있습니다.

따라서 영원한 것은 오직 선뿐입니다. 선은 절대 죽지 않습니다. 지금껏 추구해온 선행으로 이후의 삶을 덧칠하면 그야말로 멋진 삶이 될 것입니다. 네, 우리는 선행을 위한 노력으로 삶을 색칠하고 있답니다."

1938년 3월 20일, 일요일.

에드거 에반스가 차를 가지러 집에 왔다. 건강해 보인다. 아주 열심히 공부한다고 한다. 멋진 리포트를 써야 한다나? 교회에 안 갔다. 주일학교도 빠졌다. 글라디스 양은 갔다. 그녀는 비서이자 회계사다. 지금은 하늘이 멀쩡하지만, 아무래도 조만간 비가 올 것 같다. 오후에는, 마에 짐버트 버호벤, 애니, 켈리 씨가 왔었다. 켈리 씨는 리딩 약속을 잡고 싶어 했다. T. J.가 잠깐 들렀다. 귀여운 녀석. 2~3분 후에는 에반스가 학교로 가버렸다.

오늘의 생각: 주변 사람들이 친절하길 바란다면, 그저 같이 어울릴 수 있기를 바란다면, 먼저 자기 자신이 친절해야 할 것이다.

1938년 3월 21일, 월요일.

봄의 시작이다. 정말 봄이 온 것 같다. 날씨가 좋아서 밖으로 나갔다. 뜰에서 히아신스 몇 송이를 꺾었다. 참 예쁘다. 새들은 지저귀고, 태양은 빛나고, 온 세상이 희망으로 가득 차 보인다. 옛 사람들이 태양을 숭배했던 게 이해가 된다.

오후에는 물고기를 몇 마리 잡고, 저녁에는 시진전 구경을 갔다. 썩 훌륭했다. 기분이 괜찮다. 제대로 생각하지 않는다면, 상황이 완전히 달라질 것이다.

오늘의 생각: 비교에 의한 아름다움, 선물에 의한 사랑. 그것은 너무나 자주 우리의 경험으로 판단된다.

1938년 3월 25일.

며칠이 지났군. 할 말이 별로 없을 만큼 게으르게 보내진 않았다. 어제는 1925년 해변에 온 이래 처음으로 울새가 둥지 짓는 걸 보았다. 정말로 울새들이 날아다니고, 멈추고, 노래를 불렀다. 겨우 한 마리가 여기에 나타나 둥지를 짓고 짝을 찾아 지저귀는 걸 보니, 얘네는 해변 가까이에는 둥지를 틀지 않는 모양이다. 몇 킬로미터 떨어진 섬에는 무척 많은데. 나는 울새가 참 좋다. 이른 아침에 울새가 지저귀는 소리는 사랑스럽다. 행복이라기보다는 새벽의 슬픔을 노래하는 듯하다. 개똥지빠귀라면 모를까, 비견할 데가 없는 소리다. 저녁에는 앵무새가 난리다. 앵무새 노랫소리도 여기선 듣기 좋다. 매년 앵무새들이 요 앞 작은 나무에 둥지를 튼다. 며칠 전에 여기다 버드나무를 심었으니까, 다른 새가 둥지를 틀 것이다. 어제는 지빠귀 한 마리가 버드나무 가지에 앉아 있는 걸 봤다. 그 녀석도 아주 목청껏 노래를 불러댔다. 어제 딸기나무를 내 손으로 심었다. 새들도 나 못지않게 딸기나무를 좋아한다. 그러니 갈수록 많은 손님들이 딸기를 따려고 달려들 수밖에. 새들은 라즈베리도 좋아하니까, 이리로 들어오는 게 잘하는 일이라고 생각할 것이다.

베르디에 부인이 어제 오후에 도착했다. 직접 여기까지 온 걸 보니 최소한 3번의 리딩에 대한 점검을 받고는 무척 기뻤나보다. 하드위크의 아들에게 전화가 왔다. 이곳을 떠나기 전에 한번 만나고 싶다고 했다. 그는 어머니와 함께 있다고 말했다.

기분이 아주 좋다. 산들산들 봄바람은 아직 좀 차다. 아침에 석탄을 더 주문했다. 여름까지는 버틸 수 있을 것 같다. 봄이 좋다. 특히 매일이 예쁘고 화창하고 사랑스러울 때는. 매일 새롭게 꽃망울이 터지고, 덤불은 자기 자신이 되기 위한 노력의 첫걸음, 자신의 창조주를 향한 영광의 첫걸음을 내딛는다. 오직 인간만이 같은 인간을 위해, 그들에게 감동을 주기 위해 쇼를 한다. 그러나 울새가 노래하는 것은, 자기 짝에게 사랑의 노래로 감동을 주기 위한 것이다. 자연을 연구하는 것은 창조주에 대한 연구, 인류에 대한 그분의 뜻을 연구하는 것에 더욱 가까이 다가가야 한다. 새가 사람을 모방하는 것일까, 사람이 자연을 모방하는 것일까? 어쨌든 그렇게 돌고 도는 것인가?

너 자신이 되어라(그래, 맞는 말이다), 단 이것이 유일한 경험이라면. 우리는 이전에도 생을 살았고, 다음에도 생을 살 것이다. 어떤 것이 진짜 자아인가? 자, 새로운 출발을 기대하라. 새싹이 돋아나듯, 각각의 경험은 신을 위한 사랑의 미덕을 모두 표현해내기 위한 새로운 기회가 된다. 우리는 신 안에서 살아가고 신 안에서 존재한다. 의심하지 마라. 때로는 궁금하고, 때로는 터무니없다고 느끼겠지. 그래, 정말 얼빠진 경험도 몇 번 하기 마련이고, 어쨌거나 자기 자신에겐 그야말로 현실이거든. 어젯밤에 나도 그랬다. 난 분명히 잠들지 않았다. 순전히 상상이었던 것 같지도 않다. 아이일 적의 나는 사람들이 존재하지 않는다고 하는 것들을 보고, 같이 이야기하고, 같이 놀곤 했었다. 한 번, 두 번, 몇 번씩이고 그랬다. 하루에 세 번이나 나타난 적도 있다. 그렇게 만나는 이들이 늘 같지는 않았다. 남자아이들일 때도 있었고, 여자애들일 때도 있었다. 그들은 내게 자기 이름을 말하고, 같이 놀았다. 하지만 지난밤에는 그 애들이 한꺼번에 모두 나타났다. 남자애 5명, 여자애 3명, 모두 8명이었다. 그 애들이 맨 처음 물은 것은 "우릴 기억하니?"였다. 그럼, 물론 기억하지. 그 애들은 그동안 조금도 자라지 않았다. 왜일까? 그 애들은 놀고 싶어 했을까? 아니었다. 그 다음 질문은 "언제 다시 우리를 만나서 예전처럼 이런저런 이야기를 할 거니?"였다. 무슨 소리지? 난 모른다. 그 애들이 다시 올까? 그게 궁금할 따름이다.

베르디에 부인에게 리딩을 해주는 와중에 주님이 오신 걸 느꼈다. 육신을 갖춘 실체는 아니었으나, 어떤 영역의 주인이었다. 오렌지 빛이 감도는 것도 같았지만, 그보다는 황금빛이었던 것 같다. 이걸 전부 이해할 수는 없지만, 어떤 성장이길 소망하고, 그렇게 믿는다.

오늘의 생각: 항상 친절하라, 모든 것이 너에게 기쁨을 줄 것이니.

1938년 3월 26일.

춥고, 어둡고, 비가 오는 음산한 날이다. 태양이 간절히 보고 싶은 날이 있다면, 바로 오늘이다.

어젯밤에 〈백설공주〉를 보았다. 아름다운 그림이 있는 단순한 이야기. 그 훌륭한 이야기에게 마땅한 가장 큰 사치라면, 동화를 애니메이션으로 만들면 어떨까 생각했다. 누가 알겠는가, 백설공주가 다시 살아날지.

오후에는 날이 갰고, 훨씬 밝아졌다.

할 말은 많은데, 어떻게 해야 할지. 베르디에 부인이 또 다시 리딩을 받으러 왔다가 오후에 갔다. 마음이란 게 참, 여행 덕에 그녀는 나 같은 사람은 좀처럼 볼 수 없는 광경을 보게 됐다. 그렇게 멋지다고 하던데.

여행이 나에겐 무엇을 안겨줄지 궁금하다. 하지만 그럴 기회나 있을까? 우리 안의 해답과 만나기 위한 여행이 아니라면 말이다. 모든 이의 가슴속에 반드시 존재해야 할 동경. 자기 자신에게조차 만족하지 못하고 지루함을 느낄 때, 우리는 언제나 우리 주변에 존재하는 신의 사랑을 널리 퍼뜨릴 특권을 잃어버리고 만다.

1938년 3월 27일, 일요일.

사건 제조자로서의 오늘은 나에게 무슨 의미가 있더라? 뭔가 있는데…. 아 그래, 1900년 오늘, 실성증에 걸려 크게 말할 수도 없고 속삭이게 됐지. 내가 지금의 일을 하게 된 시작이었다. 한 걸음 한 걸음 걸어왔지만, 내가 보기엔 처음이나 지금이나 달라진 게 없다. 하지만 누군가가 "태양 아래 새로운 것은 없다"고 말했다. 그렇다면 새로운 게 옛 것과 같을 수 없다는 건가? "너의 주 신은 하나로다." 새 보닛을 쓰거나 새 옷을 갖춰 입었어도, 진실은 같다. 우리의 부족한 마음을 인정하는 가운데 성숙한다는 것.

1938년 3월 30일, 수요일.

뭔가(28일과 29일에는 아무 일도 없었다), 아, 그렇지, 말할 게 없다. 어떤 느낌이 올 정도의 일은 없었다. 그러나 항상 같기를 바랄 정도였다고 말하기도 뭣한 나날이었다. 오, 신이시여, 편지를 보낸 이들의 친절에 감사하게 해주소서. 사람들이 경험을 통해 성장했고 하고 있음을 느낄 수 있도록, 사람들과 함께하는 제 삶을 살 수 있도록 해주소서. 겸허하게 하옵시고, 신의 아이로서 찬양하게 하옵소서.

어서 빨리 위에 적은 대로 행동해야겠다. 하지만 상처받지 않고 행하기엔 난 충분히 성숙하지 못했다고 고백해야겠다. W 씨가 한 말에 상처받은 건 나의 에고인가 자부심인가, 혹은 무엇인가? 오, 신이시여, 당신의 이름으로 나를 지켜주소서. 날 살게 하셨듯이 내가 살게 하소서. 매일, 매사의 경험에서 그들이 내면에 존재하는 왕국의 빛을 향해 성숙하게 하소서.

1938년 4월 3일.
또 다시 할 말 없는 나날이었다. 아들들이 집에 왔다. 토요일에는 자기들 방을 칠했다. 금요일이나 목요일 오후에는 안했다. 토요일엔 하이킹을 했다. 꽤 괜찮았다. 에켄과 내가 새둥지를 만들었다. 갈색제비가 우리 가족이 되었으면 좋겠다. 해리스 부인이 리딩을 받으러 와 있다. 기쁘다.

아침에는 쌀쌀했다. 하지만 일기 예보관이 말한 것만큼 춥지는 않았다. 밤엔 더 쌀쌀해질 텐데, 과일이 얼지 않았으면 좋겠다. 아침에 현관에서 잰 온도는 섭씨 5도였다. 아주 좋은 기록이 될 것 같다. 하지만 내가 워낙 꾸준히 하는 데는 젬병이라서, 너무 쉽게 말하는 건 자제해야 한다. 매일 매일 조금씩 감각이 깨어나는 느낌이다. 하지만 너무 예민해질 정도는 되지 말아야 한다. 건설적인 방향으로 자라게 해야지. 그렇게 못하면 상처가 될 테니. 그래, 아주 깊은 상처가 될 거야. 상처가 감정이 되어 스스로 감지하게 된다면, 정말 아무짝에도 쓸모가 없는 사람이 될 뿐이다. 쓸모 있는 삶이 가치가 있는 법이다.

오후에는 휴 린, 에드거 에반스, 글라디스와 함께 브릿지 게임을 했다. 꽤 쌀쌀했지만 맑고 화창했다.

1938년 4월 4일.
일찍 일어났다. 아들 녀석들이 제 엄마 방을 칠하겠다고 해서. 온도는 약 5도. 태양이 아름다웠지만 서쪽에서 차가운 바람이 불어왔다. 기분은 괜찮았고, 앞으로 일주일 내내 아주 바쁠 것 같다. 균형을 유지하는 일이란 항상 어렵다.

1938년 4월 5일.
날씨 화창, 섭씨 10도 정도로 선선함. 방 정리, 특별한 일 없음. 지난날을 잠깐 회상했다.
오후에 에드거 에반스가 듀크 대학으로 돌아갔다. 밤에 혼자 사진을 봤다. 커다란 농어를 잡았다. 무게가 3킬로그램이 넘는다.
인생과 그 인생의 가지들은 모두 뭔가를 표현하려는 시도에 불과하다. 그러므로 우리 중 그 누구도 다른 이들을 헐뜯어서는 안 된다.

1938년 4월 6일.
아주 화창한 날이었지만 온도는 11도 정도로 서늘함. 알아야 할 경험은, 이미 당신도 잘 알고 있다. 그러나 그렇지 않다.

1938년 4월 9일.
어제는 밤까지 비가 내렸다. 엄청난 비였다. 오늘 아침은 지하실이 물바다였다. 어제 낚싯줄에 바늘을 끼워두었다. 호수에는 아무도 없었다. 아주 좋아. 낚시통 안에 계속 머물러 있을지 궁금하다. 물이 한가득 있으면 좋겠는데.

그저께 밤에 꿈을 꾸었다. 인디언들이 벌린을 고문하기에 내가 가서 구해주었다.

오늘은 비가 더 오는 것 같다. 근사하다. 아침 9시 정각에는 온도가 19도까지 올라갔다. 봄이 왔나보다. 일기예보 양반은 아침까지 기온이 뚝 떨어질 거라고 했지만.

언제나 신이 가까이 계시다고, 모든 것이 만족스럽다고 마음속에 항상 담아둘 수 있을까? 그렇게만 된다면 이 세상이 얼마나 달라지겠는가.

1938년 4월 10일, 일요일.

오전에는 맑았으나 강한 바람이 불었다. 온도는 6도.

어제 저녁에 휴 린에게 전화를 했다. 지금은 아침이다. 별로 얻을 게 없는 것 같은 느낌이다. 오늘 오후에는 노퍽에 가려 한다. 그룹 리딩이 있다. 요 근래 한 것 중 가장 흥미로운 리딩이었다. 오후에는 스토리 부인 댁에 가서 모임을 가졌다. 사람들이 많지는 않았다. 하지만 각자에게 메시지가 주어졌고 모두 좋은 리딩을 받았다고 말했다. 저녁엔 라디오를 들었다. 마음과 몸과 영혼을 일치시키는 건 쉽지 않다. 그러나 그것이 우리를 자유롭게 해줄 수 있다.

1938년 4월 11일, 월요일.

오늘 아침은 맑지만 바람이 차다. 물이 아래로 흐르는데 지하실에는 거의 새지 않는다. 별로 덥지 않다. 너무 많이 먹었다. 확실하다. 엘링스턴 부인 댁에서 제1그룹 모임을 가졌다. 저녁을 먹었는데, 아주 근사한 모임이었다.

1938년 4월 12일, 화요일.
또 다시 아름다운 날이다. 진짜 봄이다. 오늘 아침 온도는 14도. 정오 무렵에는 꽤 강한 바람이 불어와서 조금 쌀쌀해졌다.

오늘 새벽, 아주 기이한 경험을 했다. 새벽 2시경에 내 의식이 몸을 빠져나와 모든 의식이 죽어버린 채 누워 있는 내 몸을 볼 수 있었다. 두렵지는 않았다. 내가 어디에 있는지조차 몰랐지만, 몸에서 떨어져 나온 건 확실히 알 수 있었다. 나 자신이 점점 다시 몸과 함께 드러나는 것을 보았다. 각 부분이 살아나고 각기 다른 순환계가 점점 똑같이 회복되었다. 그런 다음 깨어났는데, 마치 다른 어딘가에 갔다가 돌아온 듯한 느낌이었다.

데마오 부인 댁에서의 제7그룹 모임은 규모는 작았지만 아주 훌륭했다. 요한복음 제1장의 일부분에 대한 강의로, 주제는 '인내'였다.

아침에 마에가 라이프 리딩을 받았다. 나도 같은 리딩을 하고 싶다. 지금껏 들어왔던 것으로 미루어보건대 확실히 무척 재미있는 리딩인가 보다.

아아, 신의 이름으로 인류에게 봉사하는 것은 마음의 짐이다. 아직 나는 여러 면에서 너무도 나약하다는 걸 깨닫는다. 과연 내가 가치 있는 이로 여겨지게 될까? 신이 당신의 이름으로 우리 모두를 축복하고 지켜주시리라.

1938년 4월 24일, 일요일.

　일기를 쓴 지 일주일이 훌쩍 넘었다. 꼭 적어두어야 할 만한 많은 일들이 일어났다. 아니, 그 정도는 아닐지도 모른다. 생각할 만큼 큰 의미가 있지 않을지도 모른다. 하지만 이 낡은 노트를 읽고 싶어 하는 이들이 있을지도 모르니(뭐, 그랬으면 좋겠다는 얘기다) 써두는 게 좋을 것 같다. 몇몇 사람들에겐 아주 멋진 일이 일어났다. 몇몇에겐 슬픈 일이. 이것이 인생이다. 달고도 쓴 것. 하지만 쿰베 양, 바버 씨, 보테릴 부인의 이야기는 모두 충분히 기록할 가치가 있어 보인다. 그들도 경험을 통해 기억에 각인시켰을 것이다. 잘만 간직하면 인생이란 좋은 것이다.

　지난밤 꿈이 영 마음에 걸린다. 사람들 한 무리와 같이 있었는데, 대부분 오랜 지인들이 자리해 있었다. 밖으로 나가려면 2개의 벽 혹은 벽 모양의 형체 사이에 있는, 족히 30미터는 되어 보이는 낭떠러지를 기어 내려가는 수밖에 없었다. 우리는 모두 어쩔 줄을 모른 채 둘러앉아서 내려갈 방법을 강구했다. 내가 내려가기 시작했다. 미끄러지지 않고 디딜 만한 공간을 딱 한 군데 발견하고는 다시 올라왔다. 그리고 사람들에게 밧줄이 있다고 말했다. 내가 밧줄을 잡고 한 사람씩 그 장소로 내려 보낼 계획이었다. 거의 다 내려가고 몇 명 남지 않았을 때였다. 남은 이들은 내가 하는 걸 보려고 했다. 내가 내려가기 시작했다. 그리고 아까 발견했던 곳에 도착했을 때였다. 문득 보이지 않는 손이 날 붙들어주고 있다는 것을 깨달았다. 좋은 일이었다. 그리고 깼다.

　다시 꿈이었다. 꿈속의 꿈. 이 꿈은 셀마의 사진관으로 돌아가는 걸 의미했다. 수리가 시급한 곳. 흙과 먼지가 깨끗이 사라졌다. 누군가가 사진을 찍으려고 들어왔을 때, 나는 그녀를 알아보았다. 1912년 처음으로 그곳에 갔을 때 마주쳤던 사람이었다. 이제 그녀에겐 조그만 딸도 있었다. 그녀는 거트루드와 글라디스를 기다리고 있었다. 많은 사람들이 사진을 찍으러 들어왔다. 그후 아버지가 돌아왔다. 카키색 군복을 입고 모자까지 쓰고 있었다. 왜 그러냐고, 어디서 오는 길이냐고 물어보았다. 그리고 모두가 아버지는 1년 전 돌아가셨다고 말하더라고 얘기했다. 그러나 아니었다. 아버지는 그동안 머물던 곳에 더 이상 있을 수 없다고 했다. 사람들이 자기에게 무척 무례하게 말하더라는 것이었다. 거트루드와 글라디스 양이 왔다. 그리고 아버지가 말하는 소리를 들었다. 거트루드가 아버지에게 왜 왔냐고 물었고, 아버지는 있던 곳에 머물 수 없었기 때문이라고 대답했다. 그녀는 하지만 남는 방이 없다고 말했다. 그러자 아버지는 괜찮다며, 집 꼭대기로 갈 거라고 말하고는 훌쩍 뛰어올랐다. 그게 끝이다.

꿈이라기보다는 악몽에 가까웠다. 계속 생각나게 될까?

스토리 부인과 에디스가 아프다. 부디 쾌차하길 바란다. 그리스도의 영혼을 항상 자각할 것. 그분이 하실 것처럼 행해야 한다. 그저 친절한 게 최고다. 그러나 이성을 잃은 사람들에게까지 친절하게 대하는 건 정말 힘든 일이다.

1938년 4월 27일, 수요일.

때로는 우리 모두 너무나 감사를 모른다. 그러나 무엇이 정말 감사한지, 언제 신과의 관계를 생각하는지, 누가 감사를 표해야 할지, 과연 누가 판단할 수 있겠는가.

지난밤에 린에 관한 이상한 꿈을 꾸었다. 그 애는 자기 할아버지를 무척 좋아했다. 며칠 전 내게 나타나 자기는 죽지 않았다고, 죽은 적도 없다고, 다만 잠깐 멀리 떨어져 있었을 뿐이라고 주장했던 그분을 말이다. 그러나 아버지는 무척 야위어 보였고, 오래 전 젊은 시절의 모습을 하고 있었다. 이건 무슨 뜻인지 궁금하다.

차갑고 아주 세찬 바람이 분다. 태양은 밝고, 온도계는 15도를 가리켰다. 오전에 정원 손질을 좀 했다. 그곳에 있는 거라면 뭐든 다 좋다.

오후에는 좀 이상한 경험을 했다. 무의식으로 들어갈 때마다 빛을 기다려야 한다. 빛이 없으면 의식을 잃을 수도 없다. 보통은 밝은 푸른빛에서 흰빛으로 바뀐다. 아니면 광선으로 바뀌거나. 그런데 오늘 오후에는 빛이 여러 개의 동그란 단추 혹은 장미꽃 모양으로 보였다. 장미꽃 모양의 음영을 가지고 커다랗고 싱싱한 대구를 한 마리 잡았다.

오늘의 생각: 내 이웃과 함께할 때는 최대한 신실하라. 최대한 느껴라. 나를 위해 만들어진 이 분위기를. 호감은 호감을 낳는다. 그러나 상대방이 응하지 않는다면, 그를 원망해야 하는가? 차라리 신성한 영혼을 위해 더욱 분투하는 편이 합당하리라.

1938년 4월 30일.

기분 좋은 날이다. 오늘은 낯선 새가 날아와 노래를 불렀다. 희귀종인 것 같다. 아니면 그들의 존재를 이제야 깨달은 것뿐인가? 이른 아침의 노랫소리. 작은 새, 파랑새, 종달새, 개똥지빠귀, 울새, 앵무새, 그리고 카나리아와 비슷한 소리를 내는, 새로 등장한 새. 이 새는 붉은색, 갈색, 샛노랑색, 검정색이 섞여 있고 무척 예쁘다. 이전에는 이 녀석들을 집 짓는 새라고 불렀더랬다. 아주 오랫동안 못 봤었는데. 아, 붉은 날개를 빼놓을 수는 없지. 정말 예쁘니까. 뉴욕에 있던 휴 린이 집에 왔다. 하루나 이틀 정도 머물 것 같다.

4월의 마지막 날. 어째서 시간이란 나타났다 가버리면 다시는 돌아오지 않는 걸까? 피곤해서? 지쳐서? 무엇 때문에? 생각을 바꿔야 할 것 같다. 아니면 그냥 내가 삶의 물질적인 것을 지나치게 원하는 건가?

바쁜 한 주다. 거의 매일 일거리가 있다. 언젠가는 내가 도움이 되는 사람이 되어 있으면 좋겠다. 우리는 이따금씩 겪는 인간 경험이란 얼마나 신기한 모습을 하고 있는지!

오 신이시여, 당신의 길을 따르도록 도와주소서. 그 길은 쉽게 찾을 수 없나이다. 영광과 자비가 영원히 나와 함께 하도록 해주소서.

1938년 5월 1일, 일요일.

아름다운 메이데이다. 뜰에 장미가 한가득 피었다. 빨간 게 제일 예쁘다. 방금 도로시에게서 온 메모를 받았다. 이따금씩 내 삶의 발현이 드러내는 것. 그저 내가 전하는 메시지가 모두의 가슴을 기쁨으로 채우고 최고의 경험을 선사하게 되길 바랄 뿐이다. 어머니는 최근 한바탕 난리를 친 날부터 아직도 눈이 불편하다고 하신다. 그야말로 불안한 잠 아닌가! 그래서 사람들이 나더러 생각이 너무 많다고 하는 건가? 꿈속에선 모든 게 뒤죽박죽이다. 신시내티에 있는 한 숙녀분에게 편지를 쓰려고 했다. '인성의 생존'에 관한 것이었다. 내가 옳은 말을 했길 빈다.

저녁때에는 혼자서 사진 전시회를 보러 갔다.

신실한 삶의 기쁨이 나로 하여금 신의 이름을 위한 옳은 길 안에 머물게 하길.

1938년 5월 2일, 월요일.

보통 압박이 아니다. 돈 문제 말이다. 어젯밤 휴 린이 뉴욕으로 떠났다. 엘링턴 부인과 제인이 가구를 수리할 재료들을 가져다주었다. 엘링턴 부인은 오늘 가구 고치는 걸 도와줄 것이다.

1938년 5월 3~4일, 5~6일.

아무것도 안 썼다. 한 일이 없어서가 아니다. 뭔가 쓰고 싶게끔 하는 일이 없었다. 하지만 엘링턴 부인은 정말 고마운 일을 해주었다. 이번 주에 가구 수리를 도와준 것이다. 한 개만 **빼**고는 다 되었고, 전문가보다도 나은 솜씨다.

사랑스러운 친구란 누구에게나 남다른 의미를 준다. 가장 잘 아는 것보다 더 잘 알아야 한다. 왜냐면 우리에겐 세상에서 가장 사랑스러운 이가 있으니까. 너무 고맙다. 모든 선과 완벽한 선물을 선사하시는 그분께 감사를. 우리들은 친구다. 사랑스러운 사람들.

1938년 5월 7일, 토요일.

오늘 아침에 에켄과 낚시를 하러 갔다. 운이 좋기를. 호수 위 카누에서 생각했다. 누군가가 던진 미끼는 보통의 성적을 냈는데, 그 다음에는 좀 더 나았다. 글쎄, 오후로 옮겨가야겠군. 혼자서, 호수 위에 떠 있었다. 아주 좋은 명상을 좀 했다. 주일학교와 교회에 더 자주 나가야겠다. 내게 꼭 필요한 무언가를 잃어가는 것 같다. 우리 친구들의 손길 말고는 아무것도 없다면.

1938년 5월 9일, 월요일.

밤에 비가 조금 왔다. 많이는 아니고. W에게서 편지가 왔다. 혹평이 없어서 다행이다. 데이브도 수표와 함께 편지를 보냈다. 역시 기쁘다. 옛날 조직을 해산하면서. 오늘 보고를 받았다.

오늘밤에는 그룹 모임에 간다. 제1그룹은 스토리 부인 댁에서 모인다. 세상의 희망은 사랑이다. 자신을 생각하는 사랑이 아니라, 신의 사랑을 위한, 그 사랑의 사랑. 누군가의 다른 누군가를 향한 사랑처럼.

1938년 5월 10일, 화요일.

기억이란! 때로는 속임수가 우리 마음을 가지고 논다. 1890년 5월 10일을 회상해본다. 서커스 그리고 모두, 아니 난 안 갔다. 그래서 이렇게 기억이 잘 나는 것이다. 세이네 농장에서 옥수수를 키우는 일을 했다. 세이네 농장은 나를 포함한 어린 녀석들이 만나서 뛰놀던 곳이었다. 아주 오래 전 일이지만, 바로 어제 일 같다.

휴 린이 오늘 속달우편을 보내왔다. 오늘밤에는 노퍽에서 제3그룹 모임이 있다. 좋은 사람들이니 좋은 모임이 되길 빈다.

영혼의 운명— 신의 돌보심 안에서 너 자신을 알라. 신이 영원히 우리와 함께 존재하심을 잊지 않는다면.

빛과 사랑의 주님— 매일 매일 나의 길을 지켜라. 절대로 눈이 멀어 못된 길에 빠지지 않기를. 언제나 당신의 관점을 견지하기를.

1938년 5월 12~15일.

한 주간 노퍽에서 가졌던 여러 그룹 모임에 대한 추억은 길이길이 빛나리라. 사람들은 각자 자기 그룹에 특별한 의미를 두고 있다. 확실하다. 내가 이곳저곳에서 조금이라도 되기를 바랄 뿐이다. 어떤 그룹이 다른 그룹보다 낫다고는 말할 수 없다. 그룹마다 모두 회원을 두고 있고, 그들은 신과 함께하는 삶을 통해 볼 수 있는 환영을 경험한 바 있다. 나로 말할 것 같으면, 오늘 아침 명상을 할 때, 주님이 나에게 가까이 다가오시는 환영을 보았다. 그분은 나에게 손을 얹고는 축복을 내려주시고 용기를 주셨다.

주일학교는 무척 좋았다. 흥미로운 손님이 왔는데, 볼티모어에서 온 포웰 씨였다. 그는 교실에 도움이 될 만한 아주 좋은 아이디어를 제안했다. 그 중 몇 개는 내가 벌써 교실 사람들에게 설명해두었다. 27일 저녁에 주일학교 사람들끼리 모일 계획이다. 스키퍼 부인도 불러야지.

바람이 어찌나 세차던지 오늘은 5월이 아니라 3월 같다.

1938년 5월 19일.

아침에 아주 거슬리는 꿈을 꾸었다. 어떤 축제 같은 게 열렸다. 어딘가의 아주 아름다운 클럽 잔디밭에서 시합이 한창이었다. 친구들 여럿이 나무 옆 잔디밭에 앉아 있었다. 보이드 데이비스와 나는 크로케를 하고 있었다. 그가 내 공을 공격했다. 공은 숲 언저리까지 굴러갔다. 그는 토머스 제퍼슨을 불러 케이시의 공을 가져오라고 시켰다. 하지만 내가 공을 향해 달려가기 시작했고, 그 다음으로 그의 어머니가 쫓아왔다. 내가 먼저 숲에 도착했는데, 나무들 사이로 태양빛이 비추는 조그만 공터를 발견했다. 거기엔 온갖 크기와 종류의 뱀들이 우글우글했다. 뱀들이 흩어져 숲속으로 기어가기 시작했다. 나는 에켄을 불러 총을 가져오라고 하고는 몇 마리를 쏘았다. T. J.가 왔기에 그를 안아 올렸다. 톰 수그류가 총을 들고 도착했다. 이제는 아주 조그만 뱀 한 마리만 남았다. 수그류가 그 뱀을 겨냥했다. 총구에서 불을 뿜는 순간, 뱀이 나를 덮쳤다. 뱀의 송곳니가 내 바지 단에 박혔지만 살에까지 닿지는 않았다. 어떻게 하면 독이 살에 닿지 않게 하면서 송곳니를 빼낼지, 머리를 굴려야 했다. T. J.를 내려놓기가 겁이 났기 때문이다. 그리고 깼다.

1938년 5월 20일.

어젯밤인가 오늘 새벽인가, 또 그 꿈을 꾸었다. 쉰 번도 넘게 꾸는 것 같다. 베일을 쓴 여인과 함께 걷는 꿈 말이다. 늘 절벽 위로 올라가려고 애쓰다가 깼는데, 그래도 이번에는 거의 꼭대기까지 올라갔다. 도대체 그 여인이 누군지 감도 오지 않는다.

1938년 5월 21일.

오늘 새벽 3시에서 5시 사이에, 주님이 꿈에 나타나셨다. 그분은 나의 미천한 과업을 축복해주셨다. 그분이 말씀하시길, 곧 더 나아지리라. 내가 모든 걸 이해하는 때가 오면.

오늘 아침에 누군가에게 라이프 리딩을 해주었는데, 모세를 위한 애곡기간(모세가 120세의 나이로 죽자 이스라엘 자손들이 30일간 모세를 위해 애도의 기간을 가졌다)이 재현된 듯한, 여호수아가 그 뒤를 이어 이스라엘인들을 이끌어가는 시대로 되돌아간 듯한 인상을 받았다. 요단강이 갈라지는 모습, 유다 지파와의 협력, 여리고 행진과 함락, 아이 군의 반격, 범인의 처형, 수많은 선택 가운데 무엇을 택해야 하는지가 생생하게 드러났다. 그리고 나는 범인 친구들 가운데 있었다.

여호수아는 키가 얼마나 되는지 궁금해 하면서, 그의 모습을 똑똑히 보았다. 족히 2미터는 되어 보였다. 몸무게도 적어도 100킬로그램은 넘을 것 같았다. 깨끗하게 면도를 했고, 태양빛만큼이나 밝은 빛이 얼굴 주위를 감싸고 있었다. 카리스마 넘치는 목소리는 마치 우렁찬 음악이나 포효와도 같았다. 그러나 거칠지 않았고, 흔들림도 없었다. 흐르는 물 같다고나 할까. 허리 아래로 헐렁한 자루 모양 바지를 걸치고 있었다. 그걸 바지라고 불러도 되려나. 짙푸른 색의 망토도 두르고 있었다. 이스라엘의 원로들과 제사장들도 많이 보였다. 근사하게 차려입은 대제사장도 있었다. 대제사장의 옷에 박힌 보석들은 추첨의 수단으로 사용되곤 했다.

부족과 집, 가족들이 올바로 선택될 때, 지혜로운 이가 선택을 받을 때, 그 보석의 색상과 색조로 사실 여부를 알 수 있었다. 다른 이들은 모두 죽거나 쇠락해갔다. 비탄의 신음소리가 울려 퍼졌다.

에필로그

찬사와 비판을 한몸에 받았던 사람

1930년대부터 1940년대 초까지, 에드거 케이시는 엄청난 수의 사람들과 왕래했고, 낚시와 정원손질을 했으며, 평균 하루에 두 번씩 리딩을 했고, 강의를 했다. 브릿지 게임도 수없이 했고, 간혹 골프도 쳤다. 일주일에 한 번은 노력의 연구모임인 '신을 찾아서'를 도와서 연구안내서를 만들어냈고, 이는 향후 오랫동안 수백 개 연구모임의 기초를 마련해주었다. 여름이면 어김없이 버지니아비치에서 그의 가장 믿음직한 추종자들을 돌보는 데 전념했다. 1941년 의회의 마감연설에서 그는 다음과 같이 말했다.

자신에게 커다란 의미가 있는 무언가를 마감할 때가 되면 어떤 슬픔이 느껴집니다. 이번 의회는 지금껏 열었던 그 어떤 의회보다도 제게 각별한 의미가 있습니다. 다른 집회 때보다 더 많은 이들이 함께한 것은 아니지만, 이곳에 모인 이들은 그 누구보다도 신실한 마음가짐으로 집회에 임하고 있음을 느낄 수 있습니다. 그렇기 때문에, 올해의 집회로 얻은 것들이 여러분 모두의 마음속에 앞으로도 오랫동안 남아 있을 거라고 생각합니다.

이곳에 오신 여러분 한 명 한 명에게 감사를 표하고 싶습니다. 무언가 좋은 것을 얻으셨다면, 마음껏 사용하십시오. 그저 흥미로운 일을 경험했었지, 하고 그냥 지나쳐버리지는 마시길 바랍니다. 실천해보십시오.

몇 년 전, 그리스도의 삶을 묘사한 연극이 뉴욕에서 제작되었습니다. 그리스도가 십자가에 못 박히신 후 그분의 자매 중 한 명이 부자와 결혼을 했습니다. 결혼식의 성혼 선언 때, 가족사를 모두 이야기하는 것이 관례였습니다. 어머니가 사위 될 젊은이에게 자신의 장남이 십자가에 못 박혀 죽었다는 남다른 경험을 이야기했습니다. 그가 "아니, 왜요?"라고 묻자, 어머니가 대답하셨습니다. "글쎄다, 말로 어떻게 설명해야 할지 모르겠구나. 하지만 그는 남들에게 대접받고 싶은 대로 남을 대접해야 한다고 믿었지."

젊은이가 다시 물었습니다. "누가 그렇게 해봤을까요? 누군가 직접 실천해보고 과연 생각한 대로 되는지 알아본 적이 없다면, 그렇게 떠들썩하게 난리를 칠 일도 아닐 텐데요."

그렇다면 저는 이렇게 말하겠습니다. 이번에 여러 모임을 통해 들은 것에서 무엇이라도 찾아내고자 한다면, 이 모임을 가치 있는 것으로 남기고 싶다면, 실천하십시오.

내년 한 해 동안, 다음 의회에서 만날 때까지 다른 이를 해할 일은 말하지도, 행하지도 않도록 노력합시다. 때로는 입을 다물어야 할 것입니다. 그러나 그렇게 되어야 하며, 우리가 그리 할 수 있는 사람입니다. 혼자서는 어렵겠지만, 신의 도움이 있다면 가능하겠지요. 하고자 한다면 우리와 함께하시겠노라고, 그분께서 약속하셨으니까요. 신의 가호가 여러분 모두와 함께하기를 기원합니다.

잔잔하게 흘러가던 그의 삶이, 그의 삶을 다룬 전기 《강이 있노라》가 출간되고 1943년 전국 잡지에 '버지니아비치의 기적의 사나이'라는 기사가 실리면서 크나큰 변화를 겪게 되었다. 제2차 세계대전이 일어나자 그의 아들 둘이 모두 군에 입대했다. 그의 명성과 자식을 군에 보낸 부모들의 걱정이 합쳐져, 전쟁중에 그에게 리딩을 의뢰하는 사람들이 크게 늘어났다. 곧 그는 값비싼 대가를 치러야 했다. 그는 수년 동안 퍼스트 장로교회의 주일학교 교사를 맡고 있었는데, 새로 부임한 목사가 심령술사를 주일학교 교사로 두는 걸 탐탁치 않게 여겨 아무런 통고도 없이 다른 사람으로 대체했다. 수년 동안 성경을 가르쳤지만, 결국 그는 비전통적인 소명과 전통적인 믿음 사이에 다시 휘말리게 되었다.

그러나 대중은 정반대의 반응을 보였다. 그의 집 앞뜰에는 리딩 약속을 잡으려는 사람들이 장사진을 치고 있었고, 그에게 쏟아지는 편지들은 트럭으로 날라야 할 정도였다. 글라디스 양과 거트루드를 돕겠다는 자원자들도 줄을 이어 쏟아지는 일들을 처리하는 데 일조했다. 그리고 66세의 케이시는 자신이 아는 유일한 방법으로 응답했다. 하루에 12명에 달하는 이들에게 리딩을 해주고(하루에 6번이 보통이었다) 가능한 한 많은 이들에게 도움을 주고자 했던 것이다. 그의 무리한 헌신이 결국은 화를 부르고 말았다.

그는 폐렴에 걸렸다. 글라디스 데이비스가 말했다. "그는 주치의에게 새로운 설파제를 지어달라고 부탁했어요. 그게 실수였죠. 폐에 물이 차고 심장이 부풀어 올랐거든요."

곧이어 가슴에 심한 통증이 왔다. 1944년 8월, 케이시 부부는 요양을 위해 블루리지 산맥의 로아노크로 갔다. 글라디스는 그때를 이렇게 회상했다. "그는 오른손이 심하게 감염되어 더 이상 타자기 자판도 두드릴 수 없는 상태였어요. 개인적인 편지도 쓸 수 없었죠. 그래서 일을 멈추고 쉬어야 한다는 걸 깨달은 거죠. 손가락도 제대로 움직일 수 없는걸요. 전혀 힘이 들어가지 않았어요."

그는 자기 자신의 건강에 대해 리딩을 시도했다. 리딩은 그가 에너지를 다 소진해버려 몸이 허약해졌다고 했다. 이것은 결국 1만 5천 건에 가까운 리딩 중 마지막 리딩이 되고 말았다. 일주일 후 그는 뇌졸중 마비증세로 고통을 겪어야 했으며 몇 달간 버지니아비치로 돌아갈 수도 없는 상태였다.

추수감사절 무렵, 집을 떠나 있던 그의 막내아들 에드거 에반스 케이시가 버지니아비치 구급팀 앰뷸런스를 불러 아버지를 모셔왔다. 글라디스는 "들것에 실려 온 에드거 케이시는 너무도 가여운 모습을 하고 있었어요. 몸이 너무나 약해져 목소리도 제대로 낼 수 없을 정도였죠. 겨우 속삭이거나 흐느낄 뿐이었어요. 그가 집으로 돌아온 건 참 기뻤지만, 그 모습을 보니 가슴이 무너져 내리는 것 같았죠"라며 그때를 회상했다. 그는 얼굴 아래쪽부터 신체 왼쪽이 마비돼 있었다. 글라디스가 본 바로는, 성대도 부분적으로 마비된 것 같다고 했다.

며칠 후 그는 패튼 장군 휘하로 유럽에 있던 휴 린에게 보내는 편지를 받아쓰게 했다. "집에 온 이후로는 병이 많이 나은 것 같다. 사실 병이 꽤 깊단다. 로아노크로 가라는 리딩이 틀린 건 아니었을 게야. 하지만 여기에서는 거기에서와는 다른 관점으로 치료를 하고 있는 게 확실해. 로아노크에서 해리 시몬스 박사가 썼던 콜로이드 화학요법은 어떤 영국인이 썼던 방법인데, 거기에 필요한 약물은 모두 그곳에서 나온 것이라야 했지. 대부분은 피하주사로 투여하고, 고기나 육류 단백질, 우유 같은 건 절대로 섭취할 수 없어. 그런데 이곳 의사들은 완전히 반대로 치료를 하는구나. 어떤 방법이 더 나을지는 나로서도 알 도리가 없어. 이게 최선이고 곧 다 나을 거라고 바랄 수밖에."

그런 후 그는 크리스마스 인사말을 낮게 읊조리며 받아쓰게 했다. 글라디스는 그가 '확실히 회복중'이라는 문구를 덧붙여 이 편지를 친구들과 회원들에게 보냈다. 그가 보내는 크리스마스 인사는 다음과 같다.

집을 떠나 있는 슬픔을 경험해보지 못했다면, 영적·정신적·신체적으로 무엇을 해야 할지 모를 외롭고도 혼란스러운 느낌을 가져보지 못했다면, 그것이 얼마나 큰 갈망을 불러오는지 상상도 못할 것입니다. 그러나 지금 나는 집에 있고, 비록 기력은 천천히 쇠잔해지고 있지만 더 잘해가고 있다고 믿습니다. 내가 겪었던 가장 기쁜 크리스마스는 남을 돕는 채널로 사용되고 싶다는 내 기도가 응답을 받았을 때일 것입니다. 마지막 리딩에서 받았던 약속, "당신에겐 많은 조력자가 있습니다"는 말은 매일, 여러 방식으로 실현되고 있습니다. 나는 신의 영광과 자비로 내 기도가 모두 이루어질 거라고 믿습니다. 내 마음과 뜻을 다하여, 내 안에 자리한 신뢰에 대한 신념을 잃지 않는다면 말입니다. 여러분은 저를 위하여, 저와 함께 정말 성실하게도 기도를 해주시고 있습니다. 기억하십시오. 우리의 기도가 유효하게 하려면, 우리 모두 기도하는 대로 살아야만 합니다. 이 세상이 올해 근사한 크리스마스 선물을 받으려면, 우리 모두가 진심을 다해 평화를 위해 기도하고 그것을 우리의 삶에서 실천해야 합니다.

여러분 모두에게 신의 축복이 함께하기를. 예수 그리스도의 이름으로 기원합니다.

그해 12월 중순경, 에드거 케이시는 하루 종일 잠에 취해 있다가 저녁 무렵 혼수상태에 빠지고는 다음날 아침이 되어서야 의식을 되찾았다. "그날 이후, 그는 정신이 오락가락하는 듯했어요. 이전처럼 명료하게 깨어 있지 못했죠." 글라디스가 말했다. "단 몇 분 동안 잠들었다가 금세 깨곤 했어요. 그는 침대에 누워 있는 걸 불편해 했어요. 우리가 그를 부축해 의자에 앉히면, 또 금방 다시 침대로 가 눕고 싶어 했지요. 같은 일이 계속 반복되었어요. 그는 죽을 때까지 한 번에 30분 이상을 제대로 자지 못했답니다. 때로는 말짱하게 말을 하기도 했어요. 이를테면 물을 달라는 말 같은 것이었죠."

거트루드와 글라디스가 번갈아가며 밤새 그를 간호했다. 그해 마지막 날, 글라디스는 제야의 종소리를 듣고는 그에게 말했다. "새해 복 많이 받으세요. 1945년에는 갈 곳도 많고 할 일도 많답니다." 에드거 케이시가 대답했다. "당신도 복 많이 받아요. 어딜 가든, 무얼 하든, 신의 뜻이겠지요."

그로부터 이틀 후의 일을 글라디스는 이렇게 회상했다. "병상 옆에 있던 거트루드가 에드거에게 잘 자라고 인사를 하고는 쉬러 가려고 했어요. 간호사가 자정 교대근무를 하러 올 때까지 제가 돌볼 차례였지요. 거트루드는 그에게 몸을 굽혀 키스를 하자, 그가 말했죠. '내가 당신 많이 사랑하는 거 알지?' 그녀가 고개를 끄덕이자, 그가 묻더군요. '얼마나 아는데?'

'오, 그냥 알아요.' 거트루드가 부드럽게 미소 지으며 대답했지요. '당신은 모를 거야, 내가 당신을 얼마나 사랑하는지. 당신을 정말 사랑해.' 그가 힘주어 말했어요. 잠시 후, 그가 다시 말을 이었어요. '여보, 누군가를 사랑한다면 그를 위해 희생할 수도 있어야 해. 내가 희생이란 걸 했다면, 모두 당신을 사랑하기 때문이라는 거 알지?'

곁에서 잠자코 보고 있던 나는 눈물을 흘렸어요. 너무도 아름다운 광경이었지요. 나는 언제나 그를 지지해주던 거트루드를 누구보다도 잘 이해할 수 있었어요. 남편의 '위업'에 좋은 것이라면 언제나 자신보다 남편의 소망을 위해 살았죠. 지난 세월이 그들에게 얼마나 큰 고통이었는지, 표현방식이 달라 서로가 얼마나 힘들었는지, 옆에서 지켜보던 나는 잘 알고 있었어요. 하지만 리딩이 그런 얘길 한 적이 있어요. 사랑에는 국경이 없다고요. 영적인 이상이 같다면, 결혼생활에 등장하는 모든 물질적 장애물들은 밟고 지나가야 할 디딤돌이 된다고요."

다음날 저녁, 에드거 케이시의 여동생 애니 케이시가 저녁거리로 굴 스튜를 끓여서 가져왔다. 예전에 그녀가 만들어주곤 했던 음식이었다. 그는 굴 스튜를 두세 스푼 정도 들이켰다. 이것이 그의 마지막 식사였다. 그날 저녁 그는 조용히 숨을 거두었다.

에드거 케이시의 장례식은 버지니아비치의 집에서 열렸다. 온 집안에 그를 사랑하던 이들로 가득찼다. 장례식 진행은 장로교회의 목사가 맡았다. 버지니아비치에서 노퍽까지 장례행렬이 이어졌고, 노퍽에서부터는 기차로 켄터키 주 홉킨스빌로 옮겨갔다. 매장의식은 퍼스트크리스천 교회의 목사가 진행했다.*

수그류는 에드거의 죽음이 '과로' 때문이라고 단정 지었다. A. R. E. 회원들이 보낸 찬사를 바탕으로, 에드거의 전기 작가는 다음과 같이 기록했다.

"그는 1년 이상을 믿을 수 없을 만큼의 악조건 하에서 작업을 감행했다. 연구계발협회의 경영자인 그의 아들, 휴 린 케이시가 군에 징집되었다. 그와 동시에 이전과는 비교도 안 될 만큼 어마어마한 리딩 의뢰가 버지니아비치로 쏟아져 들어왔다. 하루에도 500통 이상의 편지가 왔다. 처음 지어졌을 때는 꽤 큰 규모였던 도서관도 편지에 응대하는 속기사들로 꽉 차버렸다. 에드거 케이시는 편지 하나하나에 대해 일일이 리딩을 행했고, 밤늦게까지 일하며 리딩의 제안을 기록했다. 아침부터 오후까지, 2번도 아닌 8~12번의 리딩을 행했음에도 그는 밀려드는 요청을 다 들어줄 수가 없었다. 사람들은 자신의 불운과 고통을 이야기하며 그에게 무거운 짐을 떠넘겼다. 평생 처음으로 그는 도움을 청하는 이웃들을 모두 도와줄 수 없는 지경에 이르렀다.

그는 더더욱 열심히 일하고 또 일했지만, 리딩 의뢰는 끝도 없이 이어져 예약만도 1년 치를 넘어섰다. 지난 9월에 이루어진 자신의 건강에

---

*근 50년을 에드거 케이시의 반려자로 살았던 거트루드 케이시도 3개월 후 남편의 뒤를 따랐다. 그녀는 가족묘지 남편 옆에 묻혔다.

대한 리딩에서, 그는 신경이 완전히 고갈된 지점에 이르렀다는 진단을 받았다. 그 이후에도 그는 몸을 추스를 여력이 없었다. 그의 죽음이 준 충격이 너무나 깊어 이러쿵저러쿵 말 많은 이들도 할 말을 잃고 말았다. 누구든 에드거 케이시를 알게 되면, 그가 없는 세상, 그의 리딩이 없는 세상, 그의 인격과 다정함과 단순하고도 완벽한 믿음이 없는 세상은 상상도 할 수 없으리라. 그의 도움을 받은 이들은 그 수를 헤아릴 수 없을 정도다. 그의 리딩을 받은 이들, 60여 년간 그에게서 성경의 가르침을 받았던 이들이 얼마나 많은가. 그의 유일한 욕심은, 자신이 죽은 뒤에도 더욱 많은 사람들이 리딩의 도움을 받아 건강하고 행복하게 살아가는 것이었다. 그것이 그의 죽음에 대한 첫 번째 반응이다. 즉 그의 신념은 그대로 이어져야 하고, 그의 작업도 계속되어야 한다는 것. 그의 죽음은 그의 작업에도 커다란 변화를 불러왔다.

다시 말해, 그는 더 이상 자신에게 도움을 요청하는 이들에게 리딩을 해줄 수 없지만, 지금까지의 리딩을 바탕으로 사람들에게 정보를 전해줄 필요성은 하루가 다르게 커가고 있는 것이다. 이제 그는 없다. 그러나 이것이 그의 작업의 전부가 될 것이다. 또한 에드거 케이시라는 인물의 진면목이 차근차근 드러날 것이다. 그는 진실로 신실한 이상을 충족시켰다. 그는 그의 동료들을 위하여 자신의 삶을 바쳤다. 그는 위대한 사람이다. 그와 같은 사람을 다시는 볼 수 없으리라."

사실 에드거 케이시에 대한 언론의 견해는 생전과 마찬가지로 사후에도 엇갈렸다. 그러나 그가 살던 곳에서는 그의 죽음에 조의를 표했다. 노퍽 〈버지니안 파일럿〉의 사설은 어린 에드거가 만났던 천사에 관한 회고내용을 실었다. 그 천사는 아이들을 돕고 싶다던 그의 소망이 이루어질 것이라고 약속했었다.

중세에는 이런 부류의 체험으로 성인(聖人)이 되는 경우가 종종 있었다. 20세기에는 이 체험이 에드거 케이시를 심령치유사로 만들었다. (…) 영능력으로 치유를 한다는 이들은 대개 엉터리거나 사기꾼인 경우가 많은데, 에드거 케이시의 기록에서는 그러한 점을 전혀 찾아볼 수가 없다. 사람들은 그의 단순함과 언행일치적인 태도에 감명을 받곤 했다. 그는 광고를 하지 않았다. 얄팍한 수를 쓰지도 않았다. 환자를 찾아다니지도 않았다. 환자들이 그를 찾아갔다. 수천 건의 치유를 한 리딩이 그를 부자로 만들어주진 않았다. 그러나 그는 희미한 회색지대에 머물러 있던 인류의 마음 가운데에 특별한 자리를 차지하게 되었다. 또한 이 초심리학의 대가에게 영향을 받은 문헌들도 엄청나게 많이 쏟아져 나오고 있다.

주간 〈버지니아비치 뉴스〉지는 다음과 같이 언급했다.

영능력을 지닌 사람이 치유력을 함께 지녔다는 이야기는 별로 새로운 뉴스거리가 아니다. 에드거 케이시 이전에도 그런 능력을 지닌 이들이 존재했었다. 그는 자신이 의학이나 생리학에 전문지식을 갖추고 있다고 주장하지 않는다. 최면 상태에서 일어난 일은 본인도 설명할 수 없다고 하며, 심지어 기억나지도 않는다고 말한다. 그의 능력에 관한 기록이 엄청나고 그에 관해 이야기하는 이들은 더더욱 많은데도, 정작 본인은 내세울 만한 재능이 없다며 엄청난 명성을 얻을 자격도 없다고 이야기한다. 그는 단순하고도 조용한 삶을 선호한다.

버지니아비치는 그가 지난 17년 동안 '심령진단의'로서의 경력을 쌓아온 곳이다. 43년간 리딩을 했던 그는 이 작은 마을에서 대부분의 리딩을 행했고, 이곳에서의 삶은 그의 성향을 잘 대변해준다. 그가 물질적인 보상을 엄청나게 거둬들였는지는 몰라도, 겉으로 드러난 건 전혀 그렇지 않았다. 그는 겸손하고 허세를 부리지도 않았으며, 무척 신실했다. 나머지는 심리학자, 심령현상 연구자, 낯선 방식으로 인간의 특성을 꿰뚫는 이들의 몫이다. 그들은 버지니아비치의 비범한 주민이 남긴 유산이 결실을 맺도록 힘쓰고 있다.

에드거 케이시가 대중에 의해 '발견되기'까지는 20여 년의 세월이 더 흘러야 했다. 제스 스턴이 쓴 새 전기 《잠자는 예언자》가 공전의 히트를 기록한 것이었다. 그후 케이시의 이야기와 그의 사상을 담은 수많은 책들이 나왔다. 그리고 그의 연구계발협회는 국제적인 조직으로 발전하여 그가 남긴 유산을 잇고 에드거 케이시의 철학을 다음 세대에게 널리 퍼뜨리고 있다.

항우처럼 일어나서 유방처럼 승리하라

"내가 천하를 얻을 수 있었던 것은 한신, 장량, 소하 세 사람을
참모로 얻어 잘 쓸 수가 있었기 때문이다."
― 유방이 항우를 물리치고 천하를 제패하고 나서 한 말

유방과 항우의 싸움은 조직력 싸움이었다. 참모들을 경쟁시키고 서로 이해시키면서 하나의 목적을 위해 종횡으로 협조케 하는 유방의 참모 용병술이야말로 그에게 천하를 안겨준 가장 큰 이유였다. 반면 모든 것을 갖추고 있던 항우는 최고의 참모 범증조차도 제대로 부리지 못하고 그를 잃었음은 물론 미천한 출신 유방에게 천하를 내주게 되었다.

이시야마 다카시 / 이강희 옮김 / 값 13,000원

미야모토 무사시의 오륜서

"무협소설 매니아에서 대기업 경영자까지 모두 만족시키는
신기한 책." ― 김지룡(일본문화평론가)

일본의 전설적인 검객 미야모토 무사시. 그가 말년에 쓴 〈오륜서〉는 병법의 바이블로 통한다. 이를 현대의 경영전략에 접목시킨 책이다. 그는 이 책에서 검술과 무사의 도에 대해 얘기하지만 한 구절씩 음미해보면 난세에 필요한 경영전략의 모든 진수가 담겨 있다.

네이버 선정 '오늘의 책'
미야모토 무사시 지음 / 안수경 옮김 / 값 11,500원

조선시대 과학의 순교자

시대를 앞선 통찰로 불운하게
생을 마감했던 우리 과학자들

유배(流配)라는 인생의 극한 상황에서
그들의 과학적 성취가 가장 빛났다!

▲ 2018 과학창의재단 우수 과학도서
▲ 2018 과학기술도서협회 저술상
▲ 2018 '책따세' 여름방학 추천도서
▲ 경기콘텐츠진흥원 우수 출판콘텐츠 지원 사업 선정도서

이종호(과학저술인협회 회장) 지음 / 값 15,000원

남자의 건강법

남자의 50대는 성적 능력의 분기점이다

40대 후반 무렵 저자는 심각한 정력 감퇴를 느끼고 고민에 빠졌다. 그 후 지푸라기라도 잡는 심정으로 남들이 "이것은 정력에 좋다"고 가르쳐주는 것이 있으면 동서고금의 것을 막론하고 우선은 믿고 실행했다. 그런 다음에 자신에게 맞는 것과 맞지 않는 것을 가려내어 맞는 방법만을 꾸준히 실행해서 62세기 넘은 나이에도 젊은이 못지않은 파워를 갖게 되자 자신감을 갖고 이 책을 쓰게 되었다.
이 책은 저자의 이런 경험을 담은 회춘 체험기이다.

다치카와 미치오 지음 / 박현석 옮김 / 값 14,000원

신을 찾아서

에드거 케이시가 남긴 최고의 영적 유산

미국의 종교 사상가이자 '잠자는 예언자'로 불리는 에드거 케이시는 만년에 누군가로부터 "당신의 최대 업적은 무엇입니까?"라는 질문을 받았을 때, 주저하지 않고 "신을 찾아서(A Search for God)라는 텍스트를 이 세상에 남긴 일입니다"라고 대답했다. 이 책은 에드거 케이시의 대표 저서인 〈신을 찾아서〉를 번역한 책이다.

에드거 케이시 지음 / 김진언 옮김 / 값 14,000원

신과 함께

에드거 케이시의 대표작 〈신을 찾아서〉 제2편!

"내가 너희를 위하여 거처를 예비하러 가노니
내 의식이 있는 곳에 너희도 있게 하리라"
—요한복음 14;2-3

네가 소유한 것들을 버릴 때
너는 자신의 가장 사랑스러운 것(삶)을 일깨우는 것이다.

에드거 케이시 지음 / 김진언 옮김 / 값 13,000원